兰州大学人文社会科学类高水平著作出版经费资助

原东良

著

国有企业董事会
多样性研究

THE RESEARCH
ON

BOARD
DIVERSITY

OF
STATE-OWNED
ENTERPRISES

社会科学文献出版社
SOCIAL SCIENCES ACADEMIC PRESS (CHINA)

摘　要

　　我国经济已经迈向高质量发展阶段，国有企业混合所有制改革是影响经济转型升级的关键因素，通过国有企业改革实现国有企业的高质量发展，长期以来都是政府经济工作的重要方面。经历改革开放40多年历程的中国企业，处于制度环境深度变化带来的深化改革的"深水区"。随着混合所有制改革的不断推进，控股股东派驻董事、非控股股东派驻董事、机构投资者派驻董事、独立董事、非股东派驻内部执行董事等多种来源董事并存的多源董事会，逐渐发展成为中国企业董事会构成的常规模式。由于不同来源的董事代表了不同类型利益相关者的利益诉求，多源董事会可以划分为由多个具有差异化决策偏好的决策单元组成的集合体，多元化的董事会开始形成。

　　作为股东与管理层之间的关键制度设计，董事会在企业从战略制定到战略实施的整个过程中承担着咨询建议、资源提供和监督委托代理等多重职责，是保障企业战略管理顺利进行的关键。通过向董事会派驻董事，影响董事会的战略制定，成为非国有股东介入国有企业公司治理的主要路径。基于董事会的咨询职能和监督职能，资源依赖理论认为，具有不同属性和特征的董事会能够为企业提供重要的资源，扩展企业网络，为企业带来新的见解，以获取和处理相关信息，改善战略决策质量，并且可以提高企业的声誉，实现更优的战略目标。代理理论则认为，董事会多样性有助于更好地监督管理层，降低股东与管理层之间的信息不对称性，降低代理成本。

　　基于前述背景，本书拟解决的科学问题为：中国特色社会主义进入新时代背景下，面向混合所有制改革，在异质性股东客观存在的情况下，国有企业如何开展有效的董事会决策，提高董事会治理效率，进而实现高质量发展？并且将科学问题分解为如下四个子问题：①在混合所有制改革背景下，影响国有企业董事会多样性的因素包括哪些？②国有企业董事会多样性对国有企业资产保值增值及可持续发展存在何种影响？③国有企业董事会多样性影响国有企业资产保值增值和可持续发展的内在机制有哪些？④不同情境下，国有企业董事会多样性如何影响国有企业资产保值增值及可持续发展？

为回答前述问题，本书选取 2008～2020 年在沪深两市上市的国有企业作为研究样本。在前置影响因素方面，本书从理论上分析混合所有制改革（股权结构视角）、政府放权意愿、地区人口多样性（劳动力供给视角）和业务复杂性（劳动力需求视角）对国有企业董事会多样性的影响。在经济后果方面，本书基于代理理论和资源依赖理论，分析了混合所有制改革背景下，董事会多样性对国有企业资产保值增值、环境绩效、社会绩效、超额在职消费和股价崩盘风险的影响及具体的作用路径，并引入了管理层咨询需求和监督需求两个情境因素。

研究结果显示，第一，在混合所有制改革国有企业董事会多样性影响因素方面，混合所有制改革（股权结构）、政府放权意愿和劳动力供给（地区人口多样性）均能够显著提升国有企业董事会多样性水平。第二，在混合所有制改革国有企业董事会多样性治理效应方面，董事会多样性能够提高国有企业资产保值增值，提升国有企业环境绩效和社会绩效，可以有效缓解国有企业超额在职消费和股价崩盘风险。第三，在混合所有制改革国有企业董事会多样性治理效应影响机制方面，董事会多样性通过提升企业创新水平和内部控制质量促进国有企业资产保值增值，通过提高高管性别多样性和环保意识提升国有企业环境绩效，通过提高高管性别多样性提升国有企业社会绩效，通过降低代理成本、提高投资效率、提高风险信息披露水平缓解国有企业股价崩盘风险。这意味着，在混合所有制改革背景下，董事会多样性在国有企业中发挥着良好的治理作用。第四，在混合所有制改革国有企业董事会多样性治理效应的边界条件方面，管理层咨询需求、监督需求和企业所在地开通高铁能够强化董事会多样性对国有企业高质量发展的促进作用。前述研究结论在经过内生性控制和稳健性检验之后依然成立。

同已有研究相比，本书的创新之处体现在如下五个方面。第一，将国有企业资产保值增值与其在环境（E）、社会（S）和公司治理（G）方面的表现纳入同一研究框架。第二，构建了国有企业董事会多样性指标。第三，深化了对混合所有制改革背景下国有企业董事会多样性影响因素的认识。第四，基于对国有企业董事会多样性的研究，回答了学术界关于董事会治理效应的争论。第五，识别了混合所有制改革背景下，董事会多样性影响国有企业资产保值增值和 ESG 的作用路径和边界条件。

Abstract

China's economy has moved toward a stage of high-quality development, and the reform of mixed ownership of state-owned enterprises is a key factor affecting the transformation and upgrading of the economy. The achievement of high-quality development of state-owned enterprises through the reform of state-owned enterprises has always been an important aspect of the government's economic work. With 40 years of reform and opening up, Chinese enterprises are in the "deep water" of deeper reform brought about by the deep changes in the institutional environment. With the continuous promotion of the mixed ownership reform, a multisource board of directors, with directors appointed by controlling shareholders, directors appointed by noncontrolling shareholders, directors appointed by institutional investors, independent directors and internal executive directors appointed by nonshareholders, has gradually developed into the regular pattern of the composition of directors in Chinese enterprises. As directors from different sources represent the interests of different types of stakeholders, the multisource board is divided into a collection of multiple decision-making units with differentiated decision-making preferences, and a pluralistic board begins to take shape.

As the key institutional design between shareholders and management, the board of directors assumes multiple responsibilities, such as advisory advice, resource provision and supervision of proxy issues, throughout the process from strategy formulation to strategy implementation and is the key to ensuring the smooth strategic management of the company. By assigning directors to the board of directors and influencing the board's strategy formulation, it has become the main path for nonstate shareholders to intervene in the corporate governance of state-owned enterprises. Based on the advisory and supervisory functions of the board of directors, resource dependency theory argues that a board of directors with diverse attributes and characteristics can provide important resources to the firm, expand the firm's network, bring new insights to the firm to obtain and process relevant information, improve the quality of strategic decisions, and enhance the firm's values and reputation to achieve better strategic goals. Agency theory, on the other hand, suggests that board diversity helps to better monitor management, reduce information asymmetries between shareholders and management, and lower agency costs.

Based on the aforementioned background, the scientific question to be addressed in this book is: In the context of the socialist system with Chinese characteristics in the new era, how can state-owned enterprises carry out effective board decision-making, improve board governance efficiency and thus achieve high-quality development in the context of mixed ownership reform and the objective presence of heterogeneous shareholders? The scientific questions are also broken down into the following four subquestions: ①In the context of mixed ownership reform, what are the factors that influence the diversity of SOE boards of directors? ②What is the impact of SOE board diversity on the value added and sustainable development of SOE assets? ③What are the mechanisms underlying the impact of SOE board diversity on the value-added and sustainable development of SOEs? ④How does the diversity of SOE boards affect the value-added and sustainable development of SOEs under different situational factors?

To answer the aforementioned questions, this book selects SOEs listed in Shanghai and Shenzhen from 2008 to 2020 as the research sample. In terms of antecedent influences, this book theoretically analyses the impact of mixed ownership reform (equity structure perspective), the government's willingness to decentralise, regional demographic diversity (labour supply perspective) and business complexity (labour demand perspective) on the diversity of SOE boards. In terms of economic consequences, based on agency theory and resource dependency theory, this book analyses the impact and specific pathways of board diversity on SOEs' asset preservation and appreciation, environmental performance, social performance, excess in-service consumption and share price collapse risk in the context of mixed ownership reform, and introduces two contextual factors, namely management consultation needs and monitoring needs.

The results of the study show that, first, in terms of factors influencing board diversity in SOEs under mixed ownership reform, mixed ownership reform (shareholding structure), government willingness to decentralize and labor supply (regional demographic diversity) can significantly increase the level of board diversity in SOEs. Second, in terms of the governance effects of board diversity in SOEs under mixed ownership reform, board diversity can improve the value retention of SOE assets, enhance the environmental and social performance of SOEs, and effectively mitigate the risk of excess in-service consumption and share price collapse in SOEs. Third, in terms of the mechanisms influencing the governance effects of board diversity in SOEs under mixed ownership reform, board diversity promotes value preservation and appreciation of SOEs' assets by improving the quality of corporate innovation and internal control, enhances SOEs' environmental performance by increasing executive gender diversity and environmental awareness, enhances SOEs' social performance level by increasing executive gender diversity, reduces agency costs, and improves investment, mitigating the risk of share price collapse of SOEs by reducing agency costs, improving efficiency and enhancing risk disclosure, implying that board diversity plays a good governance role in SOEs in the context of mixed ownership reform. Fourth, with regard to the boundary conditions of the governance effect of board diversity in SOEs under mixed ownership reform, management consultation needs, supervision needs, and the opening of HSR at the enterprise location can strengthen the role of board diversity in promoting high-quality development of SOEs. The findings of the aforementioned study still hold after endogeneity control and robustness tests.

Compared with the existing research, the innovation of this book is embodied

in the following five aspects. First, it incorporates the value-added of SOEs' assets
and their environmental, social and corporate governance aspects into a same re-
search framework. Second, indicators of board diversity in SOEs are constructed.
Third, it deepens the understanding of the factors influencing board diversity in
SOEs in the context of mixed ownership reform. Fourth, the academic debate on
the effects of board governance is answered based on the study of board diversity
in SOEs. Fifth, the paths and boundary conditions of the role of board diversity in
influencing SOEs' asset preservation and ESG in the context of mixed ownership
reform are identified.

目　录

第一章　绪论

第一节　基于混改背景研究国有企业董事会多样性的缘起

一　研究背景

（一）现实背景

国有企业是保障国家基本战略实施、促进经济社会发展、增强综合国力的重要力量，在我国经济和政治体系中发挥着至关重要的作用，是中国共产党和国家发展的重要物质和政治基础。实现国有企业的高质量发展，加强党对国有企业的控制，一直是政府经济工作的重要方面（Xin et al.，2019）。经历改革开放 40 多年历程的中国企业，处于制度环境深度变化带来的深化改革的"深水区"。坚持市场化取向的全面深化改革思路，本质上为深度导入现代企业制度奠定了更坚实的基础，有助于促进市场主体之间的竞争和创新驱动行为、构建促进企业战略发展的有效机制。在竞争激烈的市场中，国有企业必须建立适应市场力量和市场信号的治理体系，必须同时促进社会稳定和发展。从这一角度来看，国有企业具有多元化的市场和管理目标。从市场角度来看，国有企业必须提高经营效率，增强活力。从政治角度来看，政府需要加强对国有企业的控制，以便国有企业执行相关的政府政策。加强控制和提高效率是国有企业改革要实现的双重目标。

自 20 世纪 80 年代以来，国有企业经历了多次市场化改革，旨在增强企业活力，实现政企分开，扩大国有企业的经营权。自 90 年代初我国政府决定将国有企业公司化以来，所有制改革一直是我国经济体制改革的核心。党的十八届三中全会以来，混合所有制改革已经成为中国企业改革的重要突破口。混合所有制改革背景下的企业改革，不仅涉及持续深度导入原有的现代企业制度，更是对现代企业制度中核心董事会制度的纵深拓展。基于此，我国政府出台了一系列政策，一些标志性的国有企业改革案例也相继出现。例如，中国联通是全球第四大移动服务供应商，在引入阿里巴巴、腾讯、百度、滴滴出行等战略投资者之后，已经由政府绝对控股转变为政府相对控股，中国联通混合所有制改革成了我国国有企业改革的一个新的起点和里程碑。目前，我国已经启动了四轮混合所有制改革，总共涉及 210 家国有企业，其中大多数是中央管理的国有企业的子公司。国务院国资委披露的数据显示，2018 年底，2/3 的子公司已经完成了混合所有制改革。

混合所有制改革是为了让国有企业进一步暴露于市场力量之下，同时让公司治理受到严格的审查和监督。在我国资本市场缺乏大型机构投资者的情况下，战略投资者可以发挥这样的作用，即战略投资者拥有强大的动力去监督管理层。与一般的机构投资者不同，战略投资者拥有的董事会席位增强了其参与公司治理的能力（Wang and Tan，2020）。董事会可以作为一种公司治理工具，能够有效解决利益相关者之间的冲突，从而服务于广泛的利益相关者群体（Schulze and Zellweger，2021）。在市场激励下，国有企业往往会优化董事会配置，就董事会的治理效应而言，由非控股股东任命的董事可以有效缓解代理问题，这凸显了董事会治理在国有企业混合所有制改革中的重要性（Lu and Zhu，2020）。

中国情境下的市场化取向背景，凸显了中国企业所面临的外部竞争环境的不确定性增强，如何合理利用或消弭这样的外部影响显得至关重要。多个所有制属性股东的介入，使得企业董事会发展成为由多个所有制属性各异的决策单元（国有股东派驻董事组成的决策单元、非国有股东派驻董事组成的决策单元、机构投资者派驻董事组成的决策单元、独立董事组成的决策单元、非股东派驻内部董事组成的决策单元等）构成的集合，"多源董事会"结构开始形成。随着混合所有制改革的不断推进，控股股东派驻董事、非控股股东派驻董事、机构投资者派驻董事、独立董事、非股东派驻内部执行董事等多种来源董事并存的多源董事会，逐渐发展成为中国企业董事会构成的常规模式。由于不同来源的董事代表了不同类型利益相关者的利益诉求，多源董事会可以划分为由多个具有差异化决策偏好的决策单元组成的集合体，多元化的董事会开始形成。在这种情况下，董事会如何最大化地满足各个决策单元的利益诉求和决策偏好，实现董事会有效的战略嵌入，进而提升国有企业可持续健康发展的内生动力，显得尤为重要。作为股东与管理层之间的关键制度设计，董事会在企业从战略制定到战略实施的整个过程中承担着咨询建议、资源提供和监督委托代理等多重职责，是保障企业战略管理顺利进行的关键。通过向董事会派驻董事，影响董事会的战略制定，成为非国有股东介入国有企业公司治理的主要路径。

中国转轨经济制度背景下的国有企业是现代企业制度在中国导入的一种经济组织。伴随改革开放的进程，国有企业在现代企业制度建设方面取得长足进步，成为驱动经济可持续增长的关键因素之一。随着国有企业的改革，我国政府推动了国有企业的公司治理，特别是董事会治理。目前，国有企业已经建立了较为完整的董事会框架，董事会治理的作用日益凸显。国有企业正在通过发展混合所有制，积极引入民营资本、民营股东，推进国有企业从行政型治理向经济型治理转型。随着国有企业改革的不断推进，很多国有企业嵌入了现代公司治理体系（Ain et al.，2020）。作为企业战略决策的核心主体和公司治理的枢纽，董事会既是战略决策代理人，也是决策实施委托人，其合二为一的战略决策双重角色，势必面临如何认识外部环境变化、自身结构调整以及决策过程适应等难题（Kumar and Zattoni，2018）。混合所有制改革带来的国有企业董事会的重构重新塑造了企业决策环境，并引发了决策主体行为的变化（王婧、蓝梦，2019）。

目前的国有企业大都面临混合所有制改革的制度需求，而战略转型和制度需求原则上必然涉及董事会的战略参与。因此，本书所探讨的问题与中国宏观政策以及国内企业的实际需求较为吻合，这使本书能够对我国国有企业混合所有制改革背景下，公司治理机制如何通过降低代理成本和提高决策科学性进而实现公司治理目标的研究展开深入系统的分析。国有企业是我国进行经济转型进而实现高质量发展的重要驱动力，这也就意味着国有企业的高质量发展是经济高质量发展的关键所在。企业的高质量发展涉及"质量"和"发展"两方面。"质量"是指要实现企业经济绩效增长这一基本目标,"发展"是指企业在发展过程中要关注社会绩效,关注环境(Environment,E)、社会(Social,S)和公司治理(Corporate Governance,G),即关注 ESG 问题,这也是由国有企业全民所有的属性决定的。从这一角度来看,探讨分析董事会对国有企业高质量发展的影响具有重要的现实意义,也是通过学术研究助力国有企业改革和升级转型的现实需求所在。

(二)理论背景

代理理论认为,管理者作为股东的代理人进行工作(Jensen and Meckling,1976)。管理者应该维护股东利益,然而,管理者有时会以牺牲股东利益为代价来维护自身利益,代理问题由此产生,股东为了维护自身利益,选举产生了能够监督管理者活动的董事会。团队合作被认为是提高组织绩效的一个重要因素,这是因为一个团队由不同的成员组成,团队的每个成员根据其自身特点、知识和技能为组织绩效做出贡献(Ali et al.,2021)。在企业实践管理过程中,董事会也是一个需要协同合作的团队,董事会的战略决策是由董事会成员集体商议做出的(Yeung and Lento,2018)。董事会作为现代企业制度下公司治理的核心,扮演着公司制企业战略决策权的代理人和决策权"落地"或战略实施委托人的双重角色,旨在为管理层提供战略咨询的同时监督管理层,确保管理层利益与股东利益的一致性,进而实现公司治理有效性。若将董事会视为一个团队,其重点应该聚焦于如何将董事会成员的属性和特征有效结合,以形成一个高效的团队(Chen,2013;Tasheva and Hillman,2019)。

在董事会履职有效性的研究中,多样性能够显著影响董事会咨询职能和监督职能的履行,但这一因素在一定程度上被学者所忽视(Harjoto et al.,2018)。2008 年国际金融危机爆发后,利益相关者对董事会有效性的信任度下降,全球的管理者、政策制定者和研究人员意识到,董事会必须更有效地应对环境变化(Baker et al.,2020)。为此,许多国家在董事会中实行女性配额,挪威规定男女在公司董事会中的代表比例至少各为40%;紧随其后,比利时、丹麦、法国、德国、冰岛、意大利、荷兰和西班牙这些国家要求董事会中女性配额的占比介于30%和40%之间。一些机构投资者也将董事会多样性作为其投资公司考虑因素的一部分（Knyazeva et al.，2021）。著名投资公司高盛也表示，从 2020 年开始，如果公司内没有至少一名多元化的董事会董事，该公司将不会在美国或欧洲上市。

对组织理论的研究表明，多元化的董事会能够更为高效地讨论公司面临的棘手问题，并提出有建设性的建议。年龄、性别、国籍和种族方面的多样性能够为董事会带来不同的意见，这使得董事会更具有创新性和灵活性（Miller and Triana，2010），这种多样性使得董事会能成为更好的监督者（Adams and Ferreira，2009；Terjesen and Singh，2008；Upadhyay and Zeng，2014），反过来进一步提高公司治理水平（Adams and Ferreira，2009）。多元化的董事会更加了解市场，会带来更高的财务、环境、社会和治理绩效（Harjoto and Rossi，2019；Amorelli and García-Sánchez，2021；Atif et al.，2021；Beji et al.，2021）。此外，多样性的董事会因为董事会成员在专业知识、经验和社会网络等方面拥有多样性的人力资本，所以可以为企业的战略决策提供多元化的视角（An et al.，2021；Baker et al.，2020；Bernile et al.，2018；Fernández-Temprano and Tejerina-Gaite，2020）。

基于董事会的咨询职能和监督职能，资源依赖理论认为，具有不同属性和特征的董事会能够为企业提供重要的资源，使得企业与社会团体、监管者等建立起有效的联系。从这一角度来看，董事会的多样性扩展了企业的网络。这能够为企业带来新的见解，以获取和处理相关信息，改善战略决策质量，并且可以提高企业的价值观和声誉，实现更优的战略目标（An et al.，2021；Atallah et al.，2021；Cumming and Leung，2021；Griffin et al.，2021；Hsu et al.，2019）。代理理论则认为，董事会多样性有助于更好地监督管理层，降低股东与管理层之间的信息不对称性，降低代理成本（Abad et al.，2017；Triana et al.，2014；Upadhyay and Zeng，2014；An，2022；Amin et al.，2021；Harjoto et al.，2018）。

需要注意的是，董事会的多样性也会产生负面影响。例如，从社会心理学角度进行的研究发现，多样性会导致董事会成员之间的冲突加剧，导致决策过程缓慢（Triana et al.，2014），还会导致董事会成员之间形成内部群体和外部群体，出现沟通障碍，使决策复杂化，并损害董事会整体的凝聚力（Giannetti and Zhao，2019；Salloum et al.，2019）。

Van der Walt 和 Ingley（2003）将董事会多样性定义为董事会为履行治理职能而汲取人力资本和社会资本的组合，也就是说，董事会是由具有不同特点、属性和专业知识的个体组成。高阶梯队理论认为，企业的战略选择在很大程度上是由行为因素导致的结果。鉴于很难获得高管的心理指标，Hambrick 和 Mason（1984）提出可使用可观察的人口统计学特征来表征高管的认知框架，并认为高管团队的各类特征是企业战略决策的重要影响因素。随着研究的不断推进，高阶梯队理论被运用于探究董事会的治理效应。董事会作为现代企业制度下最重要的公司治理机制，旨在监督管理层行为，缓解股东和管理层之间的代理问题，提升公司治理有效性，保护股东利益，并为企业决策提供资源和战略咨询。董事会由具有不同背景特征的个体组成，因此，董事会的履职效果取决于董事会多样性不同维度的综合效应（Baranchuk and Dybvig，2009）。

党的十八大以来，混合所有制改革已成为国企改革的重要突破口。混改背景下的国有企业改革，不仅涉及持续深度导入原有的现代企业制度，更是对现代企业制度中董事会制度的纵深拓展。国有企业混合所有制改革过程中折射出的企业董事会战略决策话语权重构问题，是顺应战略管理和公司治理交叉领域理论研究的学术诉求。基于前述现实背景和理论背景，本书以 A 股国有上市公司作为研究对象，探究在混合所有制改革的现实背景下国有企业董事会多样性的影响因素，并探究董事会多样性对国有企业资产保值增值、环境绩效（E）、社会绩效（S）和公司治理（G）的影响及其作用路径和边界条件。

二 研究问题

按照资本市场的逻辑，持股最多的终极股东成为公司的实际控制人，其可以通过派驻更多的董事进入董事会进而影响董事会的战略决策。然而，混合所有制改革的一个重要原则是坚持增强活力和强化监管相结合。引入战略投资者的一个重要目的在于增强企业活力，实际控制人对企业的控制又可能降低战略投资者嵌入的有效性。如何在增强企业活力和强化对企业的监管中实现平衡，在增强企业经营活力的同时，防止国有资产流失和国有资本吞并非国有资本现象的发生便成为推进混合所有制改革深入的关键问题。作为公司治理机制中最有效的机制设计，董事会通过监督管理层行为和有效的战略嵌入，实现股东价值最大化的根本目标。因此，如何通过规范董事会构成，实现混合所有制改革双方的有效制衡，自然成为推进混合所有制改革深入进行的关键。

2013 年以来，我国大力推行的混合所有制改革引致了国有企业股权结构的变化，在同股同权的基本原则下，作为公司治理核心和混合所有制改革关键的董事会构成也将发生相应调整。在国有企业的董事会治理实践中，董事会制度是坚持最规范的导入的现代企业制度要素，监管机构与企业自身都将建设良好的董事会作为企业现代化的核心标志。在管理实践过程中，董事会治理结构要好于治理机制，实践也证明了在国有企业中，董事长与 CEO（或总经理）可以两职分设。在新一轮的国有企业改革过程中，云南白药、中国联通先后完成混合所有制改革，对董事会决策权利配置进行调整：云南白药混改后原公司内部无一人进入董事会；中国联通董事会人数由原来的 7 人扩展到 13 人，其中独立董事增加 2 人，非独立董事增加 3 人。在混改完成后，企业的经营效率得到显著提高。

以市场化为方向推动国有企业混合所有制改革，是充分激发各类市场主体活力的关键，由此促进国有企业持续提升创新力和竞争力，并不断完善与国际接轨的现代企业"良治"制度。根据研究背景，本书试图解决的科学问题为：中国特色社会主义进入新时代背景下，面向混合所有制改革，在异质性股东客观存在的情况下，国有企业如何开展有效的董事会决策，提高董事会治理效率，进而实现高质量发展？为了更好地开展研究，本书将研究问题细分如下。

研究问题一：在混合所有制改革背景下，影响国有企业董事会多样性的因素包括哪些？国有企业混合所有制改革最直观的反映是异质性股东持股形成的多元化的持股局面，那么，完成混合所有制改革之后，非国有股东持股如何影响国有企业的董事会多样性？作为国有企业混合所有制改革重要推动力的政府，其放权意愿会对国有企业的董事会多样性产生何种影响？从劳动力市场视角来看，劳动力的供给和上市公司对劳动力的需求是否也会对国有企业的董事会多样性水平产生影响？

研究问题二：国有企业董事会多样性对国有企业资产保值增值及可持

续发展存在何种影响？经济高质量发展的要求映射在国有企业层面是实现国有企业的高质量发展。基于委托代理理论和资源依赖理论，多样性的董事会是否能够发挥有效的治理作用？其对国有企业的资产保值增值、环境绩效、社会绩效和公司治理会产生怎样的影响？

研究问题三：国有企业董事会多样性影响国有企业资产保值增值和可持续发展的内在机制有哪些？基于董事会的咨询职能和监督职能，分析董事会多样性通过何种机制对国有企业资产保值增值、环境绩效、社会绩效和公司治理产生影响。

研究问题四：不同情境下，国有企业董事会多样性如何影响国有企业资产保值增值及可持续发展？具体地，本书分别分析了管理层咨询需求、管理层监督需求、异地独立董事、高铁开通和经济政策不确定性会对董事会多样性与国有企业资产保值增值及可持续发展之间的关系产生何种调节作用。

图 1.1 展示了本书的研究框架。

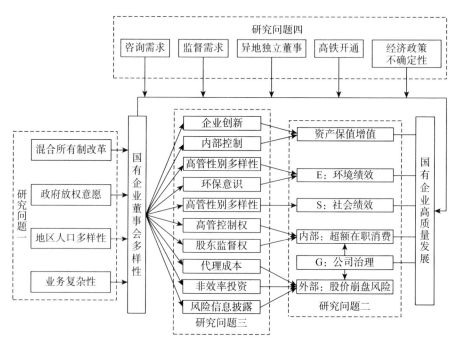

图 1.1　本书研究框架

第二节 研究混改背景下国有企业董事会多样性的框架与方法

一 研究内容

根据对研究问题的分解，本书的研究内容包括如下四个部分。

第一，混合所有制改革背景下国有企业董事会多样性影响因素分析。对该内容展开研究的基础之一在于构建董事会多样性，这也是本书研究的核心所在。借鉴相关研究并结合数据的可得性，构建包括年龄、性别、学历背景、职业背景、职位、董事会规模、独立董事、海外经历、学术背景、外部董事席位和三年困难时期经历的董事会多样性综合指标。所有权是公司治理的核心要素，所有权结构与董事会结构之间存在一种动态关联关系。在混合所有制改革过程中，非国有股东进入国有企业形成了不同属性股东共同持股的现象，为了维护自身利益，非国有股东通过委派代表自身利益的董事进入国有企业董事会参与国有企业的公司治理。在此过程中，国有企业董事会的配置发生重构，多样性水平得到提升。从这一角度来看，混合所有制改革过程中形成的多元股权结构是影响国有企业董事会多样性水平的重要因素。

在政府控制或干预之下推进的国有企业混合所有制改革，势必会受到政府力量的影响，因此，政府放权意愿就成了影响国有企业混合所有制改革力度和深度的重要因素。通过决策权转让，人事任免权被下放至企业。在这种情况下，企业在董事会配置方面拥有更大的自主权，董事选聘的市场化和专业化程度更高。从国有企业董事会成员的选聘来看，其必然会受到劳动力供给和劳动力需求的影响。在劳动力供给较为丰富的情况下，企业能够根据自身发展需求选聘与企业战略发展方向高度匹配的董事候选人，因此，从劳动力的供给和需求视角对国有企业的董事会多样性展开研究也是必要的。本书通过地区人口多样性刻画劳动力供给，通过国有企业的业务复杂性测度劳动力需求，并在此基础上检验二者对国有企业董事会多样性的影响。

第二，董事会多样性对国有企业资产保值增值和 ESG 影响研究。经济高质量发展是以企业高质量发展为驱动的，企业高质量发展涉及"质量"和"发展"两方面："质量"体现在企业的经济绩效，"发展"体现在企业的社会绩效。基于此，本书在探究董事会多样性对国有企业治理效应影响的过程中，将具体的关注点聚焦国有企业的资产保值增值（"质量"）和 ESG 问题（"发展"），资产保值增值通过国有企业经济附加值（EVA）来刻画，环境绩效（E）通过国有企业参与环境管理事项的情况来测度，社会绩效（S）通过国有企业的慈善捐赠水平来测度，公司治理（G）分别从内部和外部两个视角展开，内部视角聚焦国有企业超额在职消费，外部视角聚焦国有企业股价崩盘风险。

国有企业混合所有制改革的首要目标是实现国有企业资产保值增值。基于资源依赖理论，多样性的董事会能够帮助处于转型关键时期的国有企业有效面对不确定性的国内外环境，改善董事会的战略决策，提升各类关键性资源的可获得性，提高国有企业的竞争力。此外，董事会多样性水平的提升，还能够提高董事会整体的监督能力，可以有效缓解代理问题，这也有助于国有企业资产保值增值的实现。

在企业实践管理过程中，董事会负责可持续发展战略的制定，可持续发展与企业参与环境治理、慈善捐赠紧密相关，来自利益相关者的压力使得多样化程度高的董事会对社会问题的关注度和敏感度更高，进而将对环境等社会问题的关注转化为具体的企业战略决策并付诸实践。

在我国，与民营企业相比，国有企业的代理问题较为严重，原因之一在于：受"限薪令"的影响，国有企业普遍面临超额在职消费问题，而由混合所有制改革导致的国有企业股东异质性的提升会进一步提高董事会的多元化程度，提升国有企业董事会整体的监督能力，进而对超额在职消费产生影响。股价崩盘本质上是一个公司治理失效的管理问题，股价崩盘在动摇投资者信心的同时，也在一定程度上阻碍了资本市场的健康发展，缓解股价崩盘风险的根本是提高公司治理有效性。董事会作为现代企业制度下公司治理的核心，其多样性在培养董事会决策独立性的同时，能有效监督高管人员，缓解代理问题，抑制国有企业的股价崩盘风险。由前述分析可知，董事会多样性是影响国有企业资产保值增值、环境绩效、社会绩效、超额在职消费和股价崩盘风险的重要因素。

第三，董事会多样性对国有企业资产保值增值和 ESG 的影响机制识别。要加深混合所有制改革背景下对国有企业董事会多样性的认识，对董事会多样性影响国有企业资产保值增值和 ESG 的中介机制展开系统深入的分析是有必要的。结合研究内容二和既有研究，本书基于代理理论和资源依赖理论对混合所有制改革背景下国有企业董事会多样性治理效应的影响机制展开分析。

具体而言，本书拟研究的内容包括如下五个方面：①董事会多样性是否会通过企业创新和内部控制影响国有企业资产保值增值；②董事会多样性是否会通过高管性别多样性和环保意识影响国有企业环境绩效；③董事会多样性是否会通过高管性别多样性影响国有企业社会绩效；④高管控制权和股东监督权是否为董事会多样性影响国有企业超额在职消费的中介机制；⑤代理成本、非效率投资和风险信息披露是否为董事会多样性影响国有企业股价崩盘风险的中介机制。对前述五项内容的深入分析，能够建立起混合所有制改革背景下，董事会多样性影响国有企业资产保值增值、环境绩效、社会绩效和公司治理（超额在职消费和股价崩盘风险）的逻辑基础和理论框架。

第四，国有企业董事会多样性治理效应的边界条件识别。企业是一个开放性的系统，董事会的履职有效性在很大程度上会受到企业所处的内外部环境影响。因此，混合所有制改革背景下，在探究董事会多样性对国有企业治理效应影响的过程中，纳入不同的情境因素是有必要的，这也有助于加深对混合所有制改革背景下国有企业董事会多样性治理效应的认识。

对于董事会多样性在何种情境下对国有企业高质量发展（根据国有企业资产保值增值、环境绩效、社会绩效和公司治理构建的综合性指标）的影响更为显著这一问题，本书分别从管理层、董事会自身、企业区位和外部环境等角度引入情境因素。基于董事会的咨询和监督两大职能，将管理层的咨询需求和监督需求作为情境变量引入，以分析不同的咨询需求和监督需求之下董事会多样性对国有企业高质量发展影响的差异性。此外，我国辽阔的幅员在很大程度上影响着对董事尤其是对独立董事的选聘，这就导致了异地独立董事在我国上市公司中普遍存在。董事会中异地独立董事的存在是否会影响董事会多样性对国有企业高质量发展的影响？这也是本书拟研究的内容之一。延续从地理距离视角对国有企业董事会的考察，本书进一步引入了高铁开通这一情境变量，企业所在城市开通高铁能够促进生产要素的流动、优化市场资源配置和提高信息透明度，进而改善董事会的履职有效性，影响董事会多样性对国有企业的治理效应。最后，本书还引入了经济政策不确定性，分析检验不同的外部环境下董事会多样性如何影响国有企业高质量发展。

根据对研究内容的设定，本书各章节安排如下。

第一章为绪论。在介绍本书研究现实背景和理论背景的基础上提出本书的研究问题，并对研究问题进行分解；对本书具体的研究内容和涉及的研究方法进行阐述；提出与既有研究相比，本书的创新之处、现实意义和理论意义。

第二章为制度背景、理论基础与相关文献评述。首先，围绕国有企业改革对本书的制度背景进行介绍。其次，对本书研究涉及的主要理论基础进行回顾，为后文研究假设的提出提供理论依据，具体的理论包括委托代理理论、高阶梯队理论和资源依赖理论。再次，对国有企业混合所有制改革和董事会多样性领域的研究成果进行梳理总结，包括国有企业混合所有制改革的影响因素和经济后果、董事会多样性的影响因素和治理效应。最后，对已有研究进行总结评述，以进一步明确本书的研究内容、研究价值以及可进一步拓展的空间。

第三章为国有企业董事会多样性的影响因素研究。首先，分别从混合所有制改革（股权结构视角）、政府放权意愿、地区人口多样性（劳动力供给视角）和业务复杂性（劳动力需求视角）角度对其影响国有企业董事会多样性的机理进行分析，并提出研究假设。其次，介绍数据来源和样本选择，构建国有企业董事会多样性综合性指标，这是本书研究的核心所在，并设定探究国有企业董事会多样性影响因素的模型。再次，根据设定的模型对本章提出的研究假设进行实证检验，并进行必要的稳健性检验和进一步分析。最后，对本章的研究结果进行分析和总结。

第四章为国有企业董事会多样性的治理效应研究。首先，通过国有企业资产保值增值和 ESG 方面的表现来刻画国有企业的治理效应，并明确前述经济后果的具体测度方法。其次，基于相关理论，对董事会多样性影响国有企业资产保值增值、环境绩效、社会绩效、超额在职消费和股价崩盘风险进行理论分析，并提出相应的研究假设。再次，通过设定检验模型对本章提出的研究假设进行检验，并通过多种方法进行内生性控制和稳健性检验，以确保研究结论的稳健性。最后，针对本章所得结论进行归纳总结和讨论。

第五章为国有企业董事会多样性治理效应的影响机制分析。首先，基于相关理论和既有研究，推导出董事会多样性影响国有企业资产保值增值、环境绩效、社会绩效、超额在职消费和股价崩盘风险的路径机制，并提出研究假设。其次，构建中介效应检验模型，对研究假设进行实证检验，并辅以必要的稳健性检验。最后，对本章得出的结论进行讨论和分析。

第六章为国有企业董事会多样性治理效应的边界条件分析。首先，为便于分析混改背景下国有企业董事会多样性治理效应的边界条件，聚焦国有企业高质量发展，基于国有企业资产保值增值、环境绩效、社会绩效、超额在职消费和股价崩盘风险五个维度构建国有企业高质量发展综合指标。其次，分析管理层咨询需求、管理层监督需求、异地独立董事、高铁开通和经济政策不确定性如何影响董事会多样性与国有企业高质量发展之间的关系，并提出研究假设。再次，通过设定具体的回归模型检验本章提出的研究假设，并在进一步分析中，根据不同的情境因素将样本交叉分组，探究差异化的情境之下董事会多样性如何影响国有企业高质量发展。最后，对本章得出的研究结果进行分析与讨论。

第七章为研究结论与政策建议。首先，对本书涉及的四部分内容所得研究结论进行整体性总结。其次，针对本书的研究结论提出对应的政策建议。最后，针对本书研究过程中涉及的局限性进行回顾，并提出未来可进一步拓展的方向。

至此，本书各章节的主要安排如图 1.2 所示。

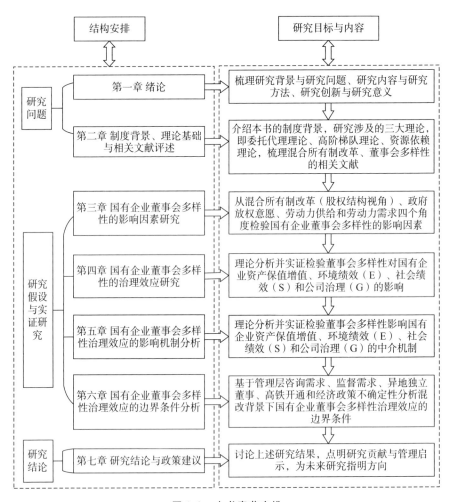

图 1.2　本书章节安排

二　研究方法

（一）文献分析法

文献分析法是指通过对相关研究领域的文献进行搜集、鉴别、整理，以及对以往研究的脉络和发展进行分析，从而基于现实背景和理论背景形成对研究主体和研究对象科学认识的方法。本书针对国有企业混合所有制改革和董事会多样性两个领域的研究进行回顾分析。首先，通过 CNKI、Elsevier 等专业期刊数据库检索相关文献。其次，利用文献分析法，系统梳理了国有企业混合所有制改革的相关研究，主要从国有企业混合所有制改革的制度背景、影响因素和经济后果三个维度展开。最后，梳理了关于董事会多样性的相关研究，对影响董事会多样性前置影响因素以及治理效应的文献进行了系统归纳和分析，并对董事会治理研究中涉及的理论基础进行归纳。

（二）理论推演法

理论推演法是一种探索性的研究方法，在确定研究问题的基础上，分析涉及的理论间的相关性，从经典理论的视角梳理出核心概念之间的因果关系。首先，本书从制度层面、劳动力供给和劳动力需求等视角分析混合所有制改革背景下影响国有企业董事会多样性的驱动因素；其次，使用理论推演法基于委托代理理论、资源依赖理论和高阶梯队理论等成熟的公司治理理论，分析在国有企业中董事会多样性治理效应的内在逻辑关系，并从管理层咨询需求、管理层监督需求、异地独立董事、高铁开通和经济政策不确定性等角度，检验混合所有制改革背景下国有企业董事会多样性治理效应的情境因素。最后，本书在分析董事会多样性影响国有企业治理机制的过程中，同样使用了理论推演法构建理论框架和研究假设，以揭示混合所有制改革背景下董事会多样性作用于国有企业治理效应的路径传导机制。

（三）实证分析法

实证分析法是指依据现有的科学理论或实践发展的需要，根据对现象变化情况的观察、记录与测度来检验因果关系的一种研究方法。实证分析法的主要目的是论证和检验规范分析结论的合理性，本书实证分析部分的流程有5步。第一步，根据研究假设进行研究样本的采集和预处理。第二步，根据本书的研究内容和具体的研究假设，设定回归检验模型。第三步，根据数据结构和特点，选用适宜的统计方法。本书采用的实证分析法主要涉及多元回归分析、中介效应分析和调节效应分析，内生性控制和进一步分析中涉及的实证分析法包括 Heckman 两阶段、工具变量回归、倾向得分匹配、熵平衡、固定效应回归、安慰剂检验和分位数回归等。第四步，数据分析，包括描述性统计、单变量分析、相关性分析等内容。第五步，得出研究结论。

至此，本书的研究技术路线如图 1.3 所示。

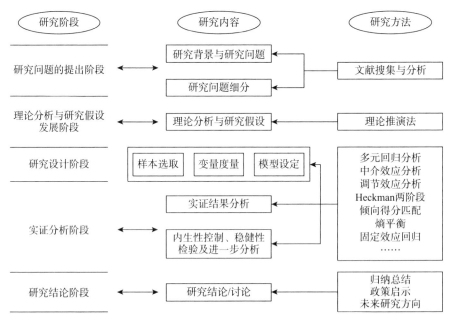

图 1.3　本书的研究技术路线

第三节　研究混改背景下国有企业董事会多样性的创新与意义

一　研究创新

同既有研究相比，本书的创新之处体现在如下方面。

第一，将国有企业资产保值增值与其在环境、社会和公司治理方面的表现纳入同一研究框架。传统的理论认为股东价值最大化是公司的唯一目标，然而，利益相关者理论指出，企业在追求利润的同时，还应该同时关注环境、社会和公司治理问题，即 ESG。环境、社会和公司治理已经成为企业为实现与环境和社会相关的目标，成为满足利益相关者需求而采取的重要企业实践。国有企业混合所有制改革的目标之一是确保国有企业资产的保值增值，混改背景之下的多来源董事模式决定了国有企业的战略决策在确保资产保值增值的同时，还应满足利益相关者差异化的诉求，这就要求国有企业持续关注环境、社会和公司治理问题，这也是由国有企业在我国经济体系中处于支配性地位和国有企业全民所有的属性所决定的。基于此，本书基于混合所有制改革的现实背景，对国有企业的董事会多样性展开研究，在研究过程中将国有企业资产保值增值和 ESG 纳入同一研究框架之内。

第二，构建了国有企业董事会多样性指标。董事会由具有不同背景特征的个体组成，因此，董事会的履职效果取决于董事会多样性不同维度的综合效应。现有研究多从性别、年龄等单一背景特征维度刻画董事会多样性，缺少对董事会整体多样性的关注。在研究董事会治理效应的过程中，若只关注董事会某一具体维度的多样性，所得研究结论可能存在偏误。基于此，本书构建了多维视角下的董事会多样性综合指标。具体而言，本书基于人口特征多样性、教育背景多样性、职业多样性、董事经验多样性和管理特质多样性 5 个维度共计 11 个细分指标构建董事会多样性综合指标，这 11 个细分指标基本上涵盖了目前学术研究中用于刻画董事会多样性的各类细分指标，可以较好地刻画董事会多样性的整体水平。

第三，深化了对混合所有制改革背景下国有企业董事会多样性影响因素的认识。国有企业混合所有制改革是由各级政府推动的"自上而下"的改革，因此，仅有少数研究对混合所有制改革的影响因素展开分析，且相关研究聚焦于探讨对国有企业股权结构的影响。现阶段，国有企业混合所有制改革已经完成了由"混"到"改"的转变，"混"是国有企业股权结构的多元化，"改"则为公司治理机制的改革，具体表现在由异质性股东引致的国有企业董事会多样性。在有关董事会多样性的研究中，既有研究多聚焦于探究董事会多样性的治理效应，缺少对董事会多样性影响因素的挖掘。结合我国具体国情和具体研究内容，本书从股权结构、政府放权意愿、劳动力供给（地区人口多样性）和劳动力需求（业务复杂性）四个维度探究国有企业董事会多样性的驱动因素，进一步深化了在混合所有制改革背景之下对国有企业董事会多样性的认识。

第四，基于对国有企业董事会多样性的研究，回答了学术界关于董事会治理效应的争论。董事会多样性兼具收益和成本双重属性，究竟是收益高于成本，还是成本高于收益？学术界尚无定论。本书基于国有企业混合所有制改革的现实背景，检验董事会多样性对国有企业资产保值增值、环境绩效、社会绩效和公司治理的影响，其中，本书还基于不同的视角对公司治理维度的结果变量进行了细分，内部视角聚焦于国有企业超额在职消费，外部视角聚焦于国有企业股价崩盘风险。结果显示，董事会多样性在提升国有企业资产保值增值、环境绩效和社会绩效的同时，还能有效抑制国有企业的超额在职消费和股价崩盘风险，这表明混合所有制改革过程中发生的董事会重构，在国有企业中发挥了良好的治理效应，为全面认识国有企业董事会多样性的治理效应提供了新的经验证据。

第五，识别了董事会多样性影响国有企业资产保值增值和 ESG 的作用路径和边界条件。在作用路径方面，董事会多样性通过提高创新产出和内部控制质量促进国有企业资产保值增值；通过提高高管性别多样性和环保意识提升国有企业的环境绩效；通过提高高管性别多样性提升国有企业的社会绩效；通过强化股东监督权抑制国有企业超额在职消费；通过降低代理成本、提高投资效率和风险信息披露水平缓解国有企业股价崩盘风险。在边界条件方面，本书基于国有企业的资产保值增值和 ESG 表现，构建国有企业高质量发展代理指标，识别出不同的咨询需求和监督需求水平之下，董事会多样性对国有企业高质量发展的影响，并进一步交叉引入异地独立董事、高铁开通和经济政策不确定性等情境因素，以加深对董事会多样性影响国有企业高质量发展的认识。

二　研究意义

本书对混合所有制改革过程中的国有企业董事会多样性进行了系统分析，为自 1978 年改革开放以来进行的国企改革辩论提供了新的增量证据。本书研究的现实意义和理论意义体现在如下方面。

（一）现实意义

第一，为继续深入推动国有企业混合所有制改革提供经验证据支持。党的十八大以来不断深入推进的混合所有制改革，使得我国国有企业的股权结构呈现出国有股东、非国有股东、外资股东、机构股东等并存的多元化特征。为了实现投资目标，国有企业对各类大股东介入公司治理活动的激励程度也不断提升。作为股东与管理层之间的关键正式制度设计，董事会在企业从战略制定到战略实施的整个过程中负有咨询建议、资源提供和监督委托代理等多重职责，是各类股东介入企业战略决策实践的主要通道。在我国国有企业混合所有制改革进程不断推进的制度背景下，日益凸显的公司治理的本质问题是，如何实现董事会的重构，以使企业战略决策主体与外部动态变化的环境和企业内部发展相匹配，进而实现企业的高质量发展。

混合所有制改革过程中，国有企业在原有的基本上为单一股东的股权结构中引入战略投资者，在股权结构上形成了多股东的事实，而多股东则根据现代企业制度的委托代理关系，在董事会层面形成代表多股东异质性的董事会。董事会结构异质性的最大特征是，战略决策的结构和机制随之发生变化，即混合所有制改革下国有企业将不得不面临从以往的注重董事会结构建设转向董事会战略决策的制度建设。

现代企业制度的核心是突出决策的质量，为此董事会需要有效地整合公司外部环境有利的决策因素，实现内部战略决策权的优化配置，提高面向质量的决策水平。此过程即为现代企业制度框架中法人治理结构的董事会治理问题。面对混合所有制改革这一新的制度供给变量，董事会决策无论在处理外部决策环境，还是在优化内部决策权的配置机制上，都必须进行创新。例如，最大限度地降低战略决策过程中固有的行政型治理向经济型治理转化的成本，以提升董事会治理水平，进而提高国有企业的公司治理质量，最终实现企业高质量发展的目标。本书探讨作为现代企业制度核心的董事会，作为战略决策群体和相关机制的设计者，如何嵌入国有企业的战略决策过程，以提升国有企业董事会战略决策科学水平，实现国有企业的高质量发展。对国有企业微观层面的董事会治理问题进行系统的研究，能对政策的具体执行提供参考价值。本书聚焦于混合所有制改革背景之下的国有企业董事会治理，对国有企业董事会治理进行系统性的研究，对进一步推动国有企业混合所有制改革具有重要的现实意义。

第二，为我国上市公司从多样性视角优化董事会成员配置提供思路和经验证据。董事会的职能包括咨询职能和监督职能，从资源依赖理论的角度来看，董事会能够降低公司所面临的不确定性，并为公司带来获取可持续竞争优势的关键性资源，发挥咨询职能。从代理理论的角度来看，董事会是确保管理层和股东利益一致的监督者，发挥监督职能。董事会的履职有效性则在很大程度上取决于董事会的配置，因为拥有不同社会心理背景的董事会成员有着差异性的决策偏好。董事会配置一直是公司治理研究领域中一个重要的研究课题，董事会的构成是影响董事会战略决策和治理有效性的重要因素（Withers et al.，2012；Adams et al.，2015）。无论是从理性经济学视角还是从社会嵌入视角来看，在进行董事提名的过程中，拥有特定类型人力资本和社会资本的候选人才会被提名（Hillman and Dalziel，2003）。

本书研究证实了董事会多样性能够促进国有企业资产保值增值、提升环境绩效和社会绩效，还能够显著降低国有企业超额在职消费和股价崩盘风险，也就是说董事会多样性在国有企业中发挥了良好的治理效应。这一结论凸显了董事会多样性对公司治理有效性的重要贡献，也启示上市公司在配置董事会时应充分考虑董事会成员之间的异质性（多样性），这会最终影响董事会的履职有效性。董事会是由差异化的成员组成的，每个董事会成员在年龄、性别、经验、教育等方面均存在差异，上市公司在聘任董事时，应充分考虑董事会多样性配置的重要性，人口特征多样性、教育背景多样性、职业多样性、董事经验多样性和管理特质多样性都是需要考虑的重要维度。

我国作为一个新兴市场，公司治理还处于发展阶段，有必要通过引入各种机制来改善公司治理有效性。从本书的研究结论来看，提高董事会配置的多样性水平是有效提升上市公司治理有效性的重要路径之一。多样性反映了种类或范畴的差异，代表着团体内成员在信息、知识或经验方面的差异。从代理理论的视角来看，多样性可以提高董事会的监督能力，能够有效监督管理层行为，缓解代理问题，缓解信息不对称，降低代理成本，实现监督有效。从资源依赖理论的视角来看，多样性的董事会扩展了企业的社会网络，并能够为企业提供各类关键性资源，进而达到企业既定的战略决策目标，实现咨询有效。因此，本书有助于上市公司从多样性的角度设计有效的董事会配置，形成优化的董事会组合，进而提高公司治理的整体有效性。

（二）理论意义

第一，丰富了有关国有企业混合所有制改革的研究。混合所有制改革目前是深化国企改革的重要渠道（Zhang et al.，2020b），也受到学术界的持续关注（Chen et al.，2020）。国有企业混合所有制改革涉及"混"和"改"两个阶段。"混"是国有企业引入非国有股东之后形成的不同属性股东持股的客观现状。"改"是公司治理机制的改革，主要体现在董事会的改革，即非国有股东通过委派董事进入国有企业董事会所引起的国有企业董事会重构。

随着国有企业的改革，我国政府推动了国有企业的公司治理，特别是董事会治理，目前，国有企业已经建立了较为完整的董事会框架，董事会治理的作用日益凸显。由于国有企业混合所有制改革是一种自上而下的改革方式，仅有少数学者聚焦于股权结构分析了国有企业混合所有制改革的影响因素（蔡贵龙等，2018b）。本书则将研究视角聚焦于混合所有制改革下国有企业的治理结构视角——董事会，并从政府放权意愿、劳动力供给和劳动力需求等视角分析了国有企业董事会多样性的影响因素。从这一角度来看，本书的研究丰富了治理结构视角下国有企业混合所有制改革的前置影响因素研究。在此基础上，本书检验了董事会多样性对国有企业资产保值增值、环境绩效、社会绩效和公司治理的影响，丰富了混合所有制改革背景之下，国有企业治理机制（董事会）变化对国有企业决策行为和组织绩效影响的研究。

党的十九大指出，我国经济已经迈入高质量发展阶段，经济的高质量发展势必以微观企业的高质量发展为基础，国有经济又在我国经济体系中扮演着支柱角色，从这一角度来看，国有企业的高质量发展是实现我国经济高质量发展的重要影响因素。企业高质量发展，涉及经济价值增加的"质量"和动态可持续性的"发展"。作为国有企业，其主要任务包括企业经营和维护社会稳定（Jiang and Kim，2020），也就是说在混合所有制改革背景之下，国有企业在实现资产保值增值的同时，还应关注国有企业发展的可持续性，即关注 ESG 问题。基于此，本书在考察国有企业董事会多样性治理效应的过程中，将国有企业资产保值增值和 ESG 问题纳入同一研究框架，并在此基础上构建了国有企业高质量发展指标。本书是从企业高质量发展视角对国有企业混合所有制改革经济后果研究的有益探索，能够为后续企业高质量发展指标评价体系的构建提供参考与借鉴。

第二，丰富了国有企业董事会治理效应的研究，拓展了相关理论在中国情境下的适用性研究。委托代理理论、高阶梯队理论和资源依赖理论是董事会治理领域研究的三大基础理论，也是本书基于混合所有制改革的现实背景对国有企业董事会多样性治理效应、影响机制和边界条件展开系统分析的重要基础理论。

多样性是影响董事会履职有效性的一个重要影响因素，本书研究展示了多样性的董事会对国有企业治理效应的影响。从年龄、性别、学历背景、职业背景、职位、董事会规模、独立董事、海外经历、学术背景、外部董事席位和三年困难时期经历共计 11 个方面构建国有企业董事会多样性指标，并证实董事会多样性在国有企业中发挥着良好的治理作用，即董事会的背景特征是影响公司治理有效性的重要因素。这是对高阶梯队理论在我国混合所有制改革背景之下有效性的检验和拓展。

如前文所述，董事会的两大职能为监督职能和咨询职能，代理理论侧重于分析董事会的监督职能，而资源依赖理论侧重于分析董事会的咨询职能。基于代理理论和资源依赖理论，有学者对董事会多样性的治理效应展开研究，但相关研究多集中于探讨董事会的监督有效性，而对董事会的咨询有效性关注较少（An et al.，2021）。本书在研究中则对董事会的咨询职能和监督职能同时加以关注，具体而言，在董事会多样性影响国有企业环境绩效和社会绩效的过程中，董事会扮演着资源提供者的角色，即环境绩效和社会绩效的提升得益于董事会的咨询职能。当多样性的董事会扮演监督者的时候，董事会多样性能够显著抑制国有企业超额在职消费和股价崩盘风险。需要注意的是，董事会多样性通过同时发挥监督和咨询两大职能实现了国有企业资产的保值增值。有关董事会多样性在国有企业中治理效应的机制检验也表明，战略咨询和监督是董事会实现战略嵌入有效性的职能渠道。在很多情况下，董事会咨询职能和监督职能的履行并非相互独立的，而是相辅相成的。从这一角度来看，本书的研究是对代理理论和资源依赖理论在中国情境下的拓展应用。

第二章　制度背景、理论基础与相关文献评述

第一节　国有企业改革进程脉络梳理

国有企业改革一直是我国经济体制改革的核心所在，并不断得到探索和实践。自20世纪70年代末以来，我国国有企业改革已经持续了50余年。国有企业是在计划经济时期建立和发展起来的，其特点是由各级政府行政控制和直接管理，在这个体系中，国有企业具有多重角色和职能。民营企业的快速发展和国有企业的相对低效率迫使国有企业为了生存而进行改革。总体而言，我国的国有企业改革大致经历了以下四个阶段。

一　第一阶段：1978～1992年

党的十一届三中全会指出，我国经济体制的一个不足在于权力过于集中。有专家建议，中央和地方国有企业应该在经营和管理方面享有更大的自主权。因此，从一开始，国有企业改革就着眼于解决预算软约束问题，增强企业自主权和改善公司治理。20世纪80年代，国有企业开始向混合所有制结构转型。1988年，作为国有企业改革进程的一部分，我国在武汉市建立了第一家产权交易所，以促进国有资产转让。截至1989年底，全国已建立25家产权交易所。90年代之前，国企改革的重点是通过激励和增强管理自主权来实现国有企业的振兴与发展。在这一阶段，国有企业改革引入了合同管理责任制，目的是加强企业的自主权，涉及"放权让利"的初步探索，主要集中在两方面：①在坚持计划经济的同时，充分重视市场

对企业的辅助作用；②提高企业的自主性，将企业绩效与员工利益联系起来，有效激励国有企业及其员工。国有企业改革第一阶段的改革措施和改革效果如表 2.1 所示。

表 2.1　国企改革第一阶段（1978～1992 年）改革措施和效果

改革措施	措施描述	改革效果
放权让利	企业在完成国家计划后，允许其自行安排生产，并可以提取少量利润用于企业发展基金和给职工发放少量奖金	成效：初步打破了计划经济体制的束缚，调动了企业积极性 不足：难以解决如何平衡国家、企业和员工的权利、责任与利益的关系等问题，也逐步暴露出难以规范放权之后的约束机制问题
经济责任制	企业首先要保证财政上缴任务的完成，在此基础上实行基数利润留成加增长利润留成	成效：较好地调动了企业和员工的积极性，促进了企业增产增收和国家财政的好转 不足：未能从根本上解决企业自负盈亏问题，也缺乏统一的税收规范；承包期短，容易形成"鞭打快牛"的现象，造成企业短期行为
利改税、拨改贷	"利改税"：将企业与国家之间按盈利比例分配的方式改为按统一的税率征收；"拨改贷"：将基础建设投资的财政拨款改为银行贷款	成效：有力地规范了国家和企业的分配关系和投资关系，推进了政企分开和经济体制改革 不足：由于税率不够合理，企业负担大幅上升；同时，由于缺乏必要的配套改革，"利改税""拨改贷"在很大程度上将原本由政府承担的负担转嫁给了商业银行
承包经营责任制	由企业经营者与政府主管部门签订合约，确定在一个约定的承包期内上缴利税的基数，或按一定基数确定每年增长的幅度，企业完成上缴基数后的剩余部分可由企业留存，用于扩大再生产和提供员工福利	成效：取得积极成果，全面推行后扭转了工业企业利润下滑的局面 不足：企业责任和权利不对等，政府缺乏必要的手段监管企业的经营过程，管理层更加关注短期行为
"转机制"和"破三铁"	改革企业内部的经营机制，从劳动用工制度开始，并逐步在分配制度和人事制度层面展开	成效：打破了终身雇佣的观念，开始逐步向市场接轨 不足：触动了部分员工利益，社会保障体制等宏观体制改革缺乏配套，遇到各方极大阻力

资料来源：笔者归纳整理。

二　第二阶段：1993～2002 年

1992 年，党的十四大强调中国经济改革的目标是建立社会主义市场经济体制，国家所有权被视为"国民经济的重要组成部分"，而私有制则是"经济的补充部分"，党和政府对国有经济和非国有经济的认识发生了巨大改变，传统的国有企业被允许转变为股份制公司。1995 年以来，我国政府启动了多项产业结构调整举措，这些举措在本质上打破了计划经济的政治基础。在"抓大放小"政策的指引下，80% 的中小型国有企业通过公司化或者股份制改革改变了产权结构。党的十四届四中全会进一步提出国企改革的方向应该是建立适应市场经济和社会化大生产要求的现代公司制度。1997 年党的十五大以来，股份制已经成为国有企业所有制改革的重要方式。党的十五届四中全会正式提出混合所有制，但是，它在很大程度上仅限于在国家安全相关行业、公共服务行业和战略性支柱行业等领域通过政府机构、国有资产管理公司和国有企业的交叉持股来鼓励所有制。国有企业改革第二阶段的改革措施和效果如表 2.2 所示。

表 2.2　国企改革第二阶段（1993～2002 年）改革措施和效果

改革措施	措施描述	改革效果
国有大中型企业建立现代企业制度	通过公司制、股份制改造，建立以"产权明晰、权责分明、政企分开、管理科学"为基本特征的现代企业制度	成效：对于建立公司法人治理结构，转变企业内部机制，探索企业平等参与市场竞争的途径具有重要意义 不足：内部人控制问题逐渐显露，实现产权多元化改造的公司制企业极少，体制机制改革未达预期目标
企业集团国有资产授权经营制度	建立国企集团内成员企业之间清晰的产权关系	成效：对于明确国企集团内部各企业间的权、责、利关系，深化国有资产管理体制改革，发挥国企的规模经济起到了积极的作用 不足：由于治理体制不完善，难以清晰界定"权利"的性质，造成实践过程中对国有企业"过度授权"以及与"授予权利"相配套的约束机制、监管机制供给不足的问题，成为诱发国企内部人控制的重要制度性根源
国有困难企业关闭破产	对于长期亏损、资不抵债、扭亏无望的企业，推动政策性破产	成效：使得国有企业经济效益显著提升；对维护企业和社会稳定、激发企业深化改革的内在动力有重要作用 不足：政策性破产具有"政策推动"的特点，并没有从根本上改变在预算软约束下国有企业关闭难的问题
国有中小企业改制	采用将企业出售给职工或管理层的方式进行改制，随后采用多种方式进行，包括引入外部投资者	成效：所有权监督的建立和机制的转换增强了企业的活力和竞争力，解放了被长期束缚的生产力，改善了经济效益 不足：国有资产的所有者不到位，改制过程中缺乏公正决策和有效监督，导致一系列不规范的行为

资料来源：笔者归纳整理。

三 第三阶段：2003~2013 年

该阶段的改革致力于通过资产管理体制改革推动国有企业改革，实现国有企业资产保值增值，进一步重组大型国有企业，使其变得更大，解决国有经济管理和调控效率低下的问题。在此期间，中央和地方政府都成立了国有资产监督管理委员会（以下简称"国资委"），国资委直接控制着不同层级国有企业的管理层和董事会的选择，并可以直接影响国有企业所有的财务、法律和公司治理问题。经过一系列的重组，到 2013 年底，在一些规模较小、效率较低的国有企业被解散或收购后，国务院国有资产监督管理委员会监管的企业总数降至 113 家，共控制着约 3.8 万家子公司。在省级层面，国资委管理着约 1000 家地方国有企业，涉及子公司超过 10 万家。

尽管在制定国有资产转让法律框架方面进展缓慢，但我国一直在稳步推进国有企业的重组。到 2011 年底，90% 以上的国有企业完成了产权、管理体制、治理机制和经营机制的调整。72% 的中央国有企业及其子公司已经完成公司制改革，几乎所有地方国有企业都已经从国有独资企业转变为拥有多个股东的股份制公司。截至 2012 年底，中央国有企业通过国有控股公司最终控制了 378 家上市公司，地方国有企业控制了 681 家上市公司。[①] 经过战略重组，国有企业中的国有资产份额不断下降。如表 2.3 所示，1992~2012 年，所有国有企业的总资产从 4.5 万亿元增加到了 89.5 万亿元，提高了近 19 倍，但国有资产的比例却从 49% 下降到 28%。对中央国有企业而言，国有资产比例下降显著，由 80% 下降到 26%；相比之下，地方国有企业的国有资产比例下降幅度较小，仅从 33% 下降到 30%。

表 2.3　1992~2012 年国有资产占国有企业总资产的比重

单位：万亿元，%

年份	所有国有企业			中央国有企业			地方国有企业		
	总资产	国有资产	国有资产比例	总资产	国有资产	国有资产比例	总资产	国有资产	国有资产比例
1992	4.5	2.2	49	1.5	1.2	80	3.0	1.0	33

---

① 数据来源：国务院国资委。

续表

年份	所有国有企业			中央国有企业			地方国有企业		
	总资产	国有资产	国有资产比例	总资产	国有资产	国有资产比例	总资产	国有资产	国有资产比例
2001	17.9	6.0	34	7.8	3.2	41	10.1	2.8	28
2002	18.0	6.6	37	7.5	3.6	48	10.5	2.9	28
2003	20.0	7.0	35	8.9	4.1	46	11.0	3.0	27
2004	21.6	7.7	36	9.6	4.8	50	12.0	3.0	25
2005	24.3	8.8	36	10.3	5.6	54	14.0	3.2	23
2006	27.7	9.6	35	12.9	5.6	43	14.8	4.0	27
2007	34.7	11.2	32	17.3	6.6	38	17.4	4.6	26
2008	41.6	13.4	32	21.3	7.4	35	20.4	6.1	30
2009	51.4	15.7	31	25.9	8.3	32	25.5	7.4	29
2010	64.0	18.5	29	33.0	9.3	28	31.0	9.2	30
2011	75.9	21.7	29	38.4	10.4	27	37.5	11.3	30
2012	89.5	25.3	28	43.4	11.4	26	46.1	13.8	30

资料来源：根据国务院国资委披露数据整理。

国有企业改革第三阶段的改革措施和效果如表 2.4 所示。

表 2.4　国企改革第三阶段（2003～2013 年）改革措施和效果

改革措施	措施描述	改革效果
国有资产管理体制改革	在法律框架和资产范围两个方向上工作：一是构建国资管理和改革的法律框架；二是清产核算	随着一系列国资管理制度规范的逐步建立，一个具有中国特色的"管人、管事、管资产相结合"的国有资产管理体制建立起来；初步摸清了中央企业情况，消化了历史遗留问题，推动了稳健会计核算制度的建立
产权制度改革——改制上市和股权分制改革	继续积极推进国企改制上市工作，尤其是以央企为重点，努力实现央企主营业务整体上市	国务院国资委披露数据显示，央企及其下属子企业的公司制股份制改革面已由 2002 年的 30.4% 提升到 2010 年的 70%；石油石化、通信、交通运输、冶金等行业的央企基本实现了主营业务上市，整体上市企业达 43 家；截至 2012 年底，央企下属公司有近 100 家在国内外资本市场首次公开发行股票

续表

改革措施	措施描述	改革效果
治理体制改革——董事会试点改革	集中于建立外部董事制度，希望通过逐步提高外部董事在董事会的比例，达到外部董事占多数的目标，从而推动从"一把手"个人独断决策向科学民主决策的转变	试点产生了机制性变化，彻底改变了决策"一言堂"的局面，董事会对经营层的考核出现了个性化趋势；很多试点企业长期未解决的难点问题开始逐步得到解决
经营机制改革——业绩考核和薪酬激励制度改革	对考核对象、考核指标、计分办法和奖惩标准等做出了规定，并对央企负责人在薪酬水平、薪酬结构、薪酬确定方式和薪酬兑现方面进行了规范	制度的改革强调了以出资人利益为核心，对促进出资人到位、落实保值增值责任、提高企业经营水平起到了重要作用

资料来源：笔者归纳整理。

四 第四阶段：2014 年至今

党的十八大召开之后，我国政府开展了前所未有的反腐活动，并对国有企业进行了越来越全面和彻底的改革，并逐步形成了"1 + N"政策体系。首先，"1 + N"政策体系促进了基于分类的国有企业改革，国有企业可分为商业类国有企业和公共服务类国有企业。在这种新的分类体系中，政府可以在不同类型的国有企业之间有区别地分配资源，换句话说，政府可以减少对国有商业企业的支持，允许其与私营企业自由竞争，同时为国有公共服务企业提供更多资源。其次，"1 + N"政策体系旨在加强中国共产党对国有企业的领导。党的十八大之后，国有企业被要求将中国共产党的领导纳入公司章程，例如，国有企业董事会需要在重要决策之前听取党委的意见。最后，"1 + N"政策体系旨在重组中央国有企业，2012 ~ 2018 年，国务院国资委促成了 20 家中央国有企业合并，在这波并购潮中，中央国有企业的数量从 117 家降低至 97 家。

2013 年，党的十八届三中全会通过的《中共中央关于全面深化改革若干重大问题的决定》，制定了两大政策举措：完善国有资产管理体制和积极发展混合所有制经济。自此，混合所有制改革成为国有企业发展的一大方向。国家期望实现异质资本的有效整合，建立市场化的治理体系和运行机制，充分发挥市场在资源配置中的作用，释放改革红利。

《中共中央　国务院关于深化国有企业改革的指导意见》提出了新一轮国企改革的两大主要经济目标，即完善国有资产监管制度和提高国有资产配置效率，并提出了四项具体任务：①推进国企分类改革；②完善现代企业制度；③完善国有资产管理体制；④发展混合所有制经济。其中，混合所有制改革主要表现为三种形式，即非国有资本投资国有企业、国有资本投资非国有企业和员工持股。

2016 年 9 月，国家发展和改革委员会提出国企改革应该通过建立有效控制的公司治理结构，完善市场化的激励和约束机制，提高企业的经营能力和效率。混合所有制改革倡导通过积极引入各种私人资本实现股权多元化，解决国有企业的代理问题，增强国有经济活力，增强国有资本功能，实现国有企业资产保值增值的目标。2017 年以来，国务院国资委共确定了四批混合所有制改革试点企业。

2020 年国务院国资委启动的全国范围内央企和地方大型国企三年行动计划，更是将中国企业中的国企类别从以往导入现代企业制度的静态结构框架向动态的机制设计转变，使现代企业制度在中国情境下的战略决策和治理实践真正落地。三年行动计划的核心内容之一是董事会制度建设，其中对于外部董事制度的建设更是明确要求，"外大于内"的战略决策行为主体构成和机制都突出理性、独立和科学决策的属性，展示出我国企业在经济高质量发展中的中心作用。

第二节　研究国有企业董事会多样性的理论基础

一　委托代理理论

Jensen 和 Meckling（1976）将企业定义为"生产要素之间的一套合同"。在这种情况下，参与企业运行的个体之间必然会存在一定的契约关系。代理关系也是委托人和代理人之间的一种合同，双方都为自己的利益而工作，从而导致代理冲突。在这种情况下，委托人采取各种行为监督代理人行为进而抑制代理成本。在委托代理合同中，激励结构、劳动力市场和信息不对称都发挥着重要的作用，这些因素有助于建立所有权结构理论。企业的运作是为了最大化其价值和赢利能力，财富的最大化可以通过各方之间的适当协调和团队合作来实现，但是各方利益存在差异，并且会引起利益冲突，这种冲突只能通过管理所有权和控制权来转移。

Fama 和 Jensen（1983）研究了决策过程和剩余索取权，并将公司的决策过程分为两类——决策管理和决策控制，其中，代理人是这一过程中的关键角色。在非复杂企业中，决策管理和决策控制是相同的，但在复杂企业中，两者存在差异。在这些复杂的企业中，决策管理过程中会出现代理问题，因为发起和执行企业决策的决策者并不是组织的真正所有者。为了保证公司的生存，必须对代理问题进行控制。

代理问题不仅仅局限于委托人和代理人，而是已经涵盖了债权人、大股东和小股东等公司利益相关者，具体可以分为三类。第一类是委托人和代理人之间的代理问题，委托人和代理人之间的利益错位以及由于股权结构分散而缺乏适当的监督所导致的冲突，即委托代理冲突。第二类是大股东和小股东之间的代理问题，大股东拥有更大的投票权，可以做出任何有利于自身的决定，这阻碍了小股东的利益（Fama and Jensen，1983），当大股东因为自身的利益而牺牲小股东利益时，这类代理问题就会出现。第三类是所有者和债权人之间的代理问题，当所有者违背债权人意愿做出高风险的战略决策时也会出现代理冲突。

代理问题产生的原因包括所有权与控制权分离、委托人和代理人之间风险态度的差异、代理人在组织中的短视行为、代理人激励不足和内部信息不对称等，不同类型代理问题对应的成因如表 2.5 所示。

表 2.5 不同类型代理问题的成因及说明

代理问题成因	具体说明	代理问题类型
所有权与控制权分离	在大型组织中，所有权和控制权的分离导致所有者失去了对管理者的适当监督，管理者将企业财产用于私人目的，以最大限度地提高自身福利	第一类
风险偏好	各方对风险有不同的看法，并努力与自己的决定保持一致。这种冲突产生于所有者和管理者及所有者和债权人之间	第一类、第三类

代理问题成因	具体说明	代理问题类型
参与期限	管理者为公司工作的时间有限，代理人试图在有限的时间内实现利益最大化，然后进入另一家公司	第一类
有限收益	管理者和债权人都是公司重要的利益相关者，但他们只有有限的收益，管理者关心其薪酬，而债权人只能获得固定金额的利息	第一类、第三类
决策	大股东在公司中的决策权来自较高的投票权，而小股东则仅从属于大股东	第二类
信息不对称	管理者负责管理公司并了解公司的相关信息，所有者则依靠管理者获取信息，管理者会选择性地给所有者提供信息	第一类
道德风险	委托人将企业委托给代理人管理，代理人利用其知识和技能从事有风险的项目或者使得自身效益最大化。委托人由于信息不对称，无法有效评估代理人决策行为背后所附带的风险	第一类
留存收益	大股东决定为未来投资项目保存利润，而不是将利润作为股息分配给所有股东，少数股东的利益受到损失	第二类

资料来源：笔者归纳整理。

代理问题的缓解渠道包括以下几个方面。第一，股权激励，委托人授予代理人股份，能够提高代理人对公司的信任度，确保所有者和管理者的利益一致。第二，薪酬激励，不充分的薪酬激励会迫使管理者为了自身利益最大化损害所有者权益，高质量的薪酬激励能够激励代理人更加努力地工作。第三，债务，公司债务水平的提高能够在一定程度上约束管理者，分期向债权人偿付利息和本金会使管理者更加谨慎地做出决策，提高决策效率。第四，劳动力市场，管理者总是希望从市场获得更好的机会和薪酬，市场通过管理者前期任职表现来评估管理者的能力，因此，管理者必须通过最大化公司的价值来证明其能力，这在一定程度上提高了代理人的有效性和效率。第五，大股东，集中的所有权或大股东可以有效提升所有者监督管理者的能力，防止管理者建立"商业帝国"。第六，股息分配，股息分配减少了公司的内部资金，公司需要通过融资获取外部资金，此时，代理人需要让公司表现得更好，以吸引市场参与者，这在一定程度上解决了内部和外部股东之间的代理冲突。第七，控制权市场，表现不佳的公司可能会被其他公司接管，成熟的控制权市场能够促进管理者高效率地管理公司，缓解代理问题。第八，董事会，受时间、专业知识、经历等因素的限制，所有者无法全程参与公司的经营管理，需要聘请专业的经理人来负责公司经营。为了有效监督经理人的决策行为，确保所有者利益，代表股东利益的董事会应运而生，董事会的设置能够有效缓解所有权和经营权分离所导致的代理问题。

由于企业内部所有者和管理者之间的契约安排，企业的管理者不是企业的完全所有者，这种所有权和使用权的分离将导致股东和管理者之间的委托代理问题。代理理论假定管理者作为股东的代理人工作（Jensen and Meckling，1976）。管理者应该代表股东工作，因此，他们应该为股东的利益而工作。然而，管理者有时会以牺牲股东的利益为代价来维护自己的利益，这就产生了利益冲突。这种利益冲突增加了股东的风险，因为管理层有办法获得组织的内部信息，股东出于维护自身利益的目的，组建了能够监督管理者活动的董事会。代理理论将经理人概念化为自利的代理人，应该受到密切监控，该理论认为董事会能够通过防止经理人牺牲股东的利益进而影响公司的战略决策。

管理者（代理人）和股东（委托人）之间的目标不一致，这在很大程度上是由现代企业制度下公司所有权和控制权的分离及管理者和股东在组织中面临的不同风险水平驱动的，管理者可能会放弃追求符合股东利益的结果（Jensen and Meckling，1976）。代理理论认为管理者和股东之间存在信息不对称，管理者可以过滤他们与股东共享的信息。对关键信息的这种控制，使管理者（代理人）和股东（委托人）之间的问题复杂化。董事会的作用是成为大公司股东可靠信息的来源，从而有效地监督管理者（Fama and Jensen，1983）。

董事会既是不同股东的代理人，也是管理层的委托人。从代理理论的角度来看，多元化的董事会可以加强对管理层的监控，因为多元化的董事会由不同背景的董事组成（Carter et al.，2003）。因此，董事会多元化的公司往往会传播更多的信息，这可能会降低信息不对称程度和代理成本，并可能形成更高水平的声誉（Gul et al.，2011；Upadhyay and Zeng，2014）。

二　高阶梯队理论

"高阶"一词指的是公司高层的决策者，通常由三个层次组成：董事会、首席执行官和高管团队（Cannella et al.，2008）。董事会是一个组织的最高决策机构，由具有丰富相关经验的个人组成，负有监督和指导组织运作的法律责任和财务责任。Hambrick 和 Mason（1984）基于高层管理者的选择受其认知基础和价值观的影响这一假设，推导出管理特征可用于（部分地）预测组织结果。由于个体心理结构很难被观察到，他们认为高层管理人员的人口统计学特征可以作为其认知基础和价值观的代理变量。高阶梯队理论将管理团队的认知和人口统计学特征与战略决策及公司业绩联系起来（Carpenter et al.，2004），认为组织结果反映了组织中有权势的个人的价值观和认知基础，人口异质性增强了组织应对战略变化的能力。具体而言，该理论指出，高层管理者对其公司环境的感知会影响企业战略选择，最终影响组织绩效，高层管理者的视野以及由此产生的对环境的看法受到其认知基础和价值观的限制。这是因为注意力在任何给定的时间都受到人类对有限信息处理能力的影响，因此，个体对环境中某些元素的关注是由其性格和个人特质决定的。也就是说，高层管理者的个人特征决定了其视野范围，并为其战略选择提供了必要的决策信息，而这些战略选择的后果最终体现在组织结果上。

Hambrick（2007）进一步提出了影响管理者特征与组织结果关系的情境因素，即管理自由裁量权和工作需求。管理自由裁量权是指高层管理者在做出战略决策行为时享有的行动自由，当高层管理者拥有更高的自由裁量权时，其个人特征更能预测组织结果（Hambrick，2007）。工作需求指的是高层管理者面临的挑战程度，面临高水平挑战的高层管理者会有更少的时间来考虑决策，更多地依赖其个人背景特征。也就是说，当挑战水平较高时，管理层特征和组织结果之间的关系会更强；相比之下，在管理者面临更低水平挑战的情况下，其战略决策行为将更少地依赖个人特征，此时，管理者特征和组织结果之间的关系应该更弱（Hambrick，2007）。

高阶梯队理论的三个中心原则如下。第一，企业的战略决策是对强有力行动者的价值观和认知基础的反映；第二，这些行动者的价值观和认知基础是其可观察特征（如教育、工作经验）的函数；第三，这些行动者的可观察特征与组织结果之间具有关联性（Carpenter et al.，2004）。这三个中心原则构成了一个组织及其绩效能够反映高层管理者特征的主张，即高管的经历、价值观和性格等会影响其战略决策行为（Hambrick，2007），并为通过人口统计学研究高层管理团队的决策行为及战略决策有效性提供了基础。

董事会是现代企业制度下公司治理中的最高决策机构，根据高阶梯队理论，董事会是对整个组织有重大影响的决策团体（Hambrick，2007）。Hambrick 等（2008）扩展了该理论，并将其应用于董事会多样性的研究。Neely 等（2020）针对高阶梯队理论在管理学研究中的应用展开了系统性的回顾与分析，指出目前高阶梯队理论的应用存在三点不足。

第一点是对认知"黑箱"的探索不足，个人和群体认知在高阶梯队理论的概念基础中发挥着核心作用（Hambrick，2007）。从广义上来说，认知模型影响个人在给定情况下如何关注、过滤和处理信息，而在高阶梯队理论的框架之下，这些认知过程会影响高管的决策和行动。既有研究认为，需要对认知过程进行更直接和深入的分析，以打开高层管理者认知和企业战略决策行为之间的"黑箱"，即要考察高层管理者特征和经验对高管特定认知的影响，包括高层管理者寻找什么信息（即视野有限）、关注什么信息（即选择性感知）以及认为什么信息重要（即解释）。既往研究虽然加深了对高层管理者认知结构和过程的理解，但这一研究领域整体的进展是有限的。

第二点是对关系"黑箱"的探索不足，相关研究更多地关注高层管理者特征如何影响高管之间以及管理层和董事会之间的动态，甚至影响其他利益相关者（如员工、媒体和投资者等）。通过打开关系"黑箱"，学者可以对高层管理者如何在组织中运作以促进更好的组织结果有更丰富的理解。在任何系统中，关系、行为和影响的本质都是复杂和多维度的，相关研究在梳理高层管理团队内部以及高层管理团队与 CEO 之间的关系机制方面取得了重大进展，但在其他关系方面的探索不足，比如 CEO 和董事会之间的关系，CEO 和媒体、顾客、供应商等利益相关者之间的关系。通过考察 CEO 和董事会之间的关系，可以检验董事会在监督 CEO、做出战略决策及面对来自利益相关者压力下的决策有效性。

第三点是对高阶梯队理论的应用边界关注不足。既有研究使用高阶梯队理论得到了结论不一致的经验发现。为此，Hambrick（2007）在原理论基础上引入了管理自由裁量权和工作需求两个情境因素，以调和既有研究中不一致的研究结论，更好地理解高阶梯队理论的边界条件。后续研究中，有学者分别从个体、团体、组织和外部环境等维度考察了该理论应用的边界条件，并突出了这些情境因素的重要性。但是，较少有学者从理论或者实证方面分析这些情境因素在高阶梯队理论中如何发挥作用。高层管理者特征通过"认知"模型和"关系"模型作用于组织结果，厘清情境因素是作用于"认知"模型还是"关系"模型，抑或是二者兼有，对系统认识高阶梯队理论有重要的意义。

三　资源依赖理论

在当代商业环境中，受到全球化导致的产品市场竞争加剧、国际金融危机导致的信贷供给紧张以及原材料和能源短缺等因素的影响，组织的外部依赖性提高，需要通过相应的措施来帮助其恢复对环境某种程度的控制。也就是说，受到外部环境的约束和影响，组织试图通过建立不同的组织间关系来管理相应的资源（Pfeffer and Salancik，2003）。这些行动的核心是权力，即对重要资源的控制，组织往往试图减少别人对其的权力，而增加自身对其他组织的权力。Jeffery（1988）从五个维度阐述了资源依赖观点和组织间关系的基本论点，具体包括：①组织间关系是社会的基本单元组织；②组织并非自主的，而是受制于与其他组织相互依存的网络；③相互依存，加上对与之相互依存组织行动的不确定性，会导致组织生存和持续成功的不确定；④组织采取相应的措施来管理外部相互依赖，并产生新的依赖；⑤这些依赖模式产生了组织间和组织内的权力，这种权力对组织行为有一定的影响。

资源依赖理论的基本假设前提是对关键和重要资源的依赖会影响组织的行动，所有组织都严重依赖其他组织提供的重要资源，这种依赖往往是相互的，这种组织间的相互依存关系可以解释为什么形式上独立的组织会参与不同类型的组织间安排，如董事连锁、联盟、合资企业等，反过来，这些安排增强了组织的自主性和合法性（Drees and Heugens，2013）。资源依赖理论认为企业和组织依赖于其所处的环境，并认为企业成功的关键取决于其从外部环境获取资源的能力（Pfeffer and Salancik，2003），董事有能力提供公司无法获得的资源，董事会成员有潜力在公司与外部环境之间建立联系，董事会成员可以通过提供公司依赖的资源为战略决策做出贡献（Hillman et al.，2009）。

资源依赖理论是战略管理领域中一个具有重大影响力和被广泛使用的理论，该理论将企业描述为一个开放的系统，并紧紧依赖于外部环境。企业可通过如下渠道减小对外部环境的依赖，包括并购/纵向一体化、战略联盟、政治行动、高管继任和董事会（Hillman et al.，2009）。有关董事会的已有文献表明，资源依赖理论是理解和考察董事会的有效理论基础。Pfeffer 和 Salancik（2003）认为，董事给组织带来了 4 个好处：①以建议和咨询的形式提供信息；②建立公司获取环境紧急情况信息的渠道；③获得优先资源；④提升公司合法性和声誉。根据董事在公司中扮演的不同的资源依赖角色，Hillman 等（2000）将董事细分为内部人员（董事）、商业专家、支持专家和社区影响者四类。内部人员（董事）现在或曾经是公司的管理者、雇员或者所有者，主要向董事会提供有关公司本身及竞争环境的信息。商业专家为公司提供与行业竞争、战略决策方面高度相关的专业知识，是公司内部与外界沟通的重要桥梁。支持专家为公司提供法律、银行、保险和公共关系等方面的专业知识，并使得公司与金融机构、律师事务所、公关公司等外部组织建立起联系。社区影响者包括在重要的非商业组织中拥有专业知识和影响能力的董事，包括政府官员、高校教师等，这类董事基于其在非商业组织中积累的知识和经验为公司的战略决策提供非商业视角的方案，并致力于提高公司的合法性。

资源依赖理论提出，由具有不同资格和背景特征的个体组成的董事会能够提供重要的资源，并在组织与外部环境之间建立起桥梁。董事发挥的一个独特作用是提供必要的资源或通过与外部环境的联系获得这些资源。董事会作为一种重要的公司治理机制（Pfeffer and Salancik，2003），能够降低环境不确定性和与环境依赖相关的交易成本。

Hillman 等（2000）认为在资源依赖理论的框架之下，公司会通过改变董事会的构成来应对外部环境的重大变化，对于公司而言，多元化的董事会意味着有价值的资源，有助于实现更好的经济效果。例如，多元化的董事是公司在外部环境中联系重要支持者的桥梁，从而有更多机会接触到更多人才。不同的董事还拥有异质性的特有信息，可以潜在地改善董事会对管理者的战略咨询和建议，并有助于更好地做出决策。董事会的多元化也向产品和劳动力市场发出了重要的积极信号。作为非内部人士和非业务专家，不同的董事可能有助于带来不同的观点和非传统的方法来解决公司战略决策中的问题。

拥有多样化背景的董事会成员提高了公司可获得资源的广度和深度，有助于公司通过有效整合和管理资源建立竞争优势（Prahalad and Hamel，1994）。董事会成员在背景、年龄、性别等特征方面的差异性可以帮助公司了解复杂的市场，产生更多的问题解决方案，向管理层提供及时的信息，获取关键性资源，增强公司在社会中的合法性，减少不确定的交易成本，提高解决问题的能力和决策质量，进而提升公司的核心竞争能力（Nielsen and Huse，2010）。

第三节　有关国有企业混合所有制改革的研究

一　国有企业混合所有制改革的影响因素

改革开放以来，国有企业改革不断推进，然而，由于经济体制和历史遗留问题，国有企业股权结构的合理配置无法通过资本市场来实现，建立现代企业制度的进程缓慢。在这种情况下，混合所有制改革成为优化国有企业股权结构、提高国有企业经营水平和市场化水平的主要模式。国有企业混合所有制改革是由政府"自上而下"主导的，是推动政治、经济和社会制度变革的关键所在，以促使非国有资本嵌入国有企业并参与国有企业的治理（Guan et al.，2021）。有关混合所有制改革的研究基本围绕混合所有制改革的治理效应展开，仅有极少数学者从政府放权意愿、产业政策、公司特征等角度对国有企业混合所有制改革的影响因素展开研究。

政策推动是积极推动混合所有制改革，进一步深化国有企业改革的重要驱动因素（马连福等，2015）。在国有企业混合所有制改革不断推进与深入的过程中，政府在其中扮演着十分重要的角色。金字塔层级作为我国国有企业中常见的一种控制模式，会对国有企业混合所有制改革产生影响。具体而言，金字塔层级能够提高政府放权意愿，改善公司治理机制，从而提高公司整体的投资者保护水平，强化非国有资本参与国企混合所有制改革的意愿，最终推动国有企业混合所有制改革的实施。也就是说，政府放权意愿是推动国有企业混合所有制改革的重要驱动因素（蔡贵龙等，2018b），市场环境发展水平与金字塔层级对国有企业混合所有制改革的影响存在一种互补关系（周绍妮等，2020）。

在政府放权意愿较强的地区，地方政府对国有企业的经营干预水平较低，混合所有制改革力度较大，并且能够顺利推行下去，政府放权意愿对混合所有制改革在股权结构和高层治理结构两个维度均有显著的促进作用。具体表现为，对于不同行政层级和行业竞争程度的国有企业，政府放权意愿越强，所在区域内国有企业中的非国有资本持股比例越高；在高层治理结构维度，只有在地方国企和非垄断国企中，政府放权意愿才会对非国有股东委派董事、监事、高级管理人员（以下简称"董监高"）的比例具有显著的促进作用，即非国有股东会委派更多的董事、监事和高级管理人员进入国有企业参与治理和具体的经营战略决策（蔡贵龙等，2018a）。

在产业政策方面，产业政策会从非国有资本参与混合所有制改革的意愿和国有企业进入壁垒两个角度影响国有企业的混合所有制改革进程。基于国家"十一五""十二五""十三五"规划中的产业政策，王中超等（2020）发现，产业政策会在一定程度上降低所在行业内国有企业的混合所有制改革程度。异质性检验表明，对于商业类的国有企业和位于市场化发展水平较高地区的国有企业，产业政策对国企混合所有制改革的抑制作用更为显著。

在公司特征方面，国有企业规模、赢利能力、成长能力能够促进国有企业混合所有制改革，而企业年龄和第一大股东持股比例均会抑制国有企业混合所有制改革（王中超等，2020；周绍妮等，2020）。在管理特征方面，董事会的规模和两职合一也会在一定程度上对国企混改产生促进作用（王中超等，2020；周绍妮等，2020）。当国有企业高管具有跨体制联结关系时，国有企业也更倾向于将股权转让给私营企业（陈仕华、卢昌崇，2017）。

二 国有企业混合所有制改革的治理效应

在混合所有制改革中，股权结构的变化和非国有股东对董事、监事和高级管理人员的任命影响着国有企业的经济行为（Chen et al.，2020）。非国有股东的进入可以形成更加合理的多元股权结构，通过参与公司治理，非国有股东可以影响国有企业的经营和战略决策，以充分发挥民间资本的监督和治理作用，通过混合所有制改革形成的相互制衡、激励相融的监督约束机制，有助于缓解国有企业所有者缺位和内部人控制问题。

在学术研究方面，根据国有企业前十大股东的持股比例及性质，马连福等（2015）提出了三种对国有企业混合所有制改革程度的测度方法：①按照股东性质将股东分为五类，并在此基础上定义了股东混合主体多样性；②根据前十大股东中不同性质股东的持股比例，从非国有股东持股比例视角定义了混合主体深入性；③根据国有股东持股比例和非国有股东持股比例之间的差异定义了混合主体制衡度。有学者基于马连福等（2015）对国有企业混合所有制改革程度的测度，分别从战略决策、运营效率、公司治理和企业绩效四个维度考察了国有企业混合所有制改革的治理效应。在股东性质和股权结构之外，亦有学者尝试从非国有股东委派董事、监事和高级管理人员对国有企业混合所有制改革的治理效应展开研究（蔡贵龙等，2018a）。基于此，本章将从股权结构和治理结构两个视角对国有企业混合所有制改革治理效应的研究展开回顾。

（一）基于股权结构视角的国有企业混合所有制改革治理效应

第一，在战略决策方面。在创新投入方面，解维敏（2019）考察了混合所有制改革对国有企业创新投资决策的影响，结果显示，前十大股东中股东的多样性能够促进国有企业创新投资，在进一步划分股东股份性质并考虑国有企业的终极控制人之后发现，前十大股东中私有股东的介入更能提升国有企业的创新投资水平，股东多样性对央企创新投资的促进作用更大。朱磊等（2019）进一步分析了混合所有制改革影响国企创新投资的边界条件，结果显示，当国有企业由地方政府控制、国企所在地区政府放权意愿较高、国企属于竞争性行业时，混合所有制改革对国有企业创新投资的溢出效应更为显著。罗福凯等（2019）基于资本支持和股权治理两个视角研究发现，股权多样性能够促进国有企业的研发创新投资，在市场化水平较低的地区，股权多样性对国有企业创新投资影响的资本支持效应更弱，股权治理效应更强。程承坪和陈志（2021）在考察非国有资本对国有企业技术创新影响的过程中，同时考察了政府控制层级、行业性质、市场化程度和企业规模等情境因素的影响，整体而言，非国有资本能够促进国有企业创新投资，当国有企业所在省份的市场化发展水平较高、国有企业规模较大、属于竞争性国企时，非国有资本对国有企业创新投资的促进作用更显著。基于工业企业数据的研究也证实，国有企业中的非国有股东持股比例越高，企业创新投资水平越高，良好的制度环境能够放大这种促进作用（任曙明等，2019）。杨兴全和尹兴强（2018）发现非国有股东与国有股东之间股权的相互融合与制衡提高了国有企业的现金持有水平，并且能够有效抑制由超额现金持有引发的过度投资，提高国有企业的创新投资水平和企业价值。Zhang 等（2020b）考察了国有企业混合所有制改革对企业创新活动的影响，并检验了行业类型和地区宏观经济环境对二者关系的影响，结果显示，混合所有制改革促进了国有企业创新，但这种影响具有异质性，具体而言，对于垄断行业和东部发达地区的国有企业，国企混合所有制改革对企业创新的促进作用更大。

在创新绩效方面，与多元股权结构相比，非国有股东委派董事参与国企的公司治理能够提高国有企业的专利产出，这种影响在不同的政府控制层级、行业特征和制度环境下存在差异（熊爱华等，2021）。李增福等（2021）则证实，前十大股东中的非国有股东持股比例越高，国有企业的专利申请量和授权量越高，当持股比例超过 10% 时，促进作用更显著。机制检验表明，非国有股东进入国有企业能够提高内部控制质量，完善激励体制，进而提升创新产出。在创新投资效率方面，王婧和蓝梦（2019）指出混合所有制改革并不能有效提升国有企业的创新效率，在考虑分类改革因素之后，发现混改能够提高垄断行业国有企业的创新效率。

此外，一些学者聚焦于探索混合所有制改革对国有企业战略变革、多元化战略等战略决策行为的影响。张双鹏等（2019）基于结构性权力视角，分别从股权权力、董事会结构性权力和管理层结构性权力出发，分析和检验混合所有制改革对国有企业战略变革的影响，结果显示，由混合所有制改革导致的多元股权结构会降低国有企业战略变革程度。在结构性权力方面，打破董事会内部的结构性权力均衡，能够促进国企的战略变革。混合所有制改革中的多元化股权结构对国有企业多元化经营战略的抑制效果是减负效应和治理效应共同作用的结果，二者之间的关系会受到国有企业所在地市场化发展水平和政府质量的影响。此外，混合所有制改革对地方国有企业多元化经营战略的抑制作用高于央企（杨兴全等，2020）。

第二，在运营效率方面。在有关混合所有制改革与金融资产配置关系的研究中，叶永卫和李增福（2021）的研究表明，国有企业前十大股东中的非国有股东持股比例越高，或者持股比例超过10%时，非国有股东出于防御性储蓄动机，会通过监督治理路径和融资约束路径影响国有企业金融资产投资。梁上坤和徐灿宇（2021）指出，混合所有制改革能够提升国有企业的金融资产配置效率，尤其是在国有企业面临融资约束的情况下，在考虑金融资产的期限之后，发现混合所有制改革只对短期金融资产的配置产生影响，与长期金融资产配置之间没有显著的关系。进一步的检验表明，金融资产配置效率的提升能够提高国有企业的投资效率，并在一定程度上降低国企面临的财务风险。祁怀锦等（2021）则发现混合所有制改革与国有企业金融资产配置之间的关系并非线性的，而是呈现出一种先下降后上升的"U"形关系，代理问题是否能够得到有效缓解是二者之间关系的中介影响机制，对于地方国有企业和商业竞争类国有企业而言，这种"U"形关系是稳健存在的。Wang等（2021a）的研究结果显示，混合所有制改革程度越高，非金融国有企业的金融投资水平越低。进一步的横截面分析检验证实，二者之间的关系受到区域异质性和政府层级的影响，对于东部地区和由地方政府控制的国有企业，混合所有制改革对国企金融投资水平的抑制作用更强，其原因在于东部地区拥有丰富的资源和发达的资本市场，地方政府对国有企业的干预强度较低，从而增强了混合所有制改革对国有企业的治理效应。

由政府放权推动的国有企业混合所有制改革的最终目的是有效提升企业效率，在混合所有制改革与国有企业投资效率的研究中，张祥建等（2015）选择实施股票发行民营化的国有企业作为研究样本，分析混合所有制改革对国有企业投资效率的影响，结果表明，保留国有控股的混改模式增强了国企的政策负担效应，高级管理人员的政治关联提高了企业的政策依附性，保留国有控股、政治关联均在一定程度上抑制了国有企业的投资效率，当国有控股模式和政治关联同时存在时，混合所有制改革对国有企业投资效率的抑制效果会得到缓解。李井林（2021）基于国有企业中前十大股东"质"（股权性质）和"量"（持股比例）考察了混合所有制改革对国有企业投资效率的影响及具体的作用路径，结果表明，混合所有制改革过程中所形成的股东主体多样性和非国有股东与国有股东之间的相互制衡，通过提高国有企业的治理水平提升了国有企业投资效率。任广乾等（2020）指出混合所有制改革的推进，加剧了国有企业中国有股东和非国有股东之间的相互制衡，非国有股东通过委派董事进入国有企业董事会，提高了董事会整体的决策科学性，有效抑制了国有企业的非效率投资，并最终提升了国有企业的整体价值。混合所有制改革能够促进国有企业投资效率的提升，这一结论也在向东和余玉苗（2020b）的研究中得到进一步验证，在细分政府控制层级之后，检验结果显示，通过混合所有制改革形成的股权制衡能够抑制央企的过度投资，缓解地方国企的投资不足问题。

在国有企业混合所有制改革对生产效率影响的研究中，陈林（2018）利用三重差分模型，在考虑自然垄断因素的基础上考察混合所有制改革与企业生产效率之间的关系，研究发现，在垄断环节，混合所有制改革对国有企业生产效率无显著影响，在进入竞争环节之后，混合所有制改革能够有效提升国有企业的生产效率。考虑到国企混改和民企引入国有资本参与混改的动机存在差异，李双燕和苗进（2020）考察了股权制衡度对两类混合所有制企业全要素生产率的影响，整体而言，非国有股东与国有股东之间持股比例的差距越大，企业全要素生产率越高，但是，单纯的国有股东持股比例或者非国有股东持股比例对全要素生产率的影响则存在显著差异，非国有股东持股比例会对国有混合所有制企业全要素生产率产生促进作用，考虑行业异质性之后，非国有与国有股东之间的持股差异对垄断行业企业的全要素生产率无显著影响。

除上述研究之外，叶松勤等（2020）按照政府控制层级将国有企业分为央企和地方国企，发现地方国有企业费用粘性显著高于央企，在考虑混合所有制改革的影响因素之后，混改对地方国有企业费用粘性的抑制效应更显著，对于公司治理水平较低的央企，混合所有制改革也能有效抑制企业费用粘性。在国有企业混合所有制改革的模式选择研究中，当采用渐进式混改模式或者分散式混改模式时，混合所有制改革能够提高国有企业的员工效率，降低企业员工的冗余程度（易阳等，2021）。

第三，在公司治理方面。从不同的混改维度，混合所有制改革对国有企业高管薪酬激励的影响存在差异，非国有股东进入国有企业形成的多元化股权结构不会对国企高管薪酬产生显著影响，通过向国有企业委派高管，非国有股东的介入能够显著提升国企的薪酬绩效敏感性（解维敏，2019），对于竞争性国企和位于市场化水平较低区域的国企，这种敏感性更强（蔡贵龙等，2018a）。整体而言，混合所有制改革能降低国有企业的过度负债，但高层治理维度的混合所有制改革对国企过度负债的抑制作用高于股权结构维度的混改，作用边界检验表明，政府隐性担保弱化了混合所有制改革对国企过度负债的抑制作用（吴秋生、独正元，2019）。在国有企业中引入非国有资本能够有效缓解国有企业的冗余雇员问题（马新啸等，2020），减轻国企的政策性负担，非国有股东持股比例对地方国企冗余雇员的缓解作用要显著高于央企（张伟华等，2021）。

梁上坤等（2020a）基于企业违规视角，发现混合所有制改革通过提高内部控制质量和改善信息环境两个渠道减弱企业违规倾向，但并不会对企业违规行为被稽查的概率产生显著影响，在制度环境发展较为落后的地区，混合所有制改革对国有企业违规行为的抑制作用更强。同时，混合所有制改革对国有企业避税行为也有显著的抑制作用，这种关系在媒体报道水平高、执法效率较差和政府放权意愿强的情况下更显著，具体的影响路径显示，混合所有制改革可以降低分析师的盈利预测偏差和信息不对称程度，减少管理层和大股东的机会主义行为，进而抑制国有企业的避税行为（Wang et al.，2021b）。

汤泰劼等（2020）从审计投入和审计风险等角度分析，认为混合所有制改革能够通过缓解代理问题、降低信息不对称程度降低国有企业的审计费用。实证检验结果证实，股权结构上的混改不会对审计费用产生显著影响，只有治理结构层面的混改才能降低国有企业审计业务需要承担的费用。国有企业混合所有制改革程度越高，越倾向于选择来自国际四大会计师事务所的审计师，进而改善国有企业的会计信息质量，这种影响对于处于竞争激烈市场、低市场化程度地区和信息透明度低的公司更加明显（Chen et al.，2021）。

基于股价崩盘风险视角，马新啸等（2021c）也发现，非国有股东与国有股东之间单纯的股权制衡并不能发挥有效的治理作用，只有通过非国有股东向国有企业董事会委派董事，才能在缓解代理问题的同时提高信息透明度，最终有效缓解国有上市公司未来的股价崩盘风险。方明月和孙鲲鹏（2019）利用全国工业企业数据，发现混合所有制类型对"僵尸"国企的影响呈现出一种"啄序"现象，具体表现为转制民企最优，国企参股次之，国企控股对"僵尸"企业的治理效应最小，混合所有制改革通过降低代理成本治理"僵尸"国有企业。马新啸等（2021a）的研究也证实了混合所有制改革中的非国有股东治理能够使国有企业去"僵尸化"，有效发挥治理效应。

第四，在企业绩效方面。混合所有制改革会引发公司内部股权结构的调整，股权制衡对控股股东的行为有明显的约束作用，能够抑制高级管理人员的腐败行为，最终改善企业绩效。不同维度的混合所有制改革对国有企业绩效的影响存在差异，具体而言，只有在国有企业的制度环境良好的情况下，不同性质股东混合的多样性才能提高国企绩效，而不同性质的非国有股东股权的深入性对国有企业绩效的影响呈现"倒 U"形关系，当前十大股东中非国有股东持股比例介于 30% 和 40% 之间时，能够有效提升国有企业绩效（马连福等，2015）。对于竞争性国有企业，当非国有股东的持股比例介于 32% 和 58% 之间时，其对国有企业绩效有显著的提升作用（黄速建等，2021）。通过识别国有企业前十大股东中是否存在单一非国有股东持股比例大于 10% 来界定国有企业的混合状态，考察混合状态国企和非混合状态国企绩效之间的差异，结果表明，当国有企业处于混合状态时，其绩效水平显著高于处于非混合状态的国有企业，即混合所有制改革能够显著提升国有企业绩效，具体的机制检验显示，混合所有制改革通过提高董事、监事和高管的股权激励水平来促进企业绩效的提升（周观平等，2021）。刘汉民等（2018）聚焦于央属上市公司，基于股权结构和治理结构的双重视角分析混合所有制改革对央企经营绩效的影响，在股权结构方面，适度提高前五大股东中的非国有股东持股比例能够促进央企绩效的提升，在治理结构方面，提高董事会中的非国有董事占比能够提高央企经营绩效。

在垄断型国有企业中引入新的战略投资者可以促进内部权力的再平衡，抑制董事长的权力并监督其行为，竞争行业中的国有企业董事长在面临更为复杂的环境时会感觉到更大的不确定性，并有更高的信息处理要求。具体而言，混合所有制改革能够有效减小国有企业董事长对公司绩效的影响，尤其是在垄断型国有企业中（Guan et al.，2021）。

随着研究的不断推进，部分学者将研究对象由上市公司转向未上市的工业企业。基于工业企业的检验表明，混合所有制改革能够发挥积极的治理作用，减轻企业政策性负担，最终提升国有企业经营绩效（张辉等，2016）。孙鲲鹏等（2021）基于全国工业企业的调查数据，通过构造动态模型并辅以实证检验，考察了不同的股权组合模式对国有企业绩效的影响，整体而言，混合所有制改革通过提高收入和降低成本两个渠道提高了国有企业绩效，非国资控股混改模式对国企绩效的提升效果要高于国企控股混改模式，对于国资控股企业，由民营资本主导的混改模式对国企绩效的提升效果高于由外资主导的混改模式；对于非国资控股企业，由外资主导的混改模式对国企绩效的提升效果更明显。

（二）基于治理结构视角的国有企业混合所有制改革治理效应

在治理结构视角，学者尝试从非国有股东向国有企业派驻董事、监事和高管视角对国有企业混合所有制改革的治理效应展开分析，相关研究同样涉及战略决策、运营效率、公司治理和企业绩效等领域。

在战略决策方面，冯璐等（2021）分析了非国有股东委派董事对国有企业创新产出的治理效应、边界条件及具体的作用路径，结果表明，非国有股东参与国有企业董事会治理能够提高国有企业的创新产出，在经济政策不确定性程度较低或者企业所处行业的行政准入门槛较低时，非国有股东治理对国企创新的促进作用更大，具体而言，非国有股东通过缓解第二类代理问题、提升管理层创新失败容忍度、提高创新投入和减少低效并购业务四个渠道促进国有企业创新。马新啸等（2020）基于人力资本配置视角研究发现，单纯地提高非国有股东的持股比例不会对国企人力资本结构产生显著影响，非国有股东通过向董事会委派董事参与国企的董事会治理能够优化国企的人力资本结构，具体表现为冗余员工的减少和高层次人才的增加，这种影响在制度环境较差和国企由地方政府控制的情况下更显著，由混改驱动的人力资本结构的优化会进一步提升国企的创新能力和生产能力。李春玲等（2021）的研究也证实了混改过程中的非国有股东参与高层治理能够提升国有企业的创新投资水平。在国有企业创新绩效方面，向东和余玉苗（2020a）也进一步证实了非国有股东委派董监高是非国有股东股权提升国企创新绩效的中介渠道。

除前述研究之外，杨兴全等（2020）研究发现，非国有股东委派董监高参与公司治理能够抑制国有企业的多元化战略，国企所在地的市场化发展水平和政府质量不会对二者之间的关系产生显著影响，治理效应是非国有股东委派高管对国企多元化产生影响的重要作用机制。曹丰和谷孝颖（2021）证实了非国有股东通过委派高级管理人员进入国有企业的战略决策团体，能够通过降低盈余管理程度和提高经营业绩两个渠道抑制国企金融化，这种抑制作用对竞争性国企和由地方政府控制的国企影响更大。

在运营效率方面，马新啸等（2021d）指出单纯的股权层面的混改并不能在国有企业中发挥治理效应，通过委派代表非国有股东利益的董事进入国有企业董事会，能够提高资产运转效率，进而推动国有企业的去产能，最终提升国有企业的经营绩效和市场价值，在制度环境良好、国有企业由地方政府控制或者属于竞争性行业的情况下，委派董事对提升国有企业产能利用率的促进作用更显著。非国有股东向国有企业委派董事或高管还能减轻国有企业的政策性负担，具体表现为缓解国企雇员的冗余问题（张伟华等，2021）。非国有股东委派董事、监事和高级管理人员进入国有混改企业，能够有效提升国有企业投资效率，公司治理结构的混改也是多元股权提升国企投资效率的中介渠道（向东、余玉苗，2020b）。马新啸等（2021a）研究发现，非国有股东委派董监高进入国有企业，能够优化国企的公司治理结构，加强内部控制体系建设，构建激励相融的治理体系，从而缓解国有企业的"僵尸化"趋势，在国企高管影响力较小的情况下，非国有股东对国企去"僵尸化"的影响更为显著，去"僵尸化"能够进一步提高国有企业的市场价值和全要素生产率。

在公司治理方面，蔡贵龙等（2018a）基于治理结构考察了非国有股东的治理效应，发现非国有股东通过委派董监高介入国企的治理行动中，能够显著抑制高管的薪酬和在职消费两方面的超额激励。马新啸等（2021b）发现，非国有股东通过委派董事嵌入国有企业董事会治理中，可以有效减少政府对国有企业经营行为的干预，构建有效的高管激励机制，在强化国企避税能力的同时优化国企的经营管理行为，最终表现为税收规避程度和纳税贡献度的双重提升。刘运国等（2016）发现，非国有股东的治理效应会受到国企行业属性和政府控制层级的影响，具体而言，对于由地方政府控制的国有企业和竞争类国有企业，非国有股东在治理维度的嵌入能够提高国有企业的内部控制质量。

在企业绩效方面，吴秋生和独正元（2022）以商业类国有企业为研究对象，创新性地基于董事会投票视角，探讨非国有董事治理积极性对国有企业资产保值增值的影响，结果显示，非国有董事治理积极性通过提高国企的投资效率和内部控制质量来实现国有资产的保值增值，在投资者保护水平较低的情况下，非国有董事治理积极性对国有资产的保值增值效果更显著。周绍妮等（2020）也证实了混改过程中非国有股东委派董事提高了国企资产保值增值能力。

第四节　有关董事会多样性的研究

一　多样性的界定

多样性在《辞海》中的释义为"形式或规模呈现多样性"。而在组织研究中，团队多样性被定义为"组织中相互依赖的成员之间个人属性的分布"（Jackson et al.，2003）。多样性意味着差异，这种差异与年龄、性别、教育背景、工作经历/经验、种族和宗教信仰等因素相关，往往被视为组织获得战略优势的途径（Arfken et al.，2004）。Tasheva 和 Hillman（2019）对团队多样性的分类进行了详细回顾，按照不同的分类标准，团队多样性可以分为表层多样性与深层多样性、任务导向多样性与关系导向多样性、信息分类多样性与社会分类多样性。具体而言，表层多样性是指明显的生物属性，反映在可观察到的物理特征中，如性别；深层多样性指的是不可观察的属性，如个性、价值观、信仰等；任务导向多样性与团队成员之间基于相关技能和信息的差异有关，包括教育背景、职能背景和任期等；关系导向多样性的相关维度包括性别、种族、民族、国籍和年龄等；信息分类多样性指的是知识基础和观点的差异；而社会分类多样性指的是种族、性别和民族等社会类别的差异。

在组织社会学和群体研究的文献中，多样性通常被视为组织行为者或者群体成员个人属性之间的差异，该领域的研究探讨了群体构成如何影响群体表现、凝聚力及社会互动（Van Knippenberg et al.，2004）。性别、年龄、种族、教育背景和职能背景的差异性，提高了群体多样性的程度，而群体的多样性会带来更为广阔的视角，推崇更为彻底的分析或者思考，进而作用于群体过程和绩效（Milliken and Martins，1996）。

社会分类观点突出群体成员间存在的相似性和差异性，并通过某种特征将群体划分为相似的群体内成员和不相似的群体外成员（Al Ramiah et al.，2011）。在该观点下，个体更倾向于信任群体内成员，并且更愿意与其一起工作。此外，相似吸引理论通过关注个体之间的相似性进一步补充了社会分类视角下对群体多样性的研究（Tsui et al.，1992）。

信息/决策观点强调了团队成员与任务相关的知识、技能和能力，并且认为具有不同意见和观点的成员会给群体带来更广泛的资源，这有助于解决群体困难，可能产生更有创造性和创新性的群体表现（Van Knippenberg et al.，2004）。在这种观点下，通常选取个体的人口特征作为其背景经历、价值观、理念等的代理指标。

在公司治理与战略管理的研究框架之下，Booth-Bell（2018）系统梳理了董事会多样性影响公司战略决策的五个渠道，包括人才渠道、市场渠道、诉讼渠道、雇员关系渠道和治理渠道。具体而言，在人才渠道方面，董事会多样性能够确保公司接触到劳动力市场的各个阶层，确保女性、少数族裔在董事会中的席位，优化公司的管理层结构。在市场渠道方面，拥有多样性董事会的公司更善于向多元化人群开拓市场，同时开发出对这些人群有吸引力的产品，进而提升公司的产品市场竞争能力。在诉讼渠道方面，多样性的董事会能够有效预知公司可能面临的问题，并提供及时的咨询与意见，有助于公司避免诉讼。在雇员关系渠道方面，多样性的董事会将促使公司政策更全面地反映雇员的需求与关注点，这些公司政策将有助于维持公司员工的满意度，使公司获得更强的生产力。在治理渠道方面，董事会的多样性能够帮助董事会做出更高质量的决策，并且可以有效避免"群体思维"，提升董事会整体的决策效率和质量。在前述五个渠道基础上，Booth-Bell（2018）进一步提出，董事自身所拥有的社会资本是董事会多样性影响公司战略决策的第六个渠道。基于资源依赖理论，董事社会资本对公司来说是一种有用的资源，因为董事的知识、经验和社会联系的广度为公司开展战略变革和战略决策提供了机会（Haynes and Hillman，2010）。鉴于董事会成员的独特性和不同的网络联系，董事会成员的不同群体能够增强董事会的社会联系和关系的多样性。

多样性的董事会带来不同的经验和技能，能更好地了解市场，提高公司的信息含量，增强创造力和创新性，更有效地解决问题，并改善企业领导状况，董事会多元化通常被视为提高公司价值的驱动因素。延续 Coffey 和 Wang（1998）的研究，本章将董事会的多样性定义为董事会成员之间的差异，这种差异来自董事个体的专业知识、职业背景、个性特征、教育背景、年龄和价值观等。在刻画董事会多样性的过程中，学者多基于董事个体的人口特征进行测度，Kim 和 Lim（2010）通过董事的年龄和教育背景来测度董事会多样性，Mahadeo 等（2012）分别从董事的性别、年龄、教育背景和独立性 4 个角度衡量董事会的多样性，此外，还有学者从文化（Frijns et al.，2016）、任期（Li and Wahid，2018）、祖籍（Giannetti and Zhao，2019）等单一维度刻画董事会多样性。

An 等（2021）从教育背景、人口属性、文化背景、管理层特质、职业背景和董事经验 6 个维度选取包括年龄、性别、国籍、教育程度、教育背景、高管职位、任期、外部董事席位、政治关联、从军经历等共计 20 个指标构建董事会多样性综合指标，该文献也是本章刻画国有企业董事会多样性的核心文献支撑。

二 董事会多样性的影响因素

董事的职责是监督高管、聘用和解雇 CEO 及评估 CEO 的能力，并为管理者提供建议和战略咨询，在选择最优的董事会规模和构成时，结合利润最大化动机，公司在选聘董事时会平衡董事会监督和咨询的成本和收益（Chen，2015）。理解董事选聘和董事会构成的决定因素一直以来都是公司治理研究领域持续关注的重要研究问题，这在一定程度上是因为董事的选聘和董事会的构成是影响公司战略决策有效性的关键因素（Adams et al.，2015）。Withers 等（2012）将董事会构成的驱动因素分为注重推动甄选决策的组织层面利益的理性经济视角和强调影响董事甄选过程的社会化视角。

理性经济视角假设董事的选择是基于一个高效运行的董事劳动力市场，这个市场包括潜在董事的供应和公司董事会对潜在董事个体的需求。从供应端来看，为了有效履行董事会的监督职能和咨询职能，董事会必须由拥有特定人力资本和社会资本的董事个体组成（Hillman and Dalziel，2003）。具体而言，潜在董事具有的知识、技能、经验、个人社会资本、声誉、先前任职公司的绩效表现、其他董事席位、性别和种族等因素均会影响其能否进入公司董事会任职（Withers et al.，2012）。从需求端来看，公司特定的特征增大了对董事的吸引力，业绩被认为是影响董事选择和董事会构成变化的关键特征之一，业绩不佳的公司更可能聘请外部董事加入董事会。Boyd（1990）直接考察了公司外部环境与其董事会规模和连锁董事之间的关系，结果显示，竞争不确定性与董事会规模之间存在负相关关系，而竞争不确定性与董事会中的连锁董事人数之间存在正相关关系。进一步研究显示，公司外部和内部的复杂性会对组成董事会的董事类型产生不同的影响，例如，外部复杂的公司更可能选聘学者、政治家进入董事会，而内部复杂的公司更可能聘请拥有市场营销、法律、财务和行业专长的人员进入公司董事会（Markarian and Parbonetti，2007）。

在理性经济视角下，需求端影响董事会构成的另一个重要因素是公司战略。采用多样化战略的公司拥有更大规模的董事会和更高比例的独立董事（Pearce and Zahra，1992）。公司的国际化战略也与董事会规模和董事会中的外部董事占比存在正相关关系，这表明随着公司变得更加国际化，公司面临着更为复杂的外部环境，需要更大的董事会和更多的外部董事以应对不确定风险（Sanders and Carpenter，1998）。Peng 等（2001）进一步对跨国公司董事会中的连锁董事进行了深入考察，发现同非跨国公司相比，跨国公司董事会中拥有更多的连锁董事，这些董事在董事会中占据更多的中心位置，并且会有更多的军事人员在董事会中任职。而与政府合作紧密以及拥有国际市场的公司更可能聘请拥有从政经历或者政治关联的董事（Agrawal and Knoeber，2001）。公司战略会随着企业生命周期的不断变化而改变，也会同步影响董事会构成，例如，在企业生命周期的早期阶段，为了确保首次公开募股（IPO）的成功，公司会有目的地调整董事会结构，以降低不确定性，具体表现为缺乏声誉或者知名度不高的公司会加强对知名董事的聘用（Chen et al.，2008）。

董事选聘的社会化视角认为，董事的选聘在很大程度上反映了招聘人员的偏好。与理性经济视角下的供给端一致，潜在董事的社会资本、个人声誉、能力、行为和技能均会影响其是否被聘用至公司董事会（Withers et al.，2012）。例如，潜在董事可以利用迎合行为获得董事提名，现任董事采用印象管理策略，更有可能进入 CEO 或其他董事任职的其他公司的董事会，或者通过董事会网络在与 CEO 或其他董事存在关联的其他公司获得董事会席位（Westphal and Stern，2006）。进一步地，Westphal 和 Stern（2007）证实，采用印象管理策略以及提供战略咨询会提高未来被任命为董事的可能性，而且参与监督较少的董事更有可能获得未来的任命。

社会化视角影响董事选聘的需求因素主要体现在首席执行官。选择董事是 CEO 能够获得自由裁量权并使之制度化的一种方式（Tosi et al.，2003），因此，CEO 的权力长期以来被认为是影响董事选聘的重要因素之一。相对于董事会而言，拥有更大权力的 CEO 试图选择与自己具有相似人口统计特征的董事进入公司董事会，以增强自身的相对权力。相反，当董事会拥有更大的相对权力时，新聘董事在人口统计学上更可能与外部董事相似（Westphal and Zajac，1995）。

Upadhyay 和 Triana（2021）考察了美国塞班斯法案颁布前后，经济理性和社会偏好对董事会多样性的影响，研究表明，在实行塞班斯法案之后，美国公司董事会多样性水平显著提升。在法案实施前后，经济理性和社会偏好对董事会多样性的影响存在差异，在法案实施之前，经济理性（公司运营复杂性）对董事会多样性有显著的促进作用，但是该影响在法案实施之后消失。CEO权力作为董事会多样性的社会偏好影响因素，与塞班斯法案实施之前的董事会多样性之间存在显著的正相关关系，但是在法案实施之后，CEO权力对董事会多样性不再具有显著影响。整体而言，塞班斯法案的实施，弱化了经济理性对董事会多样性的促进作用及社会偏好对董事会多样性的促进作用。

有关董事会的传统观点认为，董事会是一个具有相似背景、教育和专业经验的同质群体，同质性高的董事会更容易形成相似的看法和观点，进而形成更好的决策（Farag and Mallin，2016）。然而，现如今的公司正面临严峻的经济、社会、技术和文化等方面的挑战，引发了董事会由单一化向多元化过渡的现象。近几十年来，在性别、民族、宗教、种族、社会群体和专业背景方面，提升董事会多样性的需求一直在增加。董事会多样性被认为是提升公司战略决策质量的有效机制，因为多样性的董事会能够确保差异性的观点和意见，增强董事会的独立性，同时带来了更大的创造力和更多样的商业问题解决方案（Cabeza-García et al.，2019）。有关董事会多样性影响因素的研究主要从法律与文化、行业特征、股权结构、公司特征、企业战略、管理者特征、外部环境、任命程序等视角展开。

在法律与文化方面，组织的平等和多样性已成为提升公司治理有效性、确保企业可持续发展的基石。相关政策的出台，再加上媒体和利益相关者的关注，促使越来越多的企业成立多样性的董事会（Farag and Mallin，2016）。2008年国际金融危机之后，利益相关者对董事会有效性的信任显著下降，全球监管机构和研究人员都意识到，公司董事会需要更有效地应对外界环境。美国证券交易委员会要求上市公司在聘请董事时披露是否以及如何考虑多样性。一些欧洲国家也通过立法改变董事会的组成，挪威率先实行了女性配额制，规定女性在董事会中的占比至少达到40%；紧随其后，比利时、丹麦、法国、德国、冰岛、意大利等国强制性要求董事会中的女性占比要达到30%~40%，而芬兰、印度和以色列则要求公司董事会中至少有1名女性。2001年，中国证监会颁布《关于在上市公司建立独立董事制度的指导意见》，要求在 2003 年 6 月 30 日前，上市公司的独立董事在董事会中的占比至少达到 1/3。为了符合这一规定，上市公司开始大量聘请独立董事，有超过 70% 的上市公司聘请了异地独立董事，异地独立董事占独立董事比例的平均值也超过了 50%（原东良、周建，2021）。

文化被认为是集体的社会程序，它决定了一个特定社会群体的成员所共有的一套价值观、信仰、原则和态度，并且能够制约大多数社会实践和进程，因此，大量的社会行为可以通过文化或者社会规范来理解。一个国家有关性别的观点可能会受到文化的影响，从而产生社会既定观点或者性别角色，影响女性在董事会中的存在，这就意味着文化因素会影响董事会多样性（Carrasco et al.，2015）。众所周知，霍夫斯泰德提出的 5 个文化维度包括权力距离、个人/集体主义、男子气概、不确定性规避和长期取向，这些因素可能影响性别角色，从而在被认为适合男性和女性的职业方面预先定义了社会既定观念。其中，男子气概和权力距离（个人接受和期望权力在组织中不平等分配的程度）是与社会中的性别角色假设高度相关的两个因素。在重视女性文化和权力距离较小的国家，董事会性别多样性的程度更高（Carrasco et al.，2015；Cabeza-García et al.，2019）。

国家文化也有助于形成对某一特定潜在董事的有用性和可取性的看法，在一定程度上影响董事候选人是否可以获得多个董事席位（Ferris et al.，2020）。国家制度体系对董事会多样性也存在重要的影响，具有监管性质和国家文化特征的政策是推动董事会多样性的重要因素（Grosvold and Brammer，2011）。从国家经济体系、国家业务体系、国家制度体系、国家治理体系和国家文化体系五个维度出发，基于 38 个国家的跨国研究显示，各国董事会性别多样性的差异有一半可归因于国家制度体系，法律和文化导向的制度体系在塑造董事会多样性方面发挥着重要作用。与采用盎格鲁 - 撒克逊或德国法律体系的国家相比，采用拉丁或日本法律体系的国家的董事会性别多样性程度更低（Grosvold and Brammer，2011）。国家文化的多样性会对董事会中认知模式、知识和独特经验的多样性产生根本性的影响，即社会环境的多样性可以有效预测上市公司董事会的多样性水平，尤其是在民族文化多样性方面（Balachandran et al.，2019）。

Grosvold 和 Brammer（2011）指出，国家（经济、社会、法律和政治）

机构影响董事会的多样性。Terjesen 和 Singh（2008）通过使用来自 43 个国家的数据进行跨国分析，探讨了国家的社会、政治和经济结构对董事会性别多样性的影响，结果显示，在立法机构、高级官员和管理职位中女性比例较高的国家，董事会性别多样性较高，然而，在女性政治发展历史较长的国家，董事会中的女性比例严重不足，收入、性别平等的国家可能在董事会中有更好的女性代表。Carrasco 等（2015）基于跨国面板数据，利用 Hofstede 和 Bond（1984）提出的文化维度研究了文化特征对董事会多样性的影响，研究结果显示，董事会性别多样性较低的国家对权力分配不平等的容忍度较高，此外，倾向于重视男性作用的国家，董事会中女性成员的比例普遍较低。

在行业特征方面，行业是决定董事会特定维度多样性的重要影响因素，例如，金融行业公司的董事会拥有更多的银行家，材料、能源和制造业等行业公司的董事会拥有更多的工程师和科学家，医疗保健行业公司的董事会则拥有更多的学者和医生。因为各行业对劳动力的依赖程度存在差异，对于女性主导的行业，董事会的性别多样性程度更高（Hillman et al.，2007）。Brammer 等（2007）也发现董事会多样性受到行业特征的影响，零售业、公用事业、媒体和金融业（银行）中的性别多样性程度更高，但是种族多样性在这些行业与其他行业之间并无显著差异。

在股权结构方面，基于跨国数据的研究显示，机构投资者并没有在全球范围内促进董事会多样性，整体而言，机构投资者持股与董事会属性细分维度（例如性别、年龄、国际和教育背景）上的多样性之间没有关联。机构投资者对董事会多样性的影响取决于东道国的经济条件和法律制度环境，在英美法系国家，机构投资者降低了董事会年龄多样性，在大陆法系国家未发现机构投资者对董事会多样性影响的直接证据。在进一步考察不同经济条件（危机前、危机中和危机后）的影响之后发现，在危机前和危机后期，机构投资者与董事会的年龄多样性负相关，在危机时期，机构投资者与董事会的教育背景多样性呈正相关关系（Alshabibi，2022）。机构投资者通过股东大会，鼓励公司任命女性董事，提升董事会的多样性水平。鉴于董事会中的女性代表会向外界传递积极的信号，公司有动机提升性别多样性以满足利益相关者的期待，即机构投资者持股水平与董事会多样性水平显著正相关（Farrell and Hersch，2005）。Ben-Amar 等（2013）同样认为股权结构对董事会多样性有显著影响，同家族或者机构控股的公司相比，股权分散公司的董事会多样性水平更高。家族持股比例与董事会多样性正相关，但机构持股比例的提升并不会导致董事会多样性水平的提升（Nekhili and Gatfaoui，2013）。在按照产权性质对股份进行划分之后发现，国有持股比例越高，董事会性别多样性越低，董事会持股比例越高，董事会的性别多样性程度越高（Farag and Mallin，2016）。

在公司特征方面，董事会多样性是一把"双刃剑"，其带给公司的收益和成本在很大程度上由公司规模决定。从内部角度来看，公司规模的扩大会在组织中产生结构性差异，这反过来扩大了行政管理的范围。公司规模的扩大通常与劳动分工、等级制度或下属单位数量的增加有关，这种结构上的分化产生了对监督和行政投入的需求，以解决沟通和协调问题，结构分化越大，需求越大（Blau，1970），在这种情况下，多样性的董事会能够很好地应对监督和行政投入需求的增加。从外部角度来看，公司规模的扩大也可能伴随公司产品数量的增加和产品市场地理分布的扩散，这进一步推进了公司的结构化分工。公司规模的扩大提升了外部环境的复杂性，需要对多样性的信息进行更为密切的关注和高效的处理。具体而言，环境的复杂程度越大，公司就越有必要获得不同种类的专门知识和不同的沟通渠道，获得各种外部组织的支持，并在各个领域获得合法性，如此一来，多样性的董事会即可很好地满足前述需求。Carter 等（2003）、Adams 和 Ferreira（2009）证实公司规模与董事会中女性代表比例之间存在积极的关系，但股票回报波动率与董事会中的女性董事占比负相关，其内在原因在于，在不确定性更高的情况下，群体同质性更有价值（Adams and Ferreira，2009）。整体而言，公司规模与董事会多样性之间存在显著的关系，但在董事会细分维度多样性上存在差异。具体而言，公司规模与董事会职业背景多样性显著正相关，与董事会的国际背景多样性之间呈现显著的"U 形"关系（Arnegger et al.，2014）。对组织合法性的研究显示，规模更大的组织更容易受到来自外界的压力，为了满足投资者、客户等利益相关者的要求，公司会进行董事会的重构，提升董事会的性别多样性（Hillman et al.，2007）。

董事任职的公司业绩越好，董事就越有可能在未来占据更多的董事会席位（Ferris et al.，2003），即任职公司的良好业绩是推动董事席位多样性的一个重要因素，该结论也得到了 Ferris 等（2020）的证实。此外，在较大公司董事会任职的董事更容易获得其他公司董事会的席位。Masulis 和 Mobbs（2011）表明，公司董事更看重更有声望的董事职位，有吸引力的公司具有更大的能力来吸引更多样化的潜在董事候选人，这表明公司的吸引力与董事会的多样性正相关（Gray and Nowland，2017）。

在企业战略方面，公司的战略选择决定了其从特定环节获取资源的需求。与在多个产品市场环境中运营的企业相比，在单一商业环境中运营的企业面临着有限的环境依赖性。跨越多个产品市场可能会增加董事会多样性所提供的更广泛视角的价值以及与外部成员的联系。随着企业的环境依赖范围因多元化而扩大，与环境中不同利益相关者联系的价值以及董事会多样性观点的广度可能会越来越重要，即公司的多元化战略会提升董事会多样性（Hillman et al.，2007）。Anderson 等（2011）也提出董事会多元化主要由公司复杂性驱动，公司越复杂，其对董事会成员不同的才能和技能的需求就越大。

相对于同质化的股东群体，异质化的股东群体更可能认识到拥有不同背景的董事与其有着相同的利益诉求点。此外，董事会的组成反映了公司的外部依赖性，一个多样性的董事会可以通过与外部环境的联系，包括探索与各种各样的人和网络的联系，获得宝贵的资源。例如，对于产品市场较为复杂的公司，其更倾向于组成多样性的董事会，以应对业务发展需求。从这一角度来看，股东异质性和产品市场异质性是董事会多样性的关键决定因素（Estélyi and Nisar，2016）。相关研究也证实，企业业务复杂性对董事会多样性有显著的影响（Anderson et al.，2011），公司经营范围与董事会中外部独立董事的比例正相关（Boone et al.，2007）。

在管理者特征方面，在企业管理实践过程中，CEO 倾向于选择与自身背景相似的董事，因此，CEO 权力在一定程度上弱化了公司通过雇佣不同背景董事来扩大其资源基础的倾向（Estélyi and Nisar，2016）。在个人特征方面，担任首席执行官、拥有法学学位或者 MBA 学位的个人也更容易获得更多的董事席位（Ferris et al.，2020）。在中国情境之下，出于强化董事会咨询有效性和弱化董事会监督有效性的动机，上市公司更倾向于聘请异地独立董事（孙亮、刘春，2014；林雁、曹春方，2019）。当上市公司所在地距离北京较远时，为了获取政治资源，它更倾向于聘请来自北京的拥有政治关联的独立董事进入公司任职（全怡等，2017）。女性和少数族裔在多样性的董事会中受到青睐（Netter et al.，2009），公司聘请具有法律专业知识的董事，以应对诉讼风险和处理具体的法律问题（Krishnan et al.，2011）。在董事供给方面，董事候选人寻求发展自己的声誉，以便获得更多的董事会席位，从而获得声望、报酬等，因此，董事声誉是影响董事行为和公司董事会的重要因素（Levit and Malenko，2016）。董事会中人力资源专家凭借其对利益相关者多样性的敏锐观察和专业知识，会考虑到公司的战略优势，设法影响公司参与多样性管理（包括董事会、CEO、管理层、员工等）的程度（Mullins，2018）。

在外部环境方面，董事会多样性是由公司经营所处环境的复杂性决定的（Farag and Mallin，2016），外部环境在改善董事会多样性方面发挥着至关重要的作用（Baker et al.，2020）。其他公司是公司外部环境中不确定性的重要来源，公司之间形成的联系可以降低这种不确定性并获得信息和资源，公司通过董事在其他公司董事会的任职与其他公司建立联系。根据嵌入性理论，位于组织网络中心的公司与其他公司之间有更多更强的联系，同样，网络联系更为丰富的公司也更容易获得稀缺的信息和资源，例如合格的董事候选人，这意味着公司与其他公司之间的联系越紧密，公司董事会的多样性程度就越高（Hillman et al.，2007）。

在任命程序方面，提名委员会是加强董事遴选的主要机制，董事任命的质量最终决定了董事会整体的履职有效性。相似吸引理论认为，相似的个体可以分享共同的生活经历和价值观，因此，提名委员会成员更倾向于向董事会推荐与其拥有相似特征的董事候选人。社会认同理论认为，个人所属的每个社会群体都会根据特定社会群体的属性影响其自我定义，在这种情况下，提名委员会中的女性成员会推荐另一名女性董事候选人，会强化其在董事会中的少数代表地位，增强其安全感、认同感和自尊心，更会倾向于支持女性候选人，这就意味着提名委员会中的性别多样性对董事会性别多样性有显著的促进作用。类似地，提名委员会的国籍多样性也会增加外国董事候选人在董事会中被提名和任命的可能性（Kaczmarek et al.，2012）。

在其他方面，社会环境的多样性水平可以很好地预测新创公司董事会中的民族文化多样性（Balachandran et al.，2019）。推动董事会更大程度的异质性和多样性是由社会和道德因素驱动的，在注重政治的地区，具有政治或政府背景和法律专业知识的外部董事比例更高（Agrawal and Knoeber，2001）。董事会多样性与公司所在地的人才供给相关（Gray and Nowland，2017）。Knyazeva 等（2013）表明，董事的供给在很大程度上依赖于企业所在地的人才供给。

三　董事会多样性的治理效应

如本章在理论基础部分的介绍，用于阐述董事会治理效应的主流理论包括委托代理理论和资源依赖理论。基于委托代理理论的观点，董事会的主要职责是监督和约束管理层，在公司治理中，监督也通常被视为董事会的首要职责，董事会监督在公司治理的研究中也一直处于核心地位（Johnson et al.，1996），董事会也是公认的公司内部控制体系的顶层设计（Jensen，1993）。资源依赖理论则认为，董事会成员所拥有的资源，可以为管理层决策提供支持，董事主要通过参与专门委员会、向管理层提供建议来参与公司治理及具体的企业战略决策，董事还会通过降低组织之间的依赖性及传递其他公司的战略信息间接影响任职公司的战略决策，也就是说，董事在公司治理及战略决策过程中扮演着战略咨询和资源提供的角色。因此，有关董事会治理效应的研究基本围绕监督和咨询两大职能展开。但是，董事会成员多样性作为影响董事会履职有效性的一个重要影响因素却一直被忽视（Harjoto et al.，2018），董事会多样性是董事会成员在董事会参与公司治理过程中各种背景特征的组合，具体的背景特征包括性别、年龄、教育水平、职业背景、从业经历等。本章将从董事会职能（监督职能和咨询职能）和董事会多样性细分维度两个视角对董事会多样性的治理效应研究展开回顾与梳理。

（一）基于监督职能和咨询职能的文献回顾

基于监督职能视角，根据代理理论，董事会的有效控制和监督对缓解股东与管理层之间的代理问题有着至关重要的作用（Jensen，1993）。更高的多样性增强了董事会监督管理者的能力（Aggarwal et al.，2019），会减少"搭便车"行为（Kandel and Lazear，1992）。既有研究围绕董事会的性别多样性、任期多样性和教育背景多样性等视角展开，相关研究多集中探讨性别多样性的治理效应，当董事会性别多样性程度较高时，公司从事盈余管理的动机较弱（Kyaw et al.，2015），发生证券欺诈（Cumming et al.，2015）和财务操纵（Wahid，2019）的可能性较低。随着多样性水平的提高，董事会监督效率提升，上市公司发生财务重述和盈余操纵的可能性降低，这会提高公司的财务报告质量，降低管理层囤积"坏消息"的可能性，进而降低上市公司股价崩盘风险（Jebran et al.，2020），而董事会任期多样性也会显著抑制超额薪酬（Li and Wahid，2018）。同样地，教育背景多样性程度高的董事会从事盈余管理的动机也较弱（Wicaksana et al.，2017），董事会政治意识形态的多样性也会提高董事会的监督有效性（Kim et al.，2013）。整体而言，董事会多样性提高了董事会的监督有效性，董事会不再是管理层的"橡皮图章"，更可能充当股东有效委托的监督者，并能够缓解股东与管理者之间的冲突（Byoun et al.，2016）。在此基础上，也有研究表明，董事会多样性通过履行董事会的监督职能对公司绩效产生影响，但二者之间的关系是非线性的，呈现出"倒 U"形关系（Ararat et al.，2015）。此外，董事会的监督职能还包括聘任和解雇高级管理人员。武月和崔勋（2019）研究发现，董事会职业背景多样性对高管团队职业背景多样性有显著的促进作用。

基于咨询职能视角，根据资源依赖理论，组织在一个开放的系统中运作，在这个系统中，组织依赖外部环境与其他组织开展业务活动，并获得重要资源，从而在组织与外部环境之间形成依赖。在资源依赖的理论框架之下，董事会是组织重要的资源提供者（Hillman and Dalziel，2003），董事会根据自身拥有的技能、社会网络、背景、先前经验和能力为公司吸引和提供各种资源（Scholtz and Kieviet，2018）。在董事会咨询有效性方面，相关研究集中于探讨董事会多样性对公司绩效的影响（Baker et al.，2020）。Mahadeo 等（2012）、Estélyi 和 Nisar（2016）发现董事会多样性能够提高公司绩效进而提升公司价值，其原因在于多样性团队的成员带来了更大范围的观点、知识、技能和能力方面的供给，成员多样性的提高带来了更广泛的信息网络以及更多的认知资源，提高了团队个体解决复杂问题的能力，这能够在一定程度上促进公司进行战略变革，以适应外部环境的动态性，提升公司的核心竞争能力（Padilla-Angulo，2020）。相反，Adams 和 Ferreira（2009）指出，董事会成员的性别差异会抑制公司绩效，其内在机理在于，在团队中，个体倾向于通过性别等特征将自身进行社会分类，比如，女性会将自身自动归结于男性团体之外，进而将整个团队划分为两个子团队，导致团队成员之间的认知偏差，降低决策质量，进而导致公司绩效的下降。此外，亦有学者发现董事会多样性与公司绩效之间不存在显著关系（Li and Wahid，2018）。基于此，有学者开始尝试探究董事会多样性影响公司价值的内在机制。Dezso 和 Ross（2012）认为，当公司聚焦于创新战略时，董事会多样性会提升公司绩效。An 等（2021）、Griffin 等（2021）进一步指出，多样化的董事会所拥有的异质性专业知识、想法、技能和经验等，有助于公司和管理层发现机会，产生创造性思维，克服知识盲点，并通过促进劳动力多样化对企业创新实践产生积极影响，这种影响在公司业务复杂性高、董事会经验丰富和外部治理水平较高的情况下更大。

（二）基于董事会多样性细分维度的文献回顾

根据既有文献，并经过梳理，本章将从如下九个方面对不同维度的董事会多样性的治理效应展开文献回顾，包括性别多样性、年龄多样性、任期多样性、教育背景多样性、种族多样性、文化多样性、经历/职业/职能多样性、来源多样性和董事席位多样性。

1. 性别多样性

随着越来越多的女性在董事会中任职，董事会性别多样性对财务绩效、战略决策的影响在公司治理、财会研究领域得到了广泛关注。从性别角度考察董事会多样性的治理效应是多样性研究领域最为广泛的一个研究方向。

性别多样性被证明是企业冒险行为和战略决策的一个重要决定因素，与男性相比，女性过度自信的可能性更低，更加厌恶风险。Huang 和 Kisgen（2013）指出同男性相比，女性实施战略并购和进行债权融资的可能性更低，却拥有更高的收购公告回报率。Levi 等（2014）也同样发现，董事会性别多样性高的公司进行并购的概率更低，即使展开并购，也会支付较低的并购溢价，女性董事通过抑制 CEO "商业帝国"的建立帮助股东创造价值。但是董事会性别多样性仅会对由男性主导行业公司的创新产出产生溢出效应（Cumming and Leung，2021）。

性别多样性也会影响企业社会责任表现。Shaukat 等（2016）通过结构方程研究证实，董事会的社会责任导向越强，企业社会责任表现越好，具体表现为董事会性别多样性程度越高，企业社会责任战略就越积极和全面，其环境和社会绩效也越高。Liu（2018）基于性别社会化和多样性理论，研究发现，董事会性别多样性会降低公司因环境违规而被诉讼的风险，其内在原因在于，董事会性别多样性能够优化公司的环境政策，进而减少环境违规行为的发生。也有研究表明，董事会性别多样性能够促进上市公司温室气体排放量自愿披露（Tingbani et al.，2020），当董事会中的女性人数达到至少 2 名时可以增加企业的碳绩效（Nuber and Velte，2021）。

围绕董事会性别多样性对公司业绩和公司价值的研究目前未得到统一的结论。Campbell 和 Mínguez-Vera（2008）使用西班牙的样本数据发现了董事会性别多样性对公司财务绩效产生积极影响的重要证据。基于非洲、亚洲、欧洲、拉丁美洲、北美洲和大洋洲共计 34 个国家的跨国数据研究也支持董事会性别多样性能够提升公司绩效（Pucheta-Martínez and Gallego-Álvarez，2020）的观点，这一结论在中东国家也得到了验证（Sarhan et al.，2019）。Bennouri 等（2018）则证实董事会性别多样性在提升公司绩效的同时降低了公司的市场价值。基于美国市场，Greene 等（2020）发现，在加州参议院通过第 826 号法案（该法案为美国第一个强制性董事会性别配额法案）之后，市场对董事会性别多样性的要求做出了负面反应，公司的市场价值平均下降了 0.76%。董事会性别多样性能够优化劳动力投资效率，这种影响在治理质量差、首席执行官为男性和管理层能力较低的情况下更为显著，这表明董事会性别多样性是公司治理的有效替代机制，在管理能力较弱的情况下，女性董事的存在更有价值（Sun and Zhang，2021）。董事会性别多样性还能够在治理水平较差的公司通过提高股息支付改善公司治理（Chen et al.，2017b）。基于我国市场，周建等（2017）发现女性董事的人力资本对公司绩效的影响会随着企业生命周期的发展而得到加强，但未发现董事会性别多样性与公司绩效之间存在关系的证据。

女性董事的存在改善了董事会的监督能力，使董事会的治理更加有效（Wahid，2019），女性董事通过强化公司治理提高公司盈余质量和股价信息含量（Oradi and Izadi，2020；Gul et al.，2011），降低贷款违约概率和债务成本（Usman et al.，2019），弱化内部冲突（Nielsen and Huse，2010）。女性董事通常被认为比男性的风险规避程度更高，会导致董事会的决策更为保守（Zalata et al.，2019）。同男性相比，女性的可信赖程度更高，在女性董事占比更高的公司，发生财务操纵的可能性更低（Wahid，2019）。此外，女性比男性拥有更高的损失厌恶感，更加注重风险管理，这对于由男性主导的传统董事会，能够带来信息和社会特征的多样性。女性的保守心态和高道德标准要求可以有效改善内部控制环境，有助于提升财务报告质量。Oradi 和 Izadi（2020）研究了审计委员会中女性成员的存在与财务重述发生率之间的关系，研究结果表明，审计委员会的性别多样性增加了聘用高质量审计师的可能性，进而降低了财务重述的可能性。此外，在高管聘任方面，女性 CEO 被任命的可能性随着董事会中女性董事比例的提升而增加（Gupta and Raman，2014）。

整体而言，性别多样性对董事会履职有效性具有积极的影响。Arena 等（2015）将其中的原因归结为五个方面：第一，女性董事在董事会的审议中提出新的观点，使更多的支持者受益，董事会性别多样性的提高能够促进董事会内部质疑文化的发展，加强对高级管理人员的控制和对股东的保护；第二，性别多样性为董事会提供了战略决策过程中所需要的信息、观点和资源，并增加了决策的备选方案；第三，女性董事提升了公司整体的灵活性，并限制了战略决策中的过度冒险行为；第四，同男性董事相比，女性董事参加董事会会议的频率更高，良好的会议出勤率是董事会高效决策的重要基础；第五，董事会的性别多样性加强了公司的道德约束，有利于提升公司的声誉，而且性别多样性也是公司劳动力多样性的一个积极信号，能够吸引更多的员工进入公司任职，提高公司获取竞争优势的能力。

2. 年龄多样性

在个体的成长过程中，年龄涉及一系列影响个人价值发展的因素，如冒险倾向、决策行为和对工作的态度等，这也就意味着不同年龄阶段的个体之间存在显著的价值差异。在群体层面，年龄相近的个体更愿意与其认为相似的人互动，这可以用相似吸引理论予以解释，即在相近时间出生的人更可能对自己的生活经历形成相似的看法，这种相似性又反过来促进了人际吸引、群体思维和合作（Goergen et al.，2015）。每一代人都有自己固有的价值观，年龄差异会导致群体间成员价值观的异质性，即在不同年龄阶段的个体之间形成代沟，这种情况同样会发生在上市公司董事会中（Talavera et al.，2018）。

年龄在某种程度上意味着经验和经历的积累，是董事在指导和参与公司决策方面经验积累的证据（Bing and Amran，2017）。随着年龄的增长，董事往往更加谨慎与保守，但更有能力与监管机构等外部机构打交道，其自身过往经历、丰富的社会网络和商业网络对任职公司来说变得更有价值（Jonson et al.，2020）。年轻的董事更具有冒险倾向，能够较快地接受新技术，创造能力更强，拥有更强的风险偏好，并且更容易对现行的体系发起"挑战"。与此同时，也有学者指出年龄较大的董事会降低董事会整体的履职有效性，因为年长的董事精力充沛程度下降，还会面临健康问题，对外部环境和信息的感知能力和处理能力较低（Komal et al.，2021）。整体而言，董事会年龄多样性往往与更高的工作热情和公司整体的冒险能力相关（Ararat et al.，2015），也会对公司的专利产生显著的促进作用（Cumming and Leung，2021），但与公司绩效之间没有显著的关系（Jonson et al.，2020）。

中国公司董事会的年龄多样性问题在中国"尊老爱幼"的传统文化环境中显得尤为重要，在这种环境中，不同年龄的董事与其年龄所应有的某些价值观存在关联，这在很大程度上影响了董事会的决策过程（Talavera et al.，2018）。年龄多样性可以改善董事会的经验、资源、知识和网络，提高董事会的整体知识水平，但也可能会引发董事会内部的认知冲突和弱化群体凝聚力。因此，董事会多样性对于公司治理显得尤为重要，因为董事在不同的经济、社会和政治条件下长大，在个人生活和职业经历中积累了独特的经验，使其在具体的公司战略决策中存在异质性的观察视角

（Katmon et al.，2019）。Talavera 等（2018）聚焦于中国的金融类上市公司研究发现，不同年龄董事对风险、财富的不同看法引发了决策过程中的内部冲突，无法根据外部环境的变化对政策进行及时调整，抑制了董事会的有效运作，并最终削弱了企业的赢利能力，即董事会的年龄多样性与赢利能力负相关。Bhat 等（2019）探究了董事会关系导向多样性和任务导向多样性对公司风险的影响，结果显示，董事会年龄多样性会降低公司所面临的风险，这种影响在国有上市公司和非国有上市公司中均存在。对于董事会领导之下的审计委员会，审计委员会成员的年龄多样性通过抑制盈余管理提高上市公司的财务报告质量，这种影响在国有企业和非国有企业间存在差异（Komal et al.，2021）。

针对国外市场的检验显示，年龄多样性对董事会治理效应的影响并非线性的，董事会多样性对资产回报率的影响呈现出先上升后下降的趋势，即"倒 U"形，而且存在一定的时滞性。对于管理实践而言，一位年长董事与两位年轻董事搭档，可以实现董事会年龄多样性的最优化配置，最大限度地发挥年龄多样性对董事会治理效应的积极影响（Ali et al.，2014）。在企业社会责任方面，年长的董事对社会福利更为敏感，年轻董事往往对环境和道德问题更加关注，整体而言，年龄多样性程度高的董事会可以制定更平衡的决策，考虑到公司对更多利益相关者的责任，从而提升企业社会责任绩效（Hafsi and Turgut，2013）。

3. 任期多样性

任期的多样性降低了团队的社会融合和相互吸引力，加剧了内部冲突和分裂，并阻碍了团队成员之间的协调和沟通（Van den Steen，2010），会导致敌意和不满。但是，任期多样性会导致多样化的观点和知识，减弱群体思维，防止"群体现象"的出现。

在公司治理研究领域，董事任期是指董事受雇于某家公司董事会的时间长度，任期表明了董事的承诺、经验和理解公司特定决策行为的能力，会显著影响董事会履职有效性。但是，既有相关研究多聚焦于董事的平均任期，拥有更长任期的董事对管理层的监督效果更好，因为任期长度降低了董事对管理层影响的敏感性，并且增加了董事关于公司战略和管理实践的特定信息，进而能够有效提升董事会的监督效率（Beasley，1996）。相比之下，一些学者认为董事发挥着"橡皮图章"的作用，更长的任期会导致董事对公司现状更大的承诺和董事会防御，并且会使得董事与管理层之间的关系更为密切，最终导致较低的监督效率（Anderson et al.，2004）。然而，在企业管理实践过程中，董事进入公司和董事会的时间存在差异，也就是说，在公司董事会中董事的任期存在差异，单纯地考察董事的平均任期对公司治理效率的影响，无法有效捕捉董事不同任期长度背后的信息来源和观点的多样性（Li and Wahid，2018），董事的任期多样性如何影响董事会治理有效性开始得到学者关注。

任期多样性意味着公司董事会在长期任职和短期任职的董事方面保持多样性，会兼顾长期任职董事和短期任职董事自身所拥有的优势，这对于公司的高质量战略决策至关重要。提高董事在董事会及专门委员会任期的多样性，而不是提高董事会的平均任期，能够有效提升董事会（包括专门委员会）的监督效率（An，2022），任期多样性程度高的董事会表现出更高的 CEO 离职 - 绩效敏感性，审计委员会成员的任期多样性与财务重述的可能性负相关，而 CEO 因为财务重述被解雇的可能性则所有上升，薪酬委员会成员的任期多样性对 CEO 超额薪酬具有显著的抑制作用，即任期多样性降低了公司对 CEO 的过度激励补偿。但是，董事的任期多样性与公司绩效之间不存在显著的关系，说明董事任期多样性兼具"收益"和"成本"双重属性（Li and Wahid，2018）。与该结论一致，Huang 和 Hilary（2018）在探究董事会平均任期对公司绩效的影响过程中对董事任期多样性加以控制，发现董事任期多样性不会对公司绩效产生显著影响。除前述研究之外，Ji 等（2021）考察了董事会多样性对股票市场的影响，结果显示，任期多样性能够通过降低与投资相关的风险，进一步降低上市公司股票收益率的波动性，这种影响在董事平均任期较长的情况下更显著，考虑国家文化的影响之后，个人主义和权力距离弱化了董事任期多样性对股票回报波动率的影响。

4. 教育背景多样性

教育背景是指包括商业、管理、科学、艺术、法律和工程在内的各类型专业，受教育程度决定了个体的认知基础和信息处理能力以及吸收新思想的能力。受教育程度的提高增强了董事会的认知能力，这种能力来源于差异化的观点，最终提高了董事会的战略决策有效性。教育背景是影响董事会整体认知和决策的基础，与董事个人的工作能力高度相关，董事会教育背景的多样性反映了董事不同程度的价值观和认知能力，对于良好的决策和资源的有效利用至关重要，即教育背景多样性能够优化董事会整体的知识结构，提高董事会处理和分析信息的能力（Bhat et al.，2019）。公司利用董事的不同教育背景来进行战略决策和实现竞争优势，高等教育塑造了董事的认知能力，并构建了其校友网络和社会网络关系，这些关系背后所包含的各种资源能够促进公司价值提升，而董事会中受教育水平较低的董事往往拥有丰富的工作经验，这种经验有时对企业的战略决策更为重要，教育背景不同的董事之间可以形成有效的互补。

接受过工程、技术等方面教育的董事更加重视对产品的更新升级，对公司运营过程中的技术环节有更深的理解，而接受过管理、社会学方面教育的董事往往更注重分析技术的应用效果和公司短期目标（Hartmann and Carmenate，2021）。有关董事会教育背景多样性对公司绩效的影响尚未得到一致性结论，Mahadeo 等（2012）研究发现，董事会教育背景多样性会在一定程度上降低公司业绩。Fernández-Temprano 和 Tejerina-Gaite（2020）未发现董事会教育背景多样性与公司绩效之间存在显著的关系。Kim 和 Lim（2010）则指出教育背景多样性将对公司整体估值产生积极影响，并且能够提升公司的技术效率、全要素生产率（Ali et al.，2021）和投资效率（Ullah et al.，2020）。但是，董事会的教育背景多样性能够显著降低上市公司所面临的风险（Bhat et al.，2019）。

不同教育背景的董事将不同水平层次的专业知识带入董事会，能够在董事会内部分享和进行深入的探讨交流，并就公司的战略决策有效性进行更多的交流，使得董事会产生更多的替代选择，提高战略决策质量（Harjoto et al.，2019），降低盈余管理水平（Wicaksana et al.，2017），有效预测公司财务困境（Yousaf et al.，2021），提升企业社会责任信息披露（Katmon et al.，2019）和企业社会责任绩效（Harjoto et al.，2019），尤其是在董事来自强调社区和社会利益的地区的情况下。此外，有学者发现董事会教育背景多样性对公司战略决策的影响并不是线性的。Chang 等（2017）探究了董事会教育背景类型（商业、科学、法律和工程）多样性对韩国上市公司企业社会责任的影响，结果发现，受到韩国集体主义文化的影响，董事会教育背景类型多样性与企业社会责任之间存在"倒 U"形关系。

5. 种族多样性

每种文化都承载着自己的一套"价值观、社会规范、信仰或行为准则"，这些价值观、社会规范、信仰或行为准则塑造了个体的世界观，而世界观又会在一定程度上影响个体的决策偏好，这表明每个民族都有自身独有的价值观（Katmon et al.，2019）。在董事会中，来自不同种族的董事塑造了董事会整体的种族多样性，会对公司的战略决策产生影响。从资源基础理论的角度来看，种族多样性是企业的宝贵资源（Khan et al.，2019），不同种族人群所具有的差异化的人力资本、认知功能和信念，使得董事会产生更广泛的、高质量的问题解决方法，提高了董事会实现竞争优势的能力。

少数族裔董事能够带来不同见解和信息的流动，这种信息对董事会来说是至关重要的非冗余信息，也就是说，拥有不同种族的董事会能够报告更多有关公司财务和非财务方面的优质信息（Butler，2012）。少数族裔拥有多数族裔董事无法获得的资源，种族多样性的提升能够提高董事会整体的敏感性，诱发高质量的想法，可能使公司创新行为和绩效的增加，提升公司声誉（Miller and Triana，2010；Hafsi and Turgut，2013）。种族多样性程度高的董事会更容易理解同一种族内利益相关者的要求和偏好，这将改善公司在企业社会责任方面的表现（Du Plessis et al.，2012），并且能够有效提高公司的社会责任声誉（Hartmann and Carmenate，2021）。Shukeri 等（2012）也指出在董事会中，不同种族董事背后所包含的一系列隐性资源，通过促成董事会内部战略共识的达成来改善公司业绩，由不同族裔构成的多样化的董事会也会向股东提供更为丰富和可靠的信息。不同种族的董事会能更好地制定满足不同利益相关者需求和期望的决策，这些决策反过来又会改善公司形象、声誉以及与利益相关者的关系，并最终改善公司业绩（Bing and Amran，2017）。但董事会种族多样性也会在一定程度上对公司的环境信息披露和社会责任信息披露产生显著的负面影响（Upadhyay and Zeng，2014；Katmon et al.，2019）。Guest（2019）则未发现董事会的种族多样性能够显著改善公司的整体业绩。

聚焦于董事会的监督有效性，Byoun 等（2016）指出多样性提高了董事会的监督效率，可以有效缓解股东与经理人之间的冲突，具体表现为，董事会多样性对公司的股息支付政策和股息支付率有显著的正向影响，这种影响在代理问题较为严重的情况下更为显著。Guest（2019）研究发现，董事会种族多样性与 CEO 薪酬、财务重述、CEO 离职 - 绩效敏感性和并购绩效之间均没有显著的相关关系，即使是在公司代理问题较为严重的情况下也是如此。

6. 文化多样性

尽管董事会多样性对治理有效性的影响得到广泛研究，但较少有学者关注董事会内部文化多样性的治理效应。文化是指导个体选择或评估行动、政策、事件以及与他人合作交流的一种价值观和信念（Schwartz，2012），是个体进行决策的影响因素之一。在团队决策过程中，文化多样性是一把"双刃剑"，文化多样性可以提升解决问题方法和创新解决办法的多样性（Balachandran et al.，2019），其对群体的优势体现在减弱群体思维。当个体因其社会网络、语言资源和对一个国家习俗的熟悉而成为有关外国文化的宝贵信息来源时，文化多样性的优势就会显现出来（Pieterse et al.，2013）。文化多样性的劣势体现在，在文化多样性程度较高的群体中，群体内的压力上升（De Wit et al.，2012），团队成员之间发生情感冲突的可能性增加，使彼此之间的沟通变得更加缓慢、困难和混乱。也就是说，多样性除了具有增强创造力、带来异质性观点以及更容易获得资源和与外界建立联系等潜在优势之外，其所带来的潜在成本还包括内部冲突、缺乏合作、沟通不足和利益冲突等（Frijns et al.，2016）。文化多样性对组织的影响在不同的团队成员目标取向之下存在差异，在团队成员学习取向较高或者绩效规避取向较低的情况下，文化多样性与团队绩效之间的关系更为积极（Pieterse et al.，2013）。

同样地，文化多样性对公司治理效应既有积极影响，也有消极影响，因此，董事会文化多样性对公司治理效应的净影响取决于其背后所带来的积极效应是否大于消极效应，当拥有文化多样性的董事会的优势更大时，文化多样性所带来的负面影响会得到缓解。例如，董事会文化多样性能够帮助公司更好地构建了解客户的基础，提供进入特定市场的机会，促使董事会多样性观点和想法的产生（Balachandran et al.，2019）。在业务较为复杂或者存在跨国经营的公司中，来自不同国家文化背景的董事更有可能成为重要的信息来源（Anderson et al.，2011；Masulis et al.，2012）。但是，文化多样性也会在一定程度上降低董事会的履职效率。Frijns 等（2016）以上市公司的跨国董事为研究对象，基于霍夫斯泰德提出的国家文化维度构建董事会文化多样性指标，并探究其对公司价值的影响，发现董事会多样性带来的成本高于其带来的潜在收益，董事会多样性对公司业绩存在显著的负向影响。进一步的研究显示，公司的业务复杂程度和在国外市场的存在程度均会弱化二者之间的关系。

我国辽阔的幅员决定了不同地区的个体所接受的文化存在差异，在企业管理实践过程中，上市公司聘请大量的异地独立董事，来自不同地区的董事进入同一个董事会，必然会促进董事会文化多样性的提高。林雁等（2019）根据独立董事所在方言片区及方言大类两个视角构建董事会文化多样性指标，在此基础上考察董事会文化多样性对独立董事地理距离与公司创新投资决策之间关系的影响，研究结果表明，董事会文化多样性程度越高，异地独立董事对公司创新投资的抑制作用更强。其内在机制在于，当独立董事所在方言片区与上市公司所在方言片区不一致时，独立董事与本地董事及高管之间的沟通效率低下，甚至会出现董事会的内部冲突，进而降低董事会的治理有效性。

7. 经历/职业/职能多样性

专业知识多元化有助于提高董事会的监督、战略咨询和资源提供等方面的能力，具有更高专业性的董事会将更多的观点和不同的才能应用到履职过程中。同具有同质性背景特征的董事相比，具有不同商业和经济社会背景的董事为其履行职能带来更广泛的知识基础、更多样的观点和更强的解决问题的能力，董事之间信息和观点的交换、处理和吸收能力更强（Harjoto et al.，2018）。多样性的专业知识促使董事会汇集各个领域的知识，并纳入广泛而具有差异性的观点，从而提高董事会应对挑战和有效监督公司的能力（Schnatterly et al.，2021）。

职业关系到个体对待问题以及其在工作工程中的态度和价值观，被认为是任命董事的一个关键标准。在资源依赖理论的框架之下，拥有不同职业和技能的董事所构成的董事会可以缓冲组织所面临的外部环境变化（Hillman et al.，2000），也就是说，不同的职业提高了董事会的竞争力、决策能力、解决问题的能力和监控能力，能够帮助企业进行更高效的战略决策（Hillman et al.，2000；An，2022）。

行业熟悉程度会影响董事处理信息的方式，也可能影响董事对董事会的影响力。特定行业的专长知识能够使董事获得机会、威胁、竞争条件、技术和法规等隐性知识。董事会中专家董事的存在往往与更好的履职有效性相关，具有法律、金融和行业专长的董事会提升公司治理质量，提高公司应对风险的能力，表现为现金持有量的降低，并且会导致较弱的盈余管理和较高的财务报告质量（Wang et al.，2015），促进企业战略变革（Oeh-michen et al.，2017）。拥有政府工作经验的董事对公司估值有显著的促进作用，而具有财务经验的董事则对公司估值有负向影响（Kim and Lim，2010）。拥有海外经历的董事会通过传播知识和国外良好的管理实践，为新兴市场企业带来巨大的人才溢出效应，促进公司业绩增长（Giannetti et al.，2015）。当审计委员会中拥有会计专家时，该董事所扮演的监督角色有助于缓解管理层与外部投资者之间的信息不对称，会计专家减少信息不对称的一个直接途径是通过增强会计稳健性来加强内部控制，提高会计质量和披露的信息含量，并且使公司保持相对较低的股息水平。具有会计专长的董事不仅通过其监督角色改善公司治理，还可通过其在股利支付能力、税务规划和公司财务状况方面的专业知识帮助公司制定最优的财务政策（Qiao et al.，2018）。

Anderson 等（2011）构建了一个考虑职业和社会异质性的董事会异质性指数，总体而言，董事会整体异质性以及社会异质性和职业异质性均与公司绩效之间存在正相关关系，这归因于整体多样性的收益超过了成本。然而，在考察董事会异质性在业务复杂和业务不复杂公司中的作用时，研究发现董事会异质性与业务不复杂公司的业绩负相关。

8. 来源多样性

在欧美国家的公司中，董事的国籍是董事会多样性的主要特征之一，国籍多样性已经成为欧洲董事会的一个重要表现，有将近 1/4 的董事会成员为非本国董事（García-Meca et al.，2015），董事会中的国际成员也被认为是公司拥有的最有价值和独特的资源（Katmon et al.，2019）。根据资源依赖理论，来自不同文化背景的外国董事给董事会的讨论带来了不同的信念、思维方式、知识、专长和观点，能够激发有效的决策，有助于公司了解具有文化多样性的客户群（特定的客户偏好和要求），建立和维护与客户长期的合作关系（Al-Musali and Ismail，2015）。公司董事会中外籍董事人数占比的上升，会让公司的焦点转变为以利益相关者为导向，并将利益相关者的诉求和期望纳入董事会的讨论范围，并塑造以企业社会责任为导向的业务愿景和目标，提升企业社会责任信息披露质量（Khan et al.，2019）和企业社会责任绩效（Harjoto et al.，2019）。董事会的国籍多样性还能够减少信息不对称，降低代理成本，通过增加潜在的投资机会，提高国内企业的财务灵活性，并促进知识和技术的跨境流动（Fogel et al.，2013）。在公司绩效方面，董事会国籍多样性有助于公司获取资金、网络联系、声誉和合法性等关键资源，降低环境不确定性，使交易成本最小化，并最终提高公司的财务绩效（Estélyi and Nisar，2016；Fernández-Temprano and Tejerina-Gaite，2020），提升管理者薪酬与绩效之间的敏感性（Sarhan et al.，2019）。Delis 等（2017）也指出，随着来自不同遗传多样性水平国家的个体加入董事会，公司业绩将得到改善。

需要注意的是，国籍多样性也会给公司带来负面影响。受到出行时间、个人精力等方面的限制，外国董事出席董事会会议的频率较低，这会降低公司的内部治理水平（Hahn and Lasfer，2016）。外国董事可能不太熟悉企业所在地的会计准则、法律法规、治理标准和管理方法，这使其很难评估管理业绩或者质疑管理层的决策，拥有外国董事的公司表现出较低的资产回报率（Masulis et al.，2012）。对于移民国家，有学者尝试探讨祖籍多样性对董事会治理效应的影响，董事会祖籍的多样性是董事会意见和价值多样性的代理指标，在提高公司创新产出（专利数量和专利引用量）的同时，也加剧了公司业绩的波动，具体而言，拥有更高祖籍多样性的董事会的公司召开董事会会议的频率更高，但是决策效率较低并且会发生董事会的内部冲突，导致战略决策的可预测性也更低（Giannetti and Zhao，2019）。在金融机构中，在国籍多样性程度高的董事会中，外国少数族裔的董事可能面临强大的国内关系网，降低了其观点影响董事会群体决策的可能性，加剧了内部冲突，导致银行绩效的下降，在外部监管较弱或者投资者保护水平较低的情况下，董事会国籍多样性对银行绩效的抑制作用更弱（García-Meca et al.，2015）。但是，Issa 等（2021）却得到截然不同的结论，在中东和北非地区，董事会国籍多样性对银行绩效有显著的促进作用。

　　辽阔的幅员导致我国上市公司中存在大量的异地独立董事，这也为学术界探讨地理区位因素对董事会治理有效性的影响提供了良好的检验环境。根据独立董事所在地与任职上市公司所在地是否位于同一省份或者同一城市识别异地独立董事，曹春方和林雁（2017）在探究异地独立董事对上市公司过度投资影响的过程中提出了"咨询有效""咨询无效""监督无效"，结果证实异地独立董事对上市公司非效率投资的影响主要体现为"监督无效"。聚焦于董事会的咨询职能，刘春等（2015）发现当标的公司位于异地独立董事所在地时，异地独立董事基于其社会资本能够帮助上市公司在异地并购过程中提高并购效率。林雁等（2019）指出异地独立董事会抑制上市公司创新投资，基于不同方言片区所形成的董事会文化多样性会进一步强化这种抑制作用。为了进一步准确地刻画独立董事所在地与任职公司所在地之间的地理距离，罗进辉等（2017）根据城市所在地的经纬度信息计算独立董事地理距离，并探究其对两类代理成本的影响，结果显示，独立董事所在地与上市公司之间的地理距离与第一类代理成本和第二类代理成本之间均存在显著的"U"形关系，这种关系会受到产权性质和制度环境的影响。通过企业违规行为刻画董事会的监督有效性，使用企业绩效刻画董事会的咨询有效性，原东良和周建（2021）发现地理距离对独立董事履职有效性的影响表现为"监督无效"和"咨询有效"，这种影响会受到董事席位、股权集中度、媒体关注和交通便利性等情境因素的影响。在财务信息披露方面，地理距离的客观存在，降低了独立董事出席董事会会议的频率，造成监督效率的低下，最终反映在低质量的财务报告上（张洪辉等，2019）。对于具体的年度风险信息披露，周建等（2020）发现，独立董事地理距离在促进外部风险信息披露的同时抑制了内部风险信息披露。

9. 董事席位多样性

连锁董事是企业之间建立联系的重要来源，广泛存在于资本市场，当一个人同时在两个及以上董事会中任职时，就形成了连锁董事网络（多席位董事），成为不同公司之间信息共享的渠道。多董事席位是董事向外界传递其声誉和技能的良好信号，董事席位多样性是董事个人能力的证明（Fama and Jensen，1983）。从这一角度来看，多席位董事拥有更多的经验和技能及强大的网络关系，能够确保其履职有效性，提高公司业绩（Larcker et al.，2013）。多席位在一定程度上代表着董事的过度承诺，可能导致董事的精力分散，无法再投入足够的时间和精力参与任职公司的治理决策，无法有效地监督并向管理层提供战略咨询，导致公司业绩的下滑（Cashman et al.，2012；Field et al.，2013）。基于跨国数据的检验结果表明，董事席位多样性会导致较低的市净率和赢利能力，在根据公司成立时间划分之后，董事席位多样性对较为年轻的公司更有价值（Ferris et al.，2003），其原因在于，随着公司的逐渐成熟，咨询需求降低，监督需求上升。

受时间约束效应的影响，多席位董事的潜在成本超过了其带给组织的收益。从股东满意度的角度来看，股东对非多席位董事的满意度高于对多席位董事的满意度（Chen and Guay，2020）。董事席位多样性会抑制公司价值提升，弱化公司多元化战略，这在代理问题严重的公司中更为显著（Jiraporn et al.，2008）。多席位董事出席董事会会议的频率较低（Jiraporn et al.，2009），会在一定程度上损害公司业绩。具体而言，多席位董事与较弱的公司治理、较低的账面市值比、较弱的赢利能力和较低的 CEO 更替 – 绩效敏感性相关（Fich and Shivdasani，2006）。但也有学者得出了截然不同的结论，J. Sarkar 和 S. Sarkar（2009）发现多席位董事会积极地参加董事会会议，更有可能参加年度股东大会，多席位董事会利用其自身优势帮助公司与外部环境建立更广泛的联系。董事席位多样性与公司业绩之间的关系取决于董事的类型，独立董事担任多个公司的董事能够提升焦点公司的业绩，执行董事拥有多个董事席位则会对公司业绩形成抑制效应。

多席位董事的监督效率较为低下，尤其是在过度承诺问题严重的大公司（Méndez et al.，2015），但其自身所拥有的经验和社会网络会促使其成为杰出的战略咨询者和资源提供者（Field et al.，2013）。多席位董事对于新上市公司的咨询价值要高于更成熟的公司，因为新上市公司市场经验不足，多席位董事所拥有的丰富经验可以很好地满足这一需求。此外，新上市公司的代理成本较低，导致管理层的监督需求处于较低水平，更多的需求来自董事的战略咨询。拥有多个董事会席位的董事能够利用其自身的社会网络，从外部环境中获取信息和财务资源，提升自身的履职能力，抑制上市公司盈余管理（Chee and Tham，2021）。

不同公司共同的连锁董事所联结形成的连锁董事网络也促使这些企业在无形之中形成网络，连锁董事为公司提供了向其他公司学习的便利渠道，能够促进企业社会责任在连锁企业之间的扩散，这种影响会得到地理邻近性和利益相关者相似性的进一步强化（Ding et al.，2021）。Lu 等（2021）也证实，多席位董事所建立起的连锁董事网络，是组织获取外部知识和信息的渠道，能够帮助企业实现更好的环境绩效，这种关系会受到公司吸收能力的影响。基于新兴资本市场的研究显示，董事席位多样性能够提高股票流动性，尤其是在不确定性程度高、行业竞争激烈和公司治理水平较差的情况下。

第五节　对相关研究的评述

通过对国内外有关国有企业混合所有制改革和董事会多样性等研究成果的梳理，本章认为现有研究还存在可进一步完善的空间，具体如下。

第一，在国有企业混合所有制改革方面。既往有关国有企业混合所有制改革治理效应的研究，多集中于探讨股权结构中的非国有股东持股比例对战略决策、运营效率、公司治理和经营绩效等方面的研究。国有企业混合所有制改革已经完成了从"混"到"改"的过渡。"改"主要体现在公司治理机制的变化，尤其是董事会的重构，非国有股东通过委派董事参与对国有企业的治理。在这一逻辑下，学者们开始探讨非国有股东委派董事比例对国企战略决策行为和经营后果的影响，而忽略了代表不同股东的董事会成员差异化的背景特征对国有企业决策行为和经济后果的影响。

第二，在董事会多样性方面。董事会由具有不同背景特征的个体组成，因此，董事会的履职效果取决于董事会多样性不同维度的综合效应

（Baranchuk and Dybvig，2009），但有关董事会多样性的研究多侧重于性别多样性（Baker et al.，2020），或者单纯地关注年龄、教育、职业背景和从业经历等单一属性（Harjoto et al.，2018；Knyazeva et al.，2021），较少有学者关注董事会整体的多样性水平对董事会履职有效性的影响（Selma et al.，2022）。只关注单一维度的多样性，可能导致对董事会多样性治理效应的研究结果是有偏的。此外，有关董事会多样性的研究多集中于北美洲和欧洲的发达资本市场（Aggarwal et al.，2019），缺少对新兴资本市场的关注，尤其是缺乏对我国特色情境之下董事会多样性的关注。

第三，在国有企业混合所有制经济后果方面。党的十九大指出"我国经济已由高速增长阶段转向高质量发展阶段"，企业作为经济发展的微观参与主体，是实现经济高质量发展的重要驱动力。企业高质量发展包含"质量"和"发展"两个维度。基于质量视角，无论是从主观角度还是客观角度看，企业的质量是在一段时间内经济价值的增加和竞争优势的提升。发展视角则强调企业发展的动态可持续性。

传统上，国有企业被视为发起并积极参与企业社会责任的重要力量，原因有两点。其一，国有企业是特殊的经济组织，其目的并不一定是实现利润最大化，而可能是履行社会责任，如维护社会稳定、减少失业、促进政府的亲社会目标，也就是说，国有企业在一定程度上可以被视为具有社会角色和义务的"社会组织"。在国企改革过程中，国有企业从"社会组织"逐步转变为"经济组织"，但也不能完全放弃其义务。其二，国有企业对政府指令的反应能力是管理决策的主要驱动力，因此，国有企业将会积极承担各级政府所要求承担的社会责任，并对相应的社会和政治政策做出响应（Lin et al.，2020）。

有关混改导致经济后果的研究多聚焦于国有企业的某一维度，缺乏对经济后果的全面分析。单纯以利润指标作为衡量国有企业治理有效性的基本指标，可能导致对国有企业公司治理活动的评价失之偏颇。国有企业治理活动在保证股东利益和国有企业资产保值增值目标的同时，还需要关注环境（E）、社会（S）和公司治理（G）问题，也就是说在考察混合所有制改革经济后果的过程中，同时考虑国有企业的经济绩效和社会绩效是有必要的。

第三章　国有企业董事会多样性的
影响因素研究

　　基于对相关研究的回顾与梳理，并结合本章具体的研究内容，本章将从混合所有制改革（股权结构视角）、政府放权意愿、地区人口多样性（劳动力供给视角）和业务复杂性（劳动力需求视角）对混合所有制改革背景下国有企业董事会多样性的影响因素展开理论分析和实证检验。

第一节　国有企业董事会多样性影响因素的理论分析

一　混合所有制改革与国有企业董事会多样性

　　混合所有制改革是推进政治、经济和社会体制改革的关键一步，引导非国有股东持股并参与国有企业的公司治理（Guan et al.，2021）。在非国有股东进入国有企业之后，国有企业的股东结构发生改变，所有权结构也随之调整。所有权是公司战略、组织和治理的基础，所有权拥有匹配能力、治理能力和时机把握能力，其中，治理能力是指通过有效的治理和组织设计形成的调配资源的能力，多元化的所有者在正式制度和非正式制度设计方面一般拥有较强的治理能力（Foss et al.，2021）。

　　所有权是公司治理的核心要素之一，不同所有者的类型、比例和控制能力对公司战略有着至关重要的作用（Aguilera et al.，2021），即股权结构是公司治理的本质基础之一。公司所有权的不同结构决定了公司的资源禀赋，从而影响公司运营。在企业管理实践活动中，股东主要通过参加股东大会和选聘董事进入董事会两个渠道参与公司治理（蔡贵龙等，2018a）。

在混合所有制改革中，所有权结构的变化和非国有股东对高管的任命影响着国有企业的经济行为，非国有股东的进入可以形成多种所有权属性相互制衡的股权结构，以充分发挥非国有资本的监督和治理作用（Chen et al.，2020），非国有股东出于维护自身利益的动机会任命董事进入国有企业并参与国有企业的公司治理。

股权结构与董事会结构之间存在一种动态变化过程（Bekiris，2013）。股东作为公司的所有者，拥有塑造或者重构董事会的最终权利（Rashid，2020）。不同类型的股东为了满足其治理需求，对不同的董事存在差异性的偏好，这也就意味着股东所拥有的所有权最终决定了董事会的构成，从而促使董事会寻找并留住能够响应其行事意愿的个体（Sur et al.，2013）。股东的偏好会映射到董事的属性上，这些属性将共同推动董事会的组成。Anderson 和 Reeb（2004）的研究也表明，特定类型股东与其选择的董事之间存在显著关系，这说明股东结构的异质性是董事会多样性的重要驱动因素。

从代理理论的角度看，董事会的作用是代表股东监督管理者，确保股东利益。股东将董事视为其代理人，由董事监督并向管理层提供建议，以实现股东价值的提升（Mitra et al.，2021）。近年来，股东对董事会多元化的建议与需求在不断增加，机构投资者越来越多地通过要求公司提升董事会的多样性来参与公司治理（Knyazeva et al.，2021），由此进一步推动了股东积极主义的发展。股东积极主义是股东利用所有权地位积极影响公司政策和实践而采取行动（Goranova and Ryan，2014），股东积极主义倡导投资者提名董事参与公司治理。Denes 等（2017）系统梳理了近 30 年有关股东积极主义的研究，发现股东积极主义是上市公司董事会重构的重要驱动因素。

同质性的董事会降低了董事会的合法性，弱化了股东对董事会的信任。近年来，股东积极主义在塑造公司治理机制方面发挥着重要作用，出于财务动机和社会动机的股东积极主义均能显著提升董事会的性别多样性（Marquardt and Wiedman，2016）。相关学者也证实股东积极主义在董事会成员的性别重构中发挥着关键作用（Perrault，2015）。

《公司法》赋予股东对股东大会范围内所有公司事务进行投票的权利，

包括通过投票程序选择董事的权利。董事会是全体股东修改公司章程和批准重大公司决策提案的"守门员"（Liu et al.，2020），股东提案是投资者积极参与公司治理的一个重要途径，相关的提案涉及股东投票权、高管薪酬、董事会组成和董事选聘准则等一系列公司治理问题（Benton，2017）。混合所有制改革导致了异质性股东交叉持股形成的股东多样性，非国有股东通过混合所有制改革进入国有企业，主要通过任命董事参与公司治理。在混合所有制改革过程中，出于维护自身利益的目的，非国有资本向国有企业委派董事，打破原来的董事会格局，形成混合所有制改革之后董事会的重构，董事会中分别代表国有资本和非国有资本利益的董事的存在减少了原董事的不作为，提高了董事会的有效性。国有企业通过混合所有制改革引入了非国有股东，形成了异质性股东持股的多元化股权结构，并在此基础上提高了董事会的多样性水平，由此可以看出，混合所有制改革提升了国有企业的董事会多元化水平（任广乾等，2020）。

公司治理领域的研究多基于这样一个研究假设，即股东可以通过影响董事会的构成进而影响公司治理。基于信托责任，董事会应该反映其代表的股东利益。从这一角度来看，不同类型的股东有差异性的目标追求，倾向于通过任命符合自身要求的董事来实现其目标和治理需求，因此，股东结构的异质性可以通过董事会结构的异质性得到映射。基于此，本章认为，基于混合所有制改革形成的多元化股东结构映射在公司治理机制中表现为董事会多样性水平的提升，并提出如下假设。

假设 3.1　混合所有制改革能够提升国有企业董事会多样性水平。

二　政府放权意愿与国有企业董事会多样性

在既往的国有企业改革路径中，传统治理思路习惯以行政命令方式进行直接调整，这在推动国有企业摆脱旧观念束缚、建立现代企业制度及完善国有企业监督管理体制等"基础设施建设"方面取得了良好效果，但在提升国有企业董事会治理效果和日常经营效率等"基础设施运转"方面，由于严重的委托代理问题和高昂的交易费用，效果不佳。政府通常通过行政划拨等行政干预方式"强强联合"，这种人为加速国有企业发展的方式在长期不利于国有企业的良性发展，并降低了国有企业董事会的治理效率。此外，地方政府出于完成政治任务和实现政治晋升等目标，有较强动机干预国有企业经营行为。也就是说，在政府控制或干预下的国有企业混合所有制改革的推进，显然会受到政府力量的重要影响。一方面，考虑政府的综合效益，权衡政府推进改革的收益和成本，避免发生中央行政命令导致边际收益递减的情况；另一方面，引入非国有股东实现股权制衡和高层治理，以削弱地方政府干预国有企业的能力，最大限度地发挥所有资本的增值效能，从而确保不同所有制经济在平等竞争中发展壮大，实现经济的持续高质量增长。因此，从政府放权的角度探讨政府放权意愿如何作用于混合所有制改革下国有企业董事会治理显得尤为关键。

改革开放之前，我国所有的国有企业都直接受中央或地方政府的控制，国有企业的管理者在雇佣、生产和分配等经营活动中的自主权十分有限，所有决策由政府做出。改革开放以来，为增强国有企业活力，我国政府通过采取各种措施对国有企业进行改革，以提高其经营效率，权力下放一直以来都是国企改革的关键所在。20 世纪 90 年代以来，国有资产的经营从计划体制转变为市场体制，我国政府提出了国有企业改革方案，以构建现代企业制度（Liu and Li，2015）。

在企业层面，放权主要体现在政府控制层级的延伸，即金字塔层级。金字塔结构是指金字塔顶端的控股股东通过层层的中间公司间接控制企业的组织结构（Fan et al.，2013）。金字塔结构中的低信息传输成本减弱了政府干预企业的动机（Zhang et al.，2016）。金字塔式的复杂组织结构使得政府获取足够及时的信息以及干预公司日常运营的成本高昂（Fan et al.，2013），也就是说，更长的控制链增加了地方国有企业到其最终控制者的信息传递成本，从而使企业免受政府的干预。这也就意味着，在其他条件不变的情况下，由于信息成本较高，地方政府更倾向于授权远离自己的国有企业。

金字塔层级是将企业与政府干预分开的手段，能够有效反映政府的放权意愿，金字塔结构是减少政府对企业经营决策干预的可靠机制。如果政府选择分散企业的决策权，它可以采用金字塔式的组织结构来可靠地分散决策权而不是转移企业所有权，即在不转移正式权力的情况下下放实际权力（Fan et al.，2013）。地方政府干预国有企业决策的动机越弱，国有企业的金字塔层级越多。相对于结构不太复杂的企业，处于复杂金字塔结构下的企业具有更高的管理专业性和经营效率（Fan et al.，2013），通过将决策权转让给拥有专业知识的管理人员，使权力下放进而提高公司的决策效率（Jensen and Meckling，1976）。

金字塔作为一种可靠的治理机制，在减少政府干预的同时将决策权下放给国有企业（Fan et al.，2013）。对于国有企业而言，金字塔层级的延伸增加了终极控制人干预国企日常运营的控制距离和及时获取信息的成本，赋予了国有企业在战略决策和人事任免等方面更大的自主权（Opie et al.，2019）。国有企业的金字塔结构源于政府权力的下放，减少了政府对企业经营决策的直接干预。金字塔层级能够将行政干预与政府隔离开来，降低政治成本，提高国有企业的效率和管理专业化水平（Liu and Li，2015；Xin et al.，2019）。

政府控制和干预在国有企业中普遍存在，在实现政治目标和职业晋升的压力下，地方官员有强烈的动机干预国有企业的经营决策。例如，当政府的财政状况不佳或者失业率较高时，政府有强烈的动机通过干预当地的国有企业来缓解这些问题（Fan et al.，2013）。当国有企业位于政府放权意愿较强的地区时，政府干预企业经营决策的程度降低。由于混合所有制改革削弱了地方政府干预国有企业的能力，位于这些地区的企业将更容易推动混合所有制改革（Wang et al.，2021a）。相关研究也证明，政府放权意愿与国有企业中非国有股东持股比例以及非国有股东任命董事、监事和高管的比例有关，这意味着在国有企业混合所有制改革中，政府放权意愿发挥着极其重要的作用（Lu and Zhu，2020）。此外，也有学者通过国有企业所在地的财政盈余、财政支出和失业率等指标测度政府放权意愿，同样证实政府放权意愿能够有效推进国有企业混合所有制改革的深入（蔡贵龙等，2018b）。

基于此，本章认为，在政府放权意愿水平更高的情况下，国有企业的混合所有制改革力度更大、更为彻底，引入非国有股东之后董事会重构的可能性和概率更高，进而提出如下假设。

假设 3.2　政府放权意愿越强，国有企业董事会多样性水平越高。

三　地区人口多样性与国有企业董事会多样性

董事选聘是影响董事会及其有效性表现的重要程序。基于此，探究董事会成员选聘的影响因素，一直都是公司治理研究中的一个重要议题。公司董事劳动力市场是影响和指导组织决策的治理机制之一，董事劳动力市场中的公司代表了市场的需求方，而董事候选人代表了可用于满足这一需求的劳动力供应（Withers et al.，2012）。劳动力市场的摩擦（即招聘特定类型董事的能力）是影响上市公司董事会构成的重要因素。在劳动力市场中，公司可能面临供给侧约束。例如，如果公司（尤其是中小型公司）位于很远的地方，在招聘具有特定专业知识或其他属性的董事时可能会受到当地劳动力市场的限制（Knyazeva et al.，2021）。

企业更可能从某一个特定的区域内招聘符合其要求的员工，因此，员工的招聘是与区域内的劳动力供给水平和能力显著相关的。与其他地区相比，企业的管理风格、企业文化和员工偏好与企业所在地的环境之间具有显著的协调性（Knyazeva et al.，2021）。董事候选人进入董事会时存在机会成本，公司更容易获得关于潜在的当地董事的软信息，减少招聘过程中的障碍，这在一定程度上使得上市公司在聘任董事时更加依赖本地劳动力市场。从这一角度看，在企业所在地选聘员工进入企业任职，是招聘风险和招聘成本较低的方式。地方劳动力市场是否有合格的潜在董事对公司董事会任命过程有显著影响。在需求端不变的情况下，上市公司聘任合格董事的能力受到公司所在地潜在董事供给的影响（Knyazeva et al.，2013）。因此，企业会在其所在地聘任包括董事和高管在内的各类员工（Afzali et al.，2022）。Knyazeva等（2013）的研究显示，上市公司董事会中有超过 1/3 的董事来自上市公司所在地。

从董事候选人的角度来看，董事候选人在其所在地的上市公司任职，能够有效降低通勤成本，在参与公司治理方面的时间和精力更少。在这种情况下，董事候选人在其所在地任职的意愿更强，特别是对于全职担任董事和对时间要求比较高的董事候选人。无论是从企业招聘成本视角还是从董事候选人任职意愿视角来看，上市公司在其所在地招聘候选人进入董事会任职的可能性都处于较高水平。

为了履行监督职能和咨询职能，董事会必须由拥有一些必要的、差异化人力资本和社会资本的董事会成员组成（Withers et al.，2012）。在不同的地区，性别、教育水平等区域人口特征存在差异，地区的劳动力供给会对劳动力市场上董事候选人的供给产生直接影响。例如，在女性人数较多的地区会有更多的女性进入董事会；在理工科毕业人数较多的地区，董事会中拥有理工科背景的董事比例可能更高，同样地，在社会科学专业毕业人数多的地区，也将会有更多的拥有会计、法律、金融等背景的董事进入董事会，这也就意味着区域层面的多样性能够反映公司董事会的多样性（Cumming and Leung，2021）。Griffin 等（2021）则发现，在性别差距较小、女性劳动力市场参与率高以及男性主义文化较弱的地区，董事会中的性别多样性越高，也就是说，企业所在地区的人口多样性水平提高了其区域内企业董事会的多样性水平。

基于前述分析，本章推断，在劳动力供给视角，企业所在地的人口多样性是影响其区域内董事会构成的重要因素，并提出如下假设。

假设 3.3 基于劳动力供给视角，企业所在地区的人口多样性水平越高，国有企业的董事会多样性水平越高。

四 业务复杂性与国有企业董事会多样性

对于一家企业来说，最重要的人事决策之一就是决定由谁来制定战略决策。董事会作为重要的公司治理机制，其任务是向公司的管理者提供战略咨询，监督管理者，并通过其拥有的人力资本和社会资本等向公司提供必要的资源。董事会能够影响企业的战略决策，这在实业界和学术界已经达成共识。那么，需要回答的一个问题是：公司的何种特征会影响董事会的多样性？

由于董事会在复杂的环境中需要更多的知识，这也就意味着具有复杂业务的组织与多样化的董事会之间具有相关关系。从经济理性的角度来看，更大的多样性可以改善获得资源的机会，环境更复杂的组织可以通过借鉴与采用多样化董事会相关的多重视角更好地理解和满足组织的需求，帮助企业获得竞争优势（Upadhyay and Triana，2021）。此外，复杂组织的 CEO 可能需要董事会的额外监督和建议（Coles et al.，2008），多样性可以促进不同观点的表达，减少董事会在评估执行提案时自满和狭隘的可能性，从而使多样性程度高的董事会更适合监督和提供战略咨询。对于业务模式比较单一的公司而言，董事会的多样性可能并不是重要的因素，因为多样性会降低群体之间的沟通流畅性并可能导致冲突，在这种情况下，董事会多样性带给公司的好处要小于其自身所拥有的成本。因此，业务复杂的公司需要更高的董事会多样性，而业务模式较为单一的公司对董事会多样性的需求程度较低。

复杂的公司面临更大的咨询需求，较大的公司可能有较多的外部承包关系，需要更加多元化的董事会以应对与不同业务合作伙伴之间的关系。此外，业务复杂的公司会面临更加不确定的环境，战略决策将更多地依赖多元化董事会的战略咨询能力。在其他条件不变的情况下，业务越复杂，公司面临的竞争压力就越大，暴露于不确定环境的程度就越高，对董事会多样性的战略咨询需求越高。

业务的复杂程度越高，企业就越有必要获得不同种类的专门知识和不同的沟通渠道，获得各种外部组织的支持，并在各个领域获得合法性，这会提升对董事会多样性信息和多样化资源的需求（Arnegger et al.，2014）。公司业务复杂性的类型和程度影响公司董事会所需的技能和知识，进而影响公司董事会的最佳配置，特别是学者、政治家和社区影响者的配置（Markarian and Parbonetti，2007）。更大的公司复杂性预计将增加对董事会各种专业知识和信息的需求，这意味着业务结构越复杂的公司，董事会的多样性程度越高（Anderson et al.，2011）。

董事会作为一种治理工具在组织应对环境变化方面发挥着重要作用，公司会根据业务需求改变董事会的构成，以提高公司与未来规划和发展方向的契合度，从这一角度来看，董事会的构成是基于公司的业务需求水平展开的（Frye et al.，2022）。与业务较为单一的公司相比，业务复杂的公司拥有更高的咨询需求，董事会的多样性水平也更高，具体表现为董事会规模更大、外部董事的占比更高。相关研究也证实，行业竞争环境的多样性可能导致公司治理结构和机制对公司业绩的不同程度的影响（Goodstein et al.，1994），拥有国际市场业务的公司更有可能拥有外国董事（Estélyi and Nisar，2016）。基于欧美市场的检验也表明，公司的多元化战略会影响董事会的多样性（Hillman et al.，2007）。

基于前述分析，本章推断，业务复杂性是影响国有企业董事会多样性的一个重要驱动因素，并提出如下假设。

假设 3.4 基于劳动力需求视角，业务复杂性越高，国有企业的董事会多样性水平越高。

综上，面向混合所有制改革的国有企业董事会多样性影响因素的研究框架如图 3.1 所示。

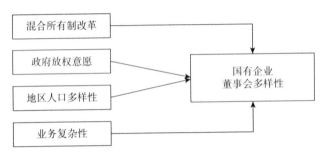

图 3.1 国有企业董事会多样性影响因素研究框架

第二节 国有企业董事会多样性影响因素的研究设计

一 数据来源与变量定义

（一）数据来源

大部分国有企业的股权分置改革在 2007 年底已经完成，在此之前非国有股东难以"混"入国有上市公司，因此，本章选取 2008～2019 年在沪深上市的国有企业作为研究对象。针对初始样本，本章按照如下标准进行筛选：①剔除研究期内 ST、*ST 以及退市的国有企业；②剔除上市时间不足一年的国有企业；③剔除财务数据缺失的国有企业；④剔除无法确定前十大股东性质及持股比例的国有企业。经过上述筛选共计得到 10078 个国有企业一年度观测值。为了控制异常值对研究结果的影响，本章对所有连续变量进行了 1% 和 99% 水平上的缩尾处理。本章所有的财务数据均来源于 CSMAR 数据库，部分缺失数据通过 Wind 金融数据库进行补充，上市公司前十大股东持股比例及股东性质数据来源于 CCER 数据库，本章涉及的宏观变量通过 EPS 数据平台获得。

（二）变量定义

1. 因变量

董事会多样性（Board Diversity，BD），借鉴 An 等（2021）的研究，并结合数据的可获得性，本章围绕人口特征多样性（Demographic Diversity，DD）、教育背景多样性（Educational Diversity，ED）、职业多样性（Professional Diversity，PD）、董事经验多样性（Director Experience Diversity，DED）和管理特质多样性（Managerial Trait Diversity，MTD）5 个维度共计 11 个指标构建董事会多样性综合指标。具体而言，人口特征多样性包括年龄多样性和性别多样性；教育背景多样性包括学历背景多样性；职业多样性包括职业背景多样性和职位多样性；董事经验多样性包括董事会规模多样性、独立董事多样性、海外经历多样性、学术背景多样性和外部董事席位多样性；管理特质多样性包括三年困难时期经历多样性。其中，董事会规模多样性通过董事会人数测度，董事会人数越多，代表多样性水平越高；年龄多样性和外部董事席位多样性通过变异系数度量，即使用董事会成员年龄（外部董事席位数量）的标准差除以年龄（外部董事席位数量）的平均值表示；其他 8 个指标均通过赫芬达尔指数度量，计算公式为：

$$Diversity = 1 - \sum_{i=1}^{n} p_i^2 \qquad (3.1)$$

式（3.1）中，p_i 为董事会中拥有某种背景特征董事的占比，n 为背景特征数量。例如，度量学历背景多样性时，本章将董事的学历背景分为中专及以下、大专、本科、硕士、博士和其他六类，p_1 代表董事会中拥有中专及以下受教育程度董事的占比，p_2 代表董事会中拥有大专受教育程度董事的占比……此时，n 的取值为 6。计算性别多样性时，n 为 2，p_1 和 p_2 分别代表董事会中男性和女性的占比。职业背景多样性、职位多样性、独立董事多样性、海外经历多样性、学术背景多样性和三年困难时期经历多样性 6 个指标的计算方法与性别多样性保持一致。特别地，参照武月和崔勖（2019）的研究，在度量职业背景多样性时，将董事分为是否拥有金融、财务或者法律背景。在测度职位多样性时，根据董事是否在高管团队任职计算。当董事的出生年份在 1961 年及之前时，本章认为该董事经历过三年困难时期，否则未经历过，并以此计算董事会的管理特质多样性。本章所构建的董事会多样性指标体系及计算方法如表 3.1 所示。

表 3.1　董事会多样性指标体系及计算方法

总指标	一级指标	二级指标	计算方法
董事会多样性（BD）	人口特征多样性（DD）	年龄多样性	变异系数（标准差/平均值）
		性别多样性	赫芬达尔指数，见式（3.1）
	教育背景多样性（ED）	学历背景多样性	赫芬达尔指数，见式（3.1）
	职业多样性（PD）	职业背景多样性	赫芬达尔指数，见式（3.1）
		职位多样性	赫芬达尔指数，见式（3.1）
	董事经验多样性（DED）	董事会规模多样性	董事会人数
		独立董事多样性	赫芬达尔指数，见式（3.1）
		海外经历多样性	赫芬达尔指数，见式（3.1）
		学术背景多样性	赫芬达尔指数，见式（3.1）
		外部董事席位多样性	变异系数（标准差/平均值）
	管理特质多样性（MTD）	三年困难时期经历多样性	赫芬达尔指数，见式（3.1）

　　计算获得 11 个二级指标之后，分年度将各个指标进行排序，按照大小将样本分为十组，并对各组进行赋值，位于最低十分位的样本赋值为 1，位于最高十分位的赋值为 10，数值越大，代表多样性水平越高。赋值处理之后的二级指标相加，得到对应的一级指标多样性水平，最终得到董事会整体的多样性水平，因此，董事会多样性的取值介于 11 和 110 之间。为了便于阐述，将董事会多样性数值分别除以 100，得到本章研究所使用的董事会多样性指标。

2. 自变量

　　（1）混合所有制改革。2013 年，党的十八届三中全会指出要发展混合所有制经济，国有企业混合所有制改革的治理效应得到了显著提升，2013 年也被视为国有企业混合所有制改革元年（马新啸等，2021a）。国有企业混合所有制改革的最直观表现是股权结构的变化，即在国有企业中，国有股东让渡给非国有股东一定的股份比例。延续相关研究（马连福等，

2015），本章引入第一大非国有股东持股比例（$NSOE\_1$）和前十大股东中非国有股东持股比例（$NSOE\_10$）来测度国有企业的混合所有制改革程度。

（2）政府放权意愿。本章通过金字塔层级（$Layer$）、财政盈余（Fiscal Surplus，F_S）、财政支出（Fiscal Expenditure，F_E）和失业率（Unemployment Rate，U_R）四个指标来度量政府放权意愿。借鉴 Liu 和 Li（2015）的研究，使用最终控制人与上市国有企业之间的金字塔层数来衡量政府放权意愿，当最终控制人直接控制国有企业时，金字塔层级为 1，当最终控制人通过某个中间企业控制国有企业时，金字塔层级为 2，依次类推，金字塔层级数越多，代表政府放权意愿越强。参照 Wang 等（2021b）的研究，采用财政盈余和财政支出测度政府放权意愿，其中，财政盈余通过财政收入与财政支出之间的差额占 GDP 的比例测度，财政支出通过财政支出金额占 GDP 的比例测度。此外，本章还采用上市公司所在省份的失业率来测度企业所在地的政府放权意愿（蔡贵龙等，2018b；易阳等，2021）。

（3）地区人口多样性。借鉴 Cumming 和 Leung（2021）的研究，本章通过地区女性占比（Region_Female，R_F）、高校数量（Region_School，R_S）和每万人高校毕业生人数（Region_Student，R_Stu）来测度地区人口多样性水平。具体而言，地区女性占比（R_F）通过上市公司所在省份女性人数占总人数的比例测度；高校数量（R_S）通过上市公司所在省份高等学校数量取自然对数测度；每万人高校毕业生人数（R_Stu）通过上市公司所在省份每 1 万人中的高等学校毕业生人数取自然对数测度。

（4）业务复杂性。通过公司的业务范围测度业务复杂性，即使用公司业务多元化程度刻画公司的业务复杂性（Chang and Wu，2021）。具体而言，本章通过业务多元化虚拟变量（Diversity_Dum，D_D）、业务领域数目（Diversity_Number，D_N）、收入熵（Diversity_Entropy，D_E）和赫芬达尔指数（Diversity_HHI，D_HHI）四个指标来测度上市公司的业务复杂性。其中，当上市公司的主营业务行业数大于 1 时，将 D_D 赋值为 1，代表该公司的业务具有多元化，业务复杂性水平较高，否则将 D_D 赋值为 0。当上市公司的某一类行业的销售收入占主营业务收入的比例超过 10%

时，D_N 的取值为 1，当上市公司有两类行业的销售收入占主营业务收入的比例分别超过 10% 时，D_N 的取值为 2，即 D_N 代表上市公司细分行业销售收入占主营业务收入的比例超过 10% 的行业数目。收入熵（D_E）通过公式（3.2）计算，其中 p_i 为上市公司第 i 个行业的销售收入占总营业收入的比例。该指标为一个正向指标，值越大，代表上市公司的业务多元化程度越高，业务复杂性水平也越高。赫芬达尔指数（D_HHI）通过公式（3.3）计算，与收入熵的计算一致，p_i 代表上市公司第 i 个行业的销售收入占总营业收入的比例。该指数为正向指标，值越大，意味着多元化水平越高，业务复杂程度越高。

$$D\_E = \sum p_i \ln (1/p_i) p_i \tag{3.2}$$

$$D\_HHI = 1 - \sum p_i^2 \tag{3.3}$$

3. 控制变量

在回归模型中，本章控制了其他可能影响国有企业董事会多样性的指标，具体包括企业规模（$Size$，企业总资产取自然对数）、资产负债率（Lev，企业总负债占企业总资产的比例）、赢利能力（Roa，净利润率 = 企业净利润总额占企业总资产的比例）、成长能力（$Growth$，营业收入增长率 = 当期营业收入与上期营业收入之差占上期营业收入的比例）、现金流（$Cash$，企业经营活动产生的现金流量净额占企业总资产的比例）、企业年龄（Age，样本年份减去企业上市年份，然后取自然对数）、股权集中度（$Top1$，企业第一大股东持股数量占总股本的比例）、机构持股比例（$InShare$，不同类型的机构投资者持股数量之和占总股本的比例）、董事持股比例（BoardShare，B_Share，董事会成员持股数量之和占总股本的比例）、高管持股比例（ExeShare，E_Share，高管团队成员持股数量之和占总股本的比例）、董事薪酬（BoardSalary，B_Salary，董事会成员薪酬之和取自然对数）、高管薪酬（ExeSalary，E_Salary，高管团队成员薪酬之和取自然对数）。此外，本章还根据样本所在年份和上市公司所在证监会行业分类，分别设置年份虚拟变量和行业虚拟变量，以控制年份效应（$Year$）和行业效应（$Industry$）对研究结论的影响。具体的变量定义如表 3.2 所示。

表 3.2　主要变量定义

变量名称	变量符号	变量定义
董事会多样性	BD	具体的计算如前文所示
第一大非国有股东持股比例	NSOE_1	第一大非国有股东持股数量占总股本的比例
前十大股东中非国有股东持股比例	NSOE_10	前十大股东中非国有股东持股数量之和占总股本的比例
金字塔层级	Layer	最终控制人与上市国有企业之间的金字塔层数
财政盈余	F_S	财政收入与财政支出之间的差额占 GDP 的比例
财政支出	F_E	财政支出金额占 GDP 的比例
失业率	U_R	上市公司所在省份失业人口占总人口的比例
地区女性占比	R_F	上市公司所在省份女性人口数量占总人口的比例
高校数量	R_S	上市公司所在省份高等学校数量取自然对数
每万人高校毕业生人数	R_Stu	上市公司所在省份每 1 万人中高等学校毕业生人数取自然对数
业务多元化虚拟变量	D_D	业务所涉及的行业数目大于 1 时，赋值为 1，否则为 0
业务领域数目	D_N	细分行业销售收入占总营业收入比例大于 10%的行业数目
收入熵	D_E	如公式（3.2）所示
赫芬达尔指数	D_HHI	如公式（3.3）所示
企业规模	Size	企业总资产取自然对数
资产负债率	Lev	企业总负债占企业总资产的比例
赢利能力	Roa	企业净利润总额占企业总资产的比例
成长能力	Growth	当期营业收入与上期营业收入之间的差额占上期营业收入的比例
现金流	Cash	企业经营活动产生的现金流量净额占企业总资产的比例
企业年龄	Age	样本年份减去上市年份，然后取自然对数
股权集中度	Top1	第一大股东持股比例
机构持股比例	InsShare	证券公司、基金公司等不同类型机构投资者持股数量之和占总股本的比例
董事持股比例	B_Share	董事会成员持股数量之和占总股本的比例
高管持股比例	E_Share	高管团队成员持股数量之和占总股本的比例
董事薪酬	B_Salary	董事会成员薪酬之和取自然对数

续表

变量名称	变量符号	变量定义
高管薪酬	E_Salary	高管团队成员薪酬之和取自然对数
年份效应	$Year$	根据样本所处的年份设置虚拟变量
行业效应	$Industry$	根据上市公司所处证监会行业分类设置虚拟变量

二 回归模型设定

本章拟从混合所有制改革、政府放权意愿、地区人口多样性和业务复杂性四个角度探讨国有企业董事会多样性的影响因素，根据具体的研究内容和研究假设，本章通过设定如下多元回归模型进行检验。

（一）混合所有制改革对国有企业董事会多样性的影响

在模型（3.4）中，因变量 $BD_{i,t}$ 代表国有企业 i 在 t 年的董事会多样性水平。自变量为混合所有制改革，通过 $NSOE\_1_{i,t}$ 和 $NSOE\_10_{i,t}$ 两个指标测度，其中，$NSOE\_1_{i,t}$ 代表国有企业中第一大非国有股东持股数量占总股本的比例，$NSOE\_10_{i,t}$ 代表前十大股东中非国有股东持股数量之和占总股本的比例。在控制变量方面，本章控制了企业 i 在 t 年的企业规模（$Size$）、资产负债率（Lev）、赢利能力（Roa）、成长能力（$Growth$）、现金流（$Cash$）、企业年龄（Age）、股权集中度（$Top1$）、机构持股比例（$InsShare$）、董事持股比例（B_Share）、高管持股比例（E_Share）、董事薪酬（B_Salary）、高管薪酬（E_Salary）。此外，本章还在回归模型中控制了年份效应（$Year$）和行业效应（$Industry$），以控制年份和行业对研究结论的影响。$\varepsilon_{i,t}$ 为残差项，即国有企业董事会多样性中不能被各个变量所解释的部分。

$$BD_{i,t} = \alpha_0 + \alpha_1 NSOE\_1_{i,t}/NSOE\_10_{i,t} + Controls +$$
$$\sum Year_{i,t} + \sum Industry_{i,t} + \varepsilon_{i,t} \tag{3.4}$$

（二）政府放权意愿对国有企业董事会多样性的影响

模型（3.5）用以检验政府放权意愿对国有企业董事会多样性的影响，在该部分检验中，政府放权意愿分别通过国有企业金字塔层级（$Layer_{i,t}$）、企业所在地的财政盈余（$F\_S_{i,t}$）、财政支出（$F\_E_{i,t}$）和失业率（$U\_R_{i,t}$）

测度，其余变量与模型（3.4）保持一致，不再赘述。

$$BD_{i,t} = \alpha_0 + \alpha_1 Layer_{i,t}/F\_S_{i,t}/F\_E_{i,t}/U\_R_{i,t} +$$
$$Controls + \sum Year_{i,t} + \sum Industry_{i,t} + \varepsilon_{i,t} \quad (3.5)$$

（三）地区人口多样性对国有企业董事会多样性的影响

模型（3.6）用以检验地区人口多样性对国有企业董事会多样性的影响，在该部分检验中，地区人口多样性分别通过企业所在地的女性占比（$R\_F_{i,t}$）、高校数量（$R\_S_{i,t}$）和每万人高校毕业生人数（$R\_Stu_{i,t}$）测度，其余变量与模型（3.4）保持一致，不再赘述。

$$BD_{i,t} = \alpha_0 + \alpha_1 R\_F_{i,t}/R\_S_{i,t}/R\_Stu_{i,t} +$$
$$Controls + \sum Year_{i,t} + \sum Industry_{i,t} + \varepsilon_{i,t} \quad (3.6)$$

（四）业务复杂性对国有企业董事会多样性的影响

模型（3.7）用以检验业务复杂性对国有企业董事会多样性的影响，在该部分检验中，业务复杂性通过企业的业务多元化程度来测度，具体包括业务多元化虚拟变量（$D\_D_{i,t}$）、业务领域数目（$D\_N_{i,t}$）、收入熵（$D\_E_{i,t}$）和赫芬达尔指数（$D\_HHI_{i,t}$），其余变量与模型（3.4）保持一致，不再赘述。

$$BD_{i,t} = \alpha_0 + \alpha_1 D\_D_{i,t}/D\_N_{i,t}/D\_E_{i,t}/D\_HHI_{i,t} +$$
$$Controls + \sum Year_{i,t} + \sum Industry_{i,t} + \varepsilon_{i,t} \quad (3.7)$$

第三节　国有企业董事会多样性影响因素的实证结果分析

一　描述性统计

表3.3是国有企业董事会多样性影响因素检验过程中各个变量的描述性统计结果，本章将从平均值、标准差、最小值、中位数和最大值五个维度对各个变量的数据特征进行分析。董事会多样性（BD）是本章研究的核心变量，其平均值、最小值和最大值分别为0.6010、0.2100和0.9700，标准差为0.1072，该值高于An等（2021）基于美国上市公司数据得到的

0.060，说明我国上市公司董事会多样性水平的差异性高于美国。

针对混合所有制改革，第一大非国有股东持股比例（$NSOE\_1$）的平均值和中位数分别为 0.0401 和 0.0217，前十大股东中非国有股东持股比例（$NSOE\_10$）的平均值和中位数分别为 0.0943 和 0.0688，两个指标的平均值均大于中位数。针对政府放权意愿，金字塔层级（$Layer$）的平均值、中位数和最大值分别为 2.3583、2.0000 和 14.0000，与何勤英等（2017）的统计结果基本一致。企业所在省份的财政盈余（F_S）、财政支出（F_E）和失业率（U_R）的平均值分别为 -0.0072、0.1937 和 0.0302，与蔡贵龙等（2018b）的统计结果相近。

针对地区人口多样性，企业所在省份的女性占比（R_F）的平均值、最小值和中位数分别为 0.4854、0.4481 和 0.4880，表明不同省份之间的女性人口占总人口的比例基本保持一致，但也从侧面反映出我国人口比例失衡这一现状，平均而言，男性人口比例比女性人口比例多将近 4 个百分点。企业所在省份的高校数量（R_S）的最小值、中位数和最大值分别为 1.7918、4.6821、5.1180，意味着我国不同省份之间的高等学校数量存在一定的差异。企业所在省份每 1 万人中高校毕业生人数（R_Stu）的平均值和标准差分别为 3.8743 和 0.3185，结合其他统计指标的结果来看，在不同的省份，每万人高等学校毕业生人数之间差异较小。

针对业务复杂性，本章通过企业的业务多元化程度表征企业的业务复杂性，其中，业务多元化虚拟变量（D_D）的平均值为 0.6405，表明在本章研究样本中，业务单一的样本共占 35.95%，超过了 1/3。业务领域数目（D_N）的平均值和中位数分别为 1.5846 和 2.0000，这意味着在本章的研究样本中，大多数企业销售收入占总营业收入的比例超过 10% 所涉及的业务领域基本为 1 个或者 2 个。收入熵（D_E）和赫芬达尔指数（D_HHI）的平均值分别为 0.4060 和 0.2261。

其余各控制变量的统计结果与已有研究基本保持一致，本章不再赘述。

表 3.3　主要变量描述性统计

变量	平均值	标准差	最小值	中位数	最大值
BD	0.6010	0.1072	0.2100	0.6000	0.9700

变量	平均值	标准差	最小值	中位数	最大值
NSOE_1	0.0401	0.0512	0.0020	0.0217	0.2630
NSOE_10	0.0943	0.0810	0.0072	0.0688	0.3716
Layer	2.3583	1.2025	1.0000	2.0000	14.0000
F_S	−0.0072	0.0691	−0.2631	−0.0393	−0.0122
F_E	0.1937	0.0953	0.0964	0.1762	1.3792
U_R	0.0302	0.0075	0.0120	0.0300	0.0450
R_F	0.4854	0.0119	0.4481	0.4880	0.5108
R_S	4.6196	0.4335	1.7918	4.6821	5.1180
R_Stu	3.8743	0.3185	2.9091	3.9025	4.5504
D_D	0.6405	0.4799	0.0000	1.0000	1.0000
D_N	1.5846	0.8046	1.0000	2.0000	4.0000
D_E	0.4060	0.4521	0.0000	0.2340	1.6436
D_HHI	0.2261	0.2490	0.0000	0.1098	0.7762
Size	22.3083	1.2610	20.0908	22.1243	26.1859
Lev	0.4349	0.1988	0.0586	0.4339	0.8517
Roa	0.0444	0.0496	−0.1208	0.0383	0.2081
Growth	0.1831	0.3750	−0.4668	0.1160	2.2268
Cash	0.1734	0.1169	0.0191	0.1422	0.5909
Age	2.0012	0.8297	0.0000	2.0794	3.2958
Top1	0.3456	0.1495	0.0850	0.3291	0.7000
InsShare	0.4152	0.2337	0.0024	0.4279	0.8954
B_Share	0.1074	0.1750	0.0000	0.0009	0.6371
E_Share	0.0569	0.1231	0.0000	0.0003	0.5740
B_Salary	13.9590	1.9437	0.0000	14.1743	16.1753
E_Salary	14.3301	0.6831	12.6761	14.3162	16.2006

资料来源：笔者根据检验结果整理。

二　相关性分析

在进行回归检验之前，本章首先对各变量进行相关性分析，各变量之间的相关性分析结果列于表 3.4。表 3.4 显示，第一大非国有股东持股比例（$NSOE\_1$）和前十大股东中非国有股东持股比例（$NSOE\_10$）与国有企业董事会多样性（BD）之间的相关系数均在 1% 的水平下显著为正，即混合所有制改革能够促进国有企业董事会多样性水平的提升，本章的研究假设 3.1 得到初步验证。

有关政府放权意愿与国有企业董事会多样性的相关系数显示，金字塔层级（$Layer$）、企业所在地财政盈余（F_S）与国有企业董事会多样性的相关系数分别为 0.1501 和 0.0408，均通过了 1% 的显著性水平检验，而企业所在地财政支出（F_E）与国有企业董事会多样性（BD）之间的相关系数在 1% 的水平下显著为负，企业所在地的失业率（U_R）与国有企业董事会多样性（BD）之间的相关系数虽然为负（-0.0038），但未通过显著性检验。整体而言，本章认为研究假设 3.2 可以得到初步验证，即在不控制其他影响因素的情况下，政府放权意愿越强，国有企业董事会多样性水平越高。

有关地区人口多样性与国有企业董事会多样性的相关系数显示，企业所在省份的女性占比（R_F）和企业所在省份的高校数量（R_S）与国有企业董事会多样性（BD）之间的相关系数分别为 0.0522 和 0.0912，二者均在 1% 的水平下显著，初步证实地区人口多样性能够有效提升国有企业董事会多样性水平。但是，企业所在省份每万人中高校毕业生人数（R_Stu）与国有企业董事会多样性（BD）之间的相关关系未通过显著性检验，二者之间的关系还有待通过后续的多元回归检验加以验证。

有关业务复杂性（本章通过业务多元化程度表征企业的业务复杂性）与国有企业董事会多样性之间的相关系数显示，业务多元化虚拟变量（D_D）、业务领域数目（D_N）、收入熵（D_E）和赫芬达尔指数（D_HHI）与国有企业董事会多样性（BD）之间的相关系数分别为 0.0616、0.0382、0.0573 和 0.0543，均通过了 1% 的显著性水平检验，这表明在不控制其他条件的情况下，业务复杂性是国有企业董事会多样性的重要驱动因素，本章的研究假设 3.4 得到初步验证。

此外，本章的各控制变量之间，以及各控制变量与混合所有制改革、政府放权意愿、地区人口多样性和业务复杂性四个维度自变量之间的相关系数的绝对值大多小于0.5，说明本章不存在明显的多重共线性问题。

表 3.4 相关性分析结果

变量		（1）	（2）	（3）	（4）	（5）	（6）
BD	（1）	1.0000					
NSOE_1	（2）	0.0945 ***	1.0000				
NSOE_10	（3）	0.1189 ***	0.8591 ***	1.0000			
Layer	（4）	0.1501 ***	−0.0234	−0.0278 *	1.0000		
F_S	（5）	0.0408 ***	−0.0371 **	−0.0770 ***	0.0094	1.0000	
F_E	（6）	−0.0896 ***	−0.0627 ***	−0.0653 ***	0.0704 ***	0.2604 ***	1.0000
U_R	（7）	−0.0038	−0.0149	−0.0123	0.0671 ***	−0.3453 ***	0.0125
R_F	（8）	0.0522 ***	−0.0422 ***	−0.0164	0.0466 ***	−0.1116 ***	0.1568 ***
R_S	（9）	0.0912 ***	0.0875 ***	0.0962 ***	−0.1018 ***	−0.3401 ***	−0.4610 ***
R_Stu	（10）	0.0110	−0.0160	−0.0320 **	0.0360 **	0.3944 ***	−0.1519 ***
D_D	（11）	0.0616 ***	0.0663 ***	0.0859 ***	0.1032 ***	0.0485 ***	0.0307 ***
D_N	（12）	0.0382 ***	0.0254 *	0.0387 ***	0.0574 ***	0.0701 ***	0.0344 ***
D_E	（13）	0.0573 ***	0.0367 **	0.0588 ***	0.0690 ***	0.0867 ***	0.0390 ***
D_HHI	（14）	0.0543 ***	0.0357 **	0.0547 ***	0.0687 ***	0.0796 ***	0.0394 ***
Size	（15）	−0.0817 ***	−0.0203	−0.0815 ***	0.1969 ***	0.1075 ***	0.0603 ***
Lev	（16）	−0.0853 ***	−0.0091	−0.0315 **	0.1729 ***	−0.0271 ***	0.0172 **
Roa	（17）	0.0422 ***	0.0785 ***	0.1118 ***	−0.0211 **	0.0132	−0.0340 ***
Growth	（18）	0.0411 ***	0.0507 ***	0.0745 ***	−0.0254 **	−0.0125	−0.0169 **
Cash	（19）	0.0291 ***	0.0479 ***	0.0831 ***	−0.0519 ***	0.0922 ***	0.0353 ***
Age	（20）	−0.2345 ***	−0.1333 ***	−0.1319 ***	0.3739 ***	0.0467 ***	0.1264 ***
Top1	（21）	−0.0782 ***	−0.2339 ***	−0.3254 ***	0.1194 ***	0.0616 ***	0.0072
InsShare	（22）	−0.1197 ***	0.1167 ***	0.1020 ***	0.3556 ***	0.0632 ***	0.0478 ***
B_Share	（23）	0.1975 ***	0.2502 ***	0.3085 ***	−0.4746 ***	0.0204 **	−0.0978 ***
E_Share	（24）	0.1914 ***	0.2076 ***	0.2652 ***	−0.3684 ***	0.0445 ***	−0.0750 ***
B_Salary	（25）	0.1540 ***	0.0866 ***	0.0846 ***	−0.0532 ***	0.0260 ***	−0.0395 ***
E_Salary	（26）	0.0508 ***	0.1526 ***	0.1342 ***	0.1153 ***	0.2115 ***	−0.0241 ***

续表

变量		（7）	（8）	（9）	（10）	（11）	（12）
U_R	（7）	1.0000					
R_F	（8）	0.2429 ***	1.0000				
R_S	（9）	−0.1502 ***	−0.0967 ***	1.0000			
R_Stu	（10）	−0.2835 ***	0.2541 ***	0.0744 ***	1.0000		
D_D	（11）	0.0171 **	0.0215 **	−0.0559 ***	0.0464 ***	1.0000	
D_N	（12）	−0.0128	0.0280 ***	−0.0338 ***	0.0621 ***	0.5443 ***	1.0000
D_E	（13）	−0.0118	0.0264 ***	−0.0447 ***	0.0787 ***	0.6729 ***	0.9152 ***
D_HHI	（14）	−0.0053	0.0242 ***	−0.0447 ***	0.0721 ***	0.6801 ***	0.9150 ***
Size	（15）	−0.0837 ***	0.0300 ***	−0.0419 ***	0.1014 ***	0.1662 ***	0.0862 ***
Lev	（16）	0.0448 ***	0.0543 ***	−0.0405 ***	−0.0116	0.1665 ***	0.0568 ***
Roa	（17）	−0.0346 ***	−0.0172 **	0.0347 ***	−0.0101	−0.0691 ***	−0.0547 ***
Growth	（18）	−0.0279 ***	−0.0239 ***	0.0334 ***	0.0026	0.0247 ***	0.0131
Cash	（19）	−0.0775 ***	−0.0180 **	−0.0202 **	0.0212 **	−0.1029 ***	−0.0617 ***
Age	（20）	0.1174 ***	0.0516 ***	−0.1379 ***	0.0195 **	0.2468 ***	0.1523 ***
Top1	（21）	−0.0329 ***	0.0256 ***	−0.0408 ***	0.0552 ***	−0.0173 **	−0.0323 ***
InsShare	（22）	0.0007	0.0434 ***	−0.0584 ***	0.0675 ***	0.0556 ***	0.0031
B_Share	（23）	−0.1338 ***	−0.1042 ***	0.1464 ***	0.0154 *	−0.1435 ***	−0.0760 ***
E_Share	（24）	−0.1180 ***	−0.1018 ***	0.1165 ***	0.0255 ***	−0.1239 ***	−0.0570 ***
B_Salary	（25）	−0.0764 ***	−0.0783 ***	0.0700 ***	−0.0168 **	0.0210 **	−0.0059
E_Salary	（26）	−0.1929 ***	−0.1638 ***	0.0573 ***	0.1005 ***	0.0333 ***	0.0080

变量		（13）	（14）	（15）	（16）	（17）	（18）
D_E	（13）	1.0000					
D_HHI	（14）	0.9856 ***	1.0000				
Size	（15）	0.1449 ***	0.1237 ***	1.0000			
Lev	（16）	0.1101 ***	0.0990 ***	0.3320 ***	1.0000		
Roa	（17）	−0.0697 ***	−0.0705 ***	−0.0144 *	−0.3508 ***	1.0000	
Growth	（18）	0.0138	0.0206 **	0.0433 ***	0.0382 ***	0.2288 ***	1.0000
Cash	（19）	−0.0770 ***	−0.0757 ***	−0.2063 ***	−0.3301 ***	0.2410 ***	−0.0017
Age	（20）	0.1953 ***	0.1935 ***	0.3756 ***	0.3445 ***	−0.1258 ***	−0.0772 ***

续表

变量		（13）	（14）	（15）	（16）	（17）	（18）
*Top*1	（21）	− 0.0243 ***	− 0.0269 ***	0.2015 ***	0.0810 ***	0.0912 ***	− 0.0138
InsShare	（22）	0.0290 ***	0.0241 ***	0.4207 ***	0.2031 ***	0.1364 ***	− 0.0275 ***
B_Share	（23）	− 0.1077 ***	− 0.1034 ***	− 0.3176 ***	− 0.3056 ***	0.0984 ***	0.0838 ***
E_Share	（24）	− 0.0834 ***	− 0.0797 ***	− 0.2585 ***	− 0.2461 ***	0.0852 ***	0.0689 ***
B_Salary	（25）	0.0100	0.0058	0.0700 ***	− 0.0136	0.0819 ***	0.0345 **
E_Salary	（26）	0.0333 ***	0.0203 **	0.4390 ***	0.1160 ***	0.1945 ***	0.0367 **

变量		（19）	（20）	（21）	（22）	（23）	（24）
Cash	（19）	1.0000					
Age	（20）	− 0.1792 ***	1.0000				
*Top*1	（21）	0.0154 *	− 0.0503 ***	1.0000			
InsShare	（22）	− 0.0238 ***	0.2883 ***	0.4198 ***	1.0000		
B_Share	（23）	0.1167 ***	− 0.4444 ***	− 0.1347 ***	− 0.4188 ***	1.0000	
E_Share	（24）	0.1136 ***	− 0.4309 ***	− 0.0683 ***	− 0.40 − 04 ***	0.4666 ***	1.0000
B_Salary	（25）	0.0267 ***	− 0.0326 ***	− 0.1116 ***	− 0.0317 ***	0.0728 ***	0.0542 ***
E_Salary	（26）	0.0173 **	0.1558 ***	− 0.0250 ***	0.2017 ***	− 0.0869 ***	− 0.0499 ***

变量		（25）	（26）
B_Salary	（25）	1.0000	
E_Salary	（26）	0.3535 ***	1.0000

注：＊、＊＊和＊＊＊分别代表在10%、5%和1%的水平下显著。下同。
资料来源：笔者根据检验结果整理。

三　多元回归结果

根据本章的研究内容、具体的研究假设和研究设计，本章将从如下四个方面对国有企业董事会多样性的影响因素展开多元回归检验分析，具体包括：①混合所有制改革与国有企业董事会多样性；②政府放权意愿与国有企业董事会多样性；③地区人口多样性与国有企业董事会多样性；④业务复杂性与国有企业董事会多样性。其中，③和④是基于劳动力的供给和需求两个视角对国有企业董事会多样性的影响因素展开分析。

（一）混合所有制改革与国有企业董事会多样性

表3.5是混合所有制改革对国有企业董事会多样性影响的回归结果。其中，因变量为国有企业董事会多样性（BD），自变量包括第一大非国有股东持股比例（$NSOE\_1$）和前十大股东中非国有股东持股比例（$NSOE\_10$）。在所有回归中，本章均对所有控制变量进行了控制，同时也在回归模型中控制了年份效应（$Year$）和行业效应（$Industry$）。

表3.5中的列（1）和列（2）分别为第一大非国有股东持股比例（$NSOE\_1$）和前十大股东中非国有股东持股比例（$NSOE\_10$）对国有企业董事会多样性（BD）的回归结果，$NSOE\_1$的影响系数在10%的水平下显著为正（系数为0.0559，t值为1.7597），$NSOE\_10$的影响系数在1%的水平下显著为正（系数为0.0609，t值为2.8365），说明第一大非国有股东持股比例越高、前十大股东中非国有股东持股比例越高，国有企业的董事会多样性水平越高。列（1）和列（2）的回归结果表明，国有企业中非国有股东持股比例的提高能够促进董事会多样性水平的提升。本章的研究假设3.1得到验证，即混合所有制改革能够促进国有企业董事会多样性的提高。

表3.5　混合所有制改革对国有企业董事会多样性影响的回归结果

变量	(1) BD	(2) BD
$NSOE\_1$	0.0559 * (1.7597)	
$NSOE\_10$		0.0609 *** (2.8365)
$Size$	−0.0006 (−0.3425)	−0.0004 (−0.2565)
Lev	0.0357 *** (3.2879)	0.0351 *** (3.2312)
Roa	−0.0073 (−0.1739)	−0.0106 (−0.2541)

续表

变量	(1)	(2)
	BD	BD
Growth	0.0001	− 0.0004
	(0.0252)	(− 0.0812)
Cash	0.0083	0.0072
	(0.5592)	(0.4864)
Age	− 0.0171***	− 0.0168***
	(− 6.2550)	(− 6.1621)
Top1	− 0.0519***	− 0.0445***
	(− 4.2375)	(− 3.5166)
InsShare	0.0003	− 0.0040
	(0.0282)	(− 0.3953)
B_Share	0.2248**	0.2020**
	(2.2313)	(1.9973)
E_Share	0.0560	0.0483
	(0.3366)	(0.2903)
B_Salary	0.0056***	0.0056***
	(9.4996)	(9.4868)
E_Salary	0.0075**	0.0074**
	(2.5765)	(2.5592)
常数项	0.5020***	0.4950***
	(12.3998)	(12.2031)
年份/行业	Yes	Yes
R^2	0.0831	0.0841
样本量	10078	10078

注：括号内为 t 值。下同。

资料来源：笔者根据检验结果整理。

(二) 政府放权意愿与国有企业董事会多样性

表 3.6 是政府放权意愿对国有企业董事会多样性影响的回归结果。其中，因变量为国有企业董事会多样性 (BD)，自变量包括金字塔层级

（*Layer*）、财政盈余（*F_S*）、财政支出（*F_E*）和失业率（*U_R*）。在所有回归中，本章均对所有控制变量进行了控制，同时也在回归模型中控制了年份效应（*Year*）和行业效应（*Industry*）。

表 3.6 中的列（1）展示了金字塔层级（*Layer*）对国有企业董事会多样性（*BD*）影响的回归结果。回归结果表明，金字塔层级（*Layer*）对国有企业董事会多样性的影响系数为 0.0044，通过了 1% 的显著性水平检验（对应的 t 值为 5.2698），表明国有企业的金字塔层级越多，其董事会多样性水平越高。列（2）显示了上市公司所在地的财政盈余（*F_S*）对国有企业董事会多样性（*BD*）的影响系数在 1% 的水平下显著为正（系数为 0.0905，t 值为 3.8268），意味着当企业所在地的财政盈余水平较高时，地方政府对企业的干预较少，企业可以根据自身的发展需求进行董事会的构建，最终表现为董事会多样性水平的提升。列（3）和列（4）分别展示了上市公司所在省份的财政支出（*F_E*）和失业率（*U_R*）对国有企业董事会多样性（*BD*）影响的回归结果，由表中列示的结果可知，财政支出（*F_E*）和失业率（*U_R*）对国有企业董事会多样性（*BD*）的影响系数均为负，并且均通过了 1% 的显著性水平检验，意味着当企业所在地的财政支出水平较低、失业率较低时，国有企业的董事会多样性水平更高。其内在原因是，在财政支出较低和失业率较低的地区，国有企业的政策性负担水平更低，进行混合所有制改革的可能性和程度较高（蔡贵龙等，2018b）。随着国有企业混合所有制改革的推进，董事会进行重构，多样性水平随之提升。整体而言，政府放权意愿水平越高，国有企业董事会的多样性水平也越高，研究假设 3.2 得到验证。

表 3.6　政府放权意愿对国有企业董事会多样性影响的回归结果

变量	(1)	(2)	(3)	(4)
	BD	*BD*	*BD*	*BD*
Layer	0.0044 ***			
	(5.2698)			
F_S		0.0905 ***		
		(3.8268)		

变量	（1）BD	（2）BD	（3）BD	（4）BD
F_E			− 0. 0525 ***	
			（ − 5. 6059）	
U_R				− 0. 5787 ***
				（ − 4. 7333）
Size	− 0. 0016	− 0. 0020 *	0. 0020 *	− 0. 0022 **
	（ − 1. 5847）	（ − 1. 8859）	（1. 9026）	（ − 2. 1118）
Lev	− 0. 0000	0. 0017	− 0. 0001	0. 0013
	（ − 0. 0000）	（0. 2698）	（ − 0. 0129）	（0. 2015）
Roa	0. 0152	0. 0179	− 0. 0145	0. 0177
	（0. 7183）	（0. 8428）	（ − 0. 6840）	（0. 8350）
Growth	− 0. 0037	− 0. 0033	0. 0034	− 0. 0035
	（ − 1. 5231）	（ − 1. 3544）	（1. 3827）	（ − 1. 4451）
Cash	0. 0132	0. 0116	− 0. 0099	0. 0118
	（1. 5954）	（1. 4030）	（ − 1. 1924）	（1. 4203）
Age	0. 0266 ***	0. 0275 ***	− 0. 0271 ***	0. 0283 ***
	（19. 1248）	（19. 9614）	（ − 19. 6329）	（20. 4974）
Top1	0. 0463 ***	0. 0461 ***	− 0. 0478 ***	0. 0467 ***
	（6. 8649）	（6. 8138）	（ − 7. 0938）	（6. 9171）
InsShare	− 0. 0037	− 0. 0008	0. 0001	− 0. 0010
	（ − 0. 7174）	（ − 0. 1492）	（0. 0218）	（ − 0. 1915）
B_Share	0. 0040	− 0. 0054	0. 0031	− 0. 0069
	（0. 4373）	（ − 0. 6045）	（0. 3497）	（ − 0. 7691）
E_Share	− 0. 0820 ***	− 0. 0841 ***	0. 0826 ***	− 0. 0835 ***
	（ − 7. 4411）	（ − 7. 6199）	（7. 5007）	（ − 7. 5716）
B_Salary	− 0. 0064 ***	− 0. 0065 ***	0. 0065 ***	− 0. 0066 ***
	（ − 13. 3208）	（ − 13. 3737）	（13. 5099）	（ − 13. 5422）
E_Salary	− 0. 0072 ***	− 0. 0075 ***	0. 0060 ***	− 0. 0075 ***
	（ − 4. 3535）	（ − 4. 5253）	（3. 6643）	（ − 4. 5472）

变量	(1)	(2)	(3)	(4)
	BD	BD	BD	BD
常数项	−0.4910 ***	−0.4784 ***	0.4993 ***	−0.4461 ***
	(−20.2103)	(−19.6517)	(20.4683)	(−17.3976)
年份/行业	Yes	Yes	Yes	Yes
R^2	0.1070	0.1062	0.1073	0.1067
样本量	10078	10078	10078	10078

资料来源：笔者根据检验结果整理。

(三) 地区人口多样性与国有企业董事会多样性

表 3.7 是劳动力供给视角下，地区人口多样性对国有企业董事会多样性影响的回归结果。其中，因变量为国有企业董事会多样性（BD），自变量为上市公司所在省份的女性占比（R_F）、高校数量（R_S）和每万人中高校毕业生人数（R_Stu）。在所有回归中，本章对所有控制变量均进行了控制，同时也在回归模型中控制了年份效应（Year）和行业效应（Industry）。

表 3.7 中的列（1）展示了国有企业所在地的女性占比（R_F）对国有企业董事会多样性（BD）影响的回归结果，由表中列示的结果可知，女性占比（R_F）对国有企业董事会多样性（BD）的影响系数为 0.1287，在 10% 的水平下显著（t 值为 1.7104），说明上市公司所在省份的性别多样性程度越高，其区域内国有企业董事会多样性的水平也越高。列（2）的检验结果显示，上市公司所在省份的高校数量（R_S）对国有企业董事会多样性（BD）的影响系数在 1% 的水平下显著为正（系数为 0.0094，t 值为 4.5760），表明企业所在地的高等学校数量越多，其区域内国有企业董事会多样性水平越高。列（3）显示了上市公司所在省份每万人中高校毕业生人数（R_Stu）对国有企业董事会多样性（BD）的影响系数虽然未通过显著性检验，但为正值，这在一定程度上说明，企业所在地的每万人中高校毕业生人数对国有企业董事会多样性有正向影响。未通过显著性的原因在于，高校毕业生虽为劳动力市场重要的组成部分，但其进入企业董事会还需要工作经验等因素的积累。整体而言，本章认为研究假设 3.3 得到验证，即上市公司所在地区的人口多样性越高，国有企业的董事会多样

性水平也越高。

表 3.7　地区人口多样性对国有企业董事会多样性影响的回归结果

变量	(1) BD	(2) BD	(3) BD
R_F	0.1287 * (1.7104)		
R_S		0.0094 *** (4.5760)	
R_Stu			0.0120 (0.1476)
Size	−0.0020 * (−1.9172)	0.0019 * (1.8748)	0.0019 * (1.7968)
Lev	−0.0003 (−0.0436)	−0.0008 (−0.1206)	0.0001 (0.0131)
Roa	0.0124 (0.5833)	−0.0156 (−0.7365)	−0.0137 (−0.6466)
Growth	−0.0033 (−1.3376)	0.0033 (1.3430)	0.0034 (1.3821)
Cash	0.0134 (1.6226)	−0.0120 (−1.4481)	−0.0136 (−1.6404)
Age	0.0278 *** (20.1582)	−0.0271 *** (−19.6381)	−0.0278 *** (−20.1563)
Top1	0.0479 *** (7.0941)	−0.0472 *** (−7.0050)	−0.0478 *** (−7.0800)
InsShare	−0.0005 (−0.1041)	−0.0000 (−0.0079)	0.0005 (0.0974)
B_Share	−0.0046 (−0.5162)	0.0035 (0.3869)	0.0051 (0.5670)
E_Share	−0.0820 *** (−7.4318)	0.0822 *** (7.4562)	0.0825 *** (7.4795)

续表

变量	(1)	(2)	(3)
	BD	BD	BD
B_Salary	−0.0066 ***	0.0065 ***	0.0066 ***
	(−13.5490)	(13.4769)	(13.5404)
E_Salary	−0.0061 ***	0.0063 ***	0.0065 ***
	(−3.6431)	(3.8439)	(3.9800)
常数项	−0.5527 ***	0.4455 ***	0.4849 ***
	(−11.9313)	(17.2754)	(19.8586)
年份/行业	Yes	Yes	Yes
R^2	0.1052	0.0831	0.0841
样本量	10078	10078	10078

资料来源：笔者根据检验结果整理。

（四）业务复杂性与国有企业董事会多样性

表 3.8 是劳动力需求视角下，业务复杂性对国有企业董事会多样性影响的回归结果。其中，因变量为国有企业董事会多样性（BD），自变量业务复杂性，通过业务多元化程度来表征，具体包括四个指标，分别为业务多元化虚拟变量（D_D）、业务领域数目（D_N）、收入熵（D_E）和赫芬达尔指数（D_HHI）。在所有回归中，本章对所有控制变量均进行了控制，同时也在回归模型中控制了年份效应（Year）和行业效应（Industry）。

由表 3.8 列示的结果可以看出，业务多元化虚拟变量（D_D）、业务领域数目（D_N）、收入熵（D_E）和赫芬达尔指数（D_HHI）对国有企业董事会多样性（BD）的影响系数分别为 0.0003、0.0001、0.0016 和 0.0019，对应的 t 值分别为 0.1533、0.1056、0.7887、0.5195，说明业务多样化（业务复杂性）对国有企业董事会多样性的影响虽然为正，但并未通过统计学上的显著性检验，本章的假设 3.4 未得到验证。本章认为其内在原因在于，国有企业混合所有制改革以"自上而下"的方式进行，在这种情况下，混合所有制改革过程中治理机制的改革也更容易受到外部因素的影响，企业内部发展因素对董事会重构的影响可能较小。

表 3.8　业务复杂性对国有企业董事会多样性影响的回归结果

变量	（1）BD	（2）BD	（3）BD	（4）BD
D_D	0.0003 （0.1533）			
D_N		0.0001 （0.1056）		
D_E			0.0016 （0.7887）	
D_HHI				0.0019 （0.5195）
Size	0.0017 （1.5976）	0.0017 （1.5996）	0.0018* （1.6642）	0.0017 （1.6369）
Lev	−0.0009 （−0.1349）	−0.0009 （−0.1332）	−0.0009 （−0.1447）	−0.0009 （−0.1407）
Roa	−0.0306 （−1.4219）	−0.0306 （−1.4206）	−0.0312 （−1.4470）	−0.0310 （−1.4395）
Growth	0.0036 （1.4319）	0.0036 （1.4355）	0.0036 （1.4549）	0.0036 （1.4531）
Cash	−0.0127 （−1.5157）	−0.0128 （−1.5216）	−0.0130 （−1.5478）	−0.0129 （−1.5399）
Age	−0.0274*** （−19.3541）	−0.0273*** （−19.4628）	−0.0272*** （−19.3192）	−0.0272*** （−19.3320）
Top1	−0.0464*** （−6.7760）	−0.0464*** （−6.7784）	−0.0464*** （−6.7858）	−0.0464*** （−6.7824）
InsShare	−0.0008 （−0.1519）	−0.0008 （−0.1522）	−0.0010 （−0.1904）	−0.0009 （−0.1767）
B_Share	0.0063 （0.6879）	0.0063 （0.6887）	0.0062 （0.6779）	0.0062 （0.6821）
E_Share	0.0784*** （7.0413）	0.0784*** （7.0399）	0.0785*** （7.0472）	0.0785*** （7.0444）

变量	(1)	(2)	(3)	(4)
	BD	BD	BD	BD
B_Salary	0.0069***	0.0069***	0.0069***	0.0069***
	(13.9614)	(13.9761)	(13.9909)	(13.9851)
E_Salary	0.0063***	0.0063***	0.0062***	0.0062***
	(3.7598)	(3.7581)	(3.7374)	(3.7407)
常数项	0.4796***	0.4796***	0.4793***	0.4797***
	(19.4552)	(19.4380)	(19.4451)	(19.4636)
年份/行业	Yes	Yes	Yes	Yes
R^2	0.1065	0.1065	0.1066	0.1066
样本量	10078	10078	10078	10078

资料来源：笔者根据检验结果整理。

第四节　国有企业董事会多样性影响因素的稳健性检验

前文实证研究结果表明，混合所有制改革、政府放权意愿和地区人口多样性是影响国有企业董事会多样性的重要因素，即本章的研究假设3.1、研究假设3.2和研究假设3.3得到了验证，为确保该研究结论的稳健性，本节拟通过更换变量测度和更换回归模型两种方法进行稳健性检验。

一　更换变量测度

根据国有企业董事会多样性是否高于中位数将样本分为两组，高于中位数的样本赋值为1，低于中位数的样本赋值为0，并将变量标记为 BD_01，然后采用Logit回归模型重新检验混合所有制改革、政府放权意愿和地区人口多样性对国有企业董事会多样性的影响，基于更换变量测度的稳健性检验结果列于表3.9，其中，列（1）和列（2）是混合所有制改革对国有企业董事会多样性的Logit回归检验结果，列（3）到列（6）是政府放权意愿对国有企业董事会多样性的Logit回归检验结果，列（7）和列（8）是地区人口多样性对国有企业董事会多样性的Logit回归检验结果。由表中列

表 3.9　基于更换变量测度的稳健性检验结果

变量	(1)	(2)	(3)	(4)	(5)	(6)	(7)	(8)
	BD_01	BD_01	BD_01	BD_01	BD_01	BD_01	BD_01	BD_01
自变量	NSOE_1	NSOE_10	Layer	F_S	F_E	U_R	R_F	R_S
	1.4177**	1.5848***	0.0802***	1.0569**	-1.1546***	-8.8645***	3.1228**	0.1824***
	(2.1409)	(3.5087)	(4.6023)	(2.1830)	(-5.5002)	(-3.5352)	(2.0339)	(4.2938)
常数项	-1.6954*	-1.8757**	2.1610***	2.3335***	-1.9348***	2.8507***	0.6199	-3.0018***
	(-1.9530)	(-2.1550)	(4.3519)	(4.6937)	(-3.8791)	(5.4413)	(0.6564)	(-5.6813)
控制变量	Yes	Yes	Yes	Yes	Yes	Yes	Yes	Yes
年份/行业	Yes	Yes	Yes	Yes	Yes	Yes	Yes	Yes
R^2	0.0499	0.0511	0.0516	0.0507	0.0520	0.0511	0.0507	0.0512
样本量	10078	10078	10078	10078	10078	10078	10078	10078

注：本节的因变量为国有企业董事会多样性虚拟变量（BD_01），第三行的变量为每列回归的自变量。
资料来源：笔者根据检验结果整理。

示的结果可知，第一大非国有股东持股比例（$NSOE\_1$）、前十大股东中非国有股东持股比例（$NSOE\_10$）对国有企业董事会多样性虚拟变量（BD_01）的影响系数分别为1.4177和1.5848，并且均通过了至少5%的显著性水平检验，说明混合所有制改革提升了国有企业董事会多样性水平。金字塔层级（$Layer$）、企业所在省份财政盈余（F_S）对国有企业董事会多样性虚拟变量（BD_01）的影响系数至少在5%的水平下显著为正，企业所在省份的财政支出（F_E）和失业率（U_R）对国有企业董事会多样性虚拟变量（BD_01）的影响系数均在1%的水平下显著为负。列（3）到列（6）的结果共同说明，政府放权意愿越强，国有企业董事会多样性水平越高。在劳动力供给视角，企业所在省份的女性占比（R_F）和高校数量（R_S）对国有企业董事会多样性虚拟变量（BD_01）的影响系数分别为3.1228和0.1824，并分别通过了5%和1%的显著性水平检验，这表明国有企业所在省份的地区人口多样性程度越高，国有企业董事会多样性水平越高。基于更换变量测度的稳健性检验结果进一步证实了本章研究假设3.1、研究假设3.2和研究假设3.3，即混合所有制改革、政府放权意愿和地区人口多样性能够有效提升国有企业董事会多样性水平。

二　更换回归模型

本章在刻画国有企业董事会多样性时，将董事会成员的年龄多样性、性别多样性、学历背景多样性、职业背景多样性、职位多样性、董事会规模多样性、独立董事多样性、海外经历多样性、学术背景多样性、外部董事席位多样性、三年困难时期经历多样性分别分组赋值并加总，然后使用累加数值除以100，得到本章研究的关键变量国有企业董事会多样性。在稳健性检验中，本章不再将这11个细分维度的多样性指标累加值除以100，直接将细分指标的累加值作为因变量，并标记为BD_N，N代表具体的累加值。根据具体的指标度量，N的取值为11和110之间的整数。此时，因变量BD_N符合计数变量特征。基于此，本章采用泊松回归模型重新检验混合所有制改革、政府放权意愿和地区人口多样性对国有企业董事会多样性的影响，基于更换回归模型的稳健性检验结果列于表3.10。其中，列

表 3.10　基于更换回归模型的稳健性检验结果

变量	(1)	(2)	(3)	(4)	(5)	(6)	(7)	(8)
	BD_N	BD_N	BD_N	BD_N	BD_N	BD_N	BD_N	BD_N
自变量	NSOE_1	NSOE_10	Layer	F_S	F_E	U_R	R_F	R_S
	0.0970**	0.1059***	0.0076***	0.1513***	-0.0912***	-0.9507***	0.2116**	0.0161***
	(2.3219)	(3.7316)	(6.9761)	(5.0057)	(-7.4058)	(-6.0982)	(2.2261)	(6.0449)
常数项	3.9206***	3.9083***	3.9093***	3.8885***	3.9233***	3.8355***	4.0102***	3.8315***
	(72.8006)	(72.4064)	(126.4005)	(125.5460)	(126.2895)	(117.6219)	(68.3637)	(116.5767)
控制变量	Yes	Yes	Yes	Yes	Yes	Yes	Yes	Yes
年份/行业	Yes	Yes	Yes	Yes	Yes	Yes	Yes	Yes
R^2	0.0206	0.0208	0.0262	0.0260	0.0263	0.0261	0.0258	0.0261
样本量	10078	10078	10078	10078	10078	10078	10078	10078

注：本节的因变量为国有企业董事会多样性（BD_N），由 11 个细分指标分组赋值直接相加所得。第三行第的自变量为每列回归的自变量。

资料来源：笔者根据检验结果整理。

（1）和列（2）是基于泊松回归的混合所有制改革对国有企业董事会多样性影响的回归结果，列（3）到列（6）是基于泊松回归的政府放权意愿对国有企业董事会多样性影响的回归结果，列（7）和列（8）是基于泊松回归的地区人口多样性对国有企业董事会多样性影响的回归结果。列（1）到列（8）自变量的系数正负和显著性与前文基本保持一致。具体而言，在混合所有制改革视角，第一大非国有股东持股比例（$NSOE\_1$）和前十大股东中非国有股东持股比例（$NSOE\_10$）对国有企业董事会多样性（BD_N）的影响系数全部为正，并且至少通过了5%的显著性水平检验。在政府放权意愿视角，金字塔层级（$Layer$）、财政盈余（F_S）对国有企业董事会多样性（BD_N）的影响系数均在1%的水平下显著为正，而财政支出（F_E）和失业率（U_R）对国有企业董事会多样性（BD_N）的影响系数均为负值，并且均通过1%的显著性水平检验。在地区人口多样性视角，地区女性占比（R_F）和高校数量（R_S）对国有企业董事会多样性（BD_N）的影响系数至少在5%的水平下显著为正。基于泊松回归的检验结果进一步证实了本章的研究假设3.1、研究假设3.2和研究假设3.3，表明本章研究结论是稳健的。

第五节　国有企业董事会多样性影响因素的进一步分析

考虑到不同国有企业之间的董事会多样性水平是存在差异的，本章进一步使用分位数回归检验混合所有制改革、政府放权意愿和地区人口多样性对国有企业董事会多样性在不同分位数水平上的影响。分位数回归可以同时考虑样本分布的异质性和个体的异质性，能够排除潜在的异质性和不同因素对国有企业董事会多样性影响的不对称性，本章设定的分位数为10%、20%、30%、40%、50%、60%、70%、80%和90%，分别用QR_10、QR_20、…、QR_90表示。此外，根据2015年国务院国资委、财政部和国家发展改革委三部门出台的《关于国有企业功能界定与分类的指导意见》，本章将研究样本分为公益类国有企业和商业类国有企业，并在此基础上分析混合所有制改革、政府放权意愿和地区人口多样性对不同类型国有企业董事会多样性的影响。

一　基于分位数回归的再检验

表 3.11 列示了基于分位数回归的混合所有制改革对国有企业董事会多样性的检验结果，Panel A 为第一大非国有股东持股比例对国有企业董事会多样性的分位数回归结果，Panel B 为前十大股东中非国有股东持股比例对国有企业董事会多样性的分位数回归结果。由 Panel A 显示的结果可知，在不同的分位数上，第一大非国有股东持股比例（$NSOE\_1$）对国有企业董事会多样性（BD）的影响系数全部为正，但只有当分位数为 50%、60%、70% 和 80% 时，系数才通过了显著性检验，这表明当国有企业董事会多样性位于中高水平（10% 为最低水平，50% 为中间水平，90% 为最高水平）时，第一大非国有股东持股比例才会显著提升国有企业的董事会多样性水平。由 Panel B 列示的结果可知，在 10% ~ 80% 的分位数上，前十大股东中非国有股东持股比例（$NSOE\_10$）对国有企业董事会多样性（BD）的影响系数介于 0.0642 和 0.1126 之间，全部显著为正，说明整体而言，前十大股东中非国有股东持股比例能够提升国有企业董事会多样性水平，其中，在 60% 分位数上，前十大股东中非国有股东持股比例对国有企业董事会多样性的促进作用最大。结合 Panel A 和 Panel B 的回归结果可以看出，在 90% 分位数上，第一大非国有股东持股比例（$NSOE\_1$）和前十大股东中非国有股东持股比例（$NSOE\_10$）对国有企业董事会多样性（BD）的影响系数虽然全部为正，但均未通过显著性检验，这说明对于董事会多样性水平本身就比较高的国有企业，混合所有制改革对其董事会多样性的提升作用较弱。

表 3.12 列示了基于分位数回归的政府放权意愿对国有企业董事会多样性的检验结果，Panel A 为金字塔层级对国有企业董事会多样性的分位数回归结果，Panel B 为财政盈余对国有企业董事会多样性的分位数回归结果，Panel C 为财政支出对国有企业董事会多样性的分位数回归结果，Panel D 为失业率对国有企业董事会多样性的分位数回归结果。由 Panel A 列示的结果可知，在不同的分位数上，金字塔层级（$Layer$）对国有企业董事会多样性（BD）的影响系数全部为正，并且均通过了显著性检验，这意味着对于董事会多样性水平不同的国有企业，金字塔层级均能促进董事会多样

表 3.11　混合所有制改革对国有企业董事会多样性影响的分位数回归结果

变量	(1) BD QR_10	(2) BD QR_20	(3) BD QR_30	(4) BD QR_40	(5) BD QR_50	(6) BD QR_60	(7) BD QR_70	(8) BD QR_80	(9) BD QR_90
Panel A　第一大非国有股东持股比例对国有企业董事会多样性的分位数回归结果									
NSOE_1	0.0923	0.0465	0.0540	0.0727	0.0752*	0.1181**	0.0960**	0.0898**	0.0161
	(1.5012)	(0.9260)	(0.9830)	(1.5373)	(1.7810)	(2.4400)	(2.1125)	(2.1724)	(0.2324)
常数项	0.2406***	0.3875***	0.4962***	0.5741***	0.5660***	0.5542***	0.5617***	0.6069***	0.6147***
	(2.9213)	(5.3884)	(8.7828)	(8.5916)	(8.2756)	(9.5082)	(11.0389)	(12.8272)	(8.6904)
控制变量	Yes	Yes	Yes	Yes	Yes	Yes	Yes	Yes	Yes
年份/行业	Yes	Yes	Yes	Yes	Yes	Yes	Yes	Yes	Yes
R^2	0.0452	0.0476	0.0468	0.047	0.0475	0.0508	0.0488	0.0461	0.0553
样本量	10078	10078	10078	10078	10078	10078	10078	10078	10078
Panel B　前十大股东中非国有股东持股比例对国有企业董事会多样性的分位数回归结果									
NSOE_10	0.1013***	0.0642**	0.0646**	0.0644***	0.0793**	0.1126***	0.0764***	0.0676**	0.0259
	(3.4137)	(2.6496)	(2.4827)	(2.6558)	(2.2940)	(3.3500)	(2.7270)	(2.4718)	(0.6453)
常数项	0.2182**	0.3727***	0.4924***	0.5589***	0.5544***	0.5585***	0.5572***	0.5877***	0.6273***
	(2.5066)	(6.1858)	(8.7505)	(11.6404)	(10.0645)	(16.7865)	(17.4892)	(13.3237)	(7.6714)
控制变量	Yes	Yes	Yes	Yes	Yes	Yes	Yes	Yes	Yes
年份/行业	Yes	Yes	Yes	Yes	Yes	Yes	Yes	Yes	Yes

续表

变量	(1)	(2)	(3)	(4)	(5)	(6)	(7)	(8)	(9)
	BD	BD	BD	BD	BD	BD	BD	BD	BD
	QR_10	QR_20	QR_30	QR_40	QR_50	QR_60	QR_70	QR_80	QR_90
R²	0.0461	0.0485	0.0476	0.0476	0.0484	0.0519	0.0493	0.0465	0.0554
样本量	10078	10078	10078	10078	10078	10078	10078	10078	10078

资料来源：笔者根据检验结果整理。

表 3.12 政府放权意愿对国有企业董事会多样性影响的分位数回归结果

Panel A 金字塔层级对国有企业董事会多样性的分位数回归结果

变量	(1)	(2)	(3)	(4)	(5)	(6)	(7)	(8)	(9)
	BD	BD	BD	BD	BD	BD	BD	BD	BD
	QR_10	QR_20	QR_30	QR_40	QR_50	QR_60	QR_70	QR_80	QR_90
$Layer$	0.0045***	0.0038*	0.0044***	0.0047***	0.0045***	0.0040***	0.0032***	0.0050***	0.0046***
	(2.8684)	(1.8761)	(3.6580)	(3.5939)	(3.9619)	(3.7232)	(3.5992)	(5.1398)	(3.4616)
常数项	−0.7201***	−0.6270***	−0.5774***	−0.4951***	−0.4589***	−0.4415***	−0.4133***	−0.3948***	−0.3122***
	(−15.9751)	(−17.5396)	(−15.3107)	(−16.8074)	(−13.1295)	(−12.3122)	(−9.5107)	(−11.1005)	(−6.9760)
控制变量	Yes	Yes	Yes	Yes	Yes	Yes	Yes	Yes	Yes
年份/行业	Yes	Yes	Yes	Yes	Yes	Yes	Yes	Yes	Yes
R²	0.0505	0.0551	0.0552	0.0565	0.0568	0.0568	0.057	0.0604	0.0639

变量	(1)	(2)	(3)	(4)	(5)	(6)	(7)	(8)	(9)
	BD	BD	BD	BD	BD	BD	BD	BD	BD
	QR_10	QR_20	QR_30	QR_40	QR_50	QR_60	QR_70	QR_80	QR_90
样本量	10078	10078	10078	10078	10078	10078	10078	10078	10078
Panel B 财政盈余对国有企业董事会多样性的分位数回归结果									
F_S	0.0662	0.0539**	0.0808***	0.0780**	0.0529**	0.0626**	0.1082***	0.0987***	0.1303***
	(1.4441)	(2.4351)	(3.3910)	(2.3187)	(2.0632)	(2.0484)	(4.8704)	(4.2928)	(3.9296)
常数项	-0.6925***	-0.6261***	-0.5699***	-0.4830***	-0.4599***	-0.4387***	-0.4059***	-0.3825***	-0.2906***
	(-16.6039)	(-26.8581)	(-18.3301)	(-17.2155)	(-12.4440)	(-12.9006)	(-13.9106)	(-10.1395)	(-6.4664)
控制变量	Yes	Yes	Yes	Yes	Yes	Yes	Yes	Yes	Yes
年份/行业	Yes	Yes	Yes	Yes	Yes	Yes	Yes	Yes	Yes
R^2	0.0492	0.0546	0.0545	0.0558	0.0561	0.0562	0.0573	0.0600	0.0640
样本量	10078	10078	10078	10078	10078	10078	10078	10078	10078
Panel C 财政支出对国有企业董事会多样性的分位数回归结果									
F_E	-0.0788***	-0.0618***	-0.0615***	-0.0479***	-0.0583***	-0.0540***	-0.0550***	-0.0443**	-0.0250**
	(-3.0912)	(-3.7646)	(-4.7800)	(-4.6861)	(-4.9183)	(-4.3315)	(-3.8086)	(-2.4775)	(-2.3048)
常数项	0.3429***	0.4109***	0.4185***	0.4437***	0.4777***	0.5179***	0.5941***	0.6331***	0.7051***
	(8.3099)	(15.0732)	(17.0895)	(16.6588)	(18.9308)	(22.1348)	(19.3571)	(20.0323)	(13.8710)
控制变量	Yes	Yes	Yes	Yes	Yes	Yes	Yes	Yes	Yes

变量	(1)	(2)	(3)	(4)	(5)	(6)	(7)	(8)	(9)
	BD	BD	BD	BD	BD	BD	BD	BD	BD
	QR_10	QR_20	QR_30	QR_40	QR_50	QR_60	QR_70	QR_80	QR_90
年份/行业	Yes	Yes	Yes	Yes	Yes	Yes	Yes	Yes	Yes
R^2	0.0644	0.0607	0.0578	0.0569	0.0569	0.0569	0.0554	0.0551	0.0492
样本量	10078	10078	10078	10078	10078	10078	10078	10078	10078

Panel D 失业率对国有企业董事会多样性的分位数回归结果

变量	(1)	(2)	(3)	(4)	(5)	(6)	(7)	(8)	(9)
U_R	−0.8552***	−0.6025***	−0.6416***	−0.5871***	−0.5269***	−0.5898***	−0.5635***	−0.4979**	−0.5590**
	(−3.0989)	(−3.0064)	(−3.7271)	(−3.4000)	(−2.7201)	(−2.7088)	(−2.6008)	(−2.8158)	(−2.4050)
常数项	−0.6528***	−0.5947***	−0.5254***	−0.4555***	−0.4152***	−0.4067***	−0.3773***	−0.3523***	−0.2593***
	(−13.5383)	(−19.9407)	(−16.5887)	(−15.1347)	(−16.2106)	(−15.0783)	(−10.7018)	(−9.6253)	(−5.2023)
控制变量	Yes	Yes	Yes	Yes	Yes	Yes	Yes	Yes	Yes
年份/行业	Yes	Yes	Yes	Yes	Yes	Yes	Yes	Yes	Yes
R^2	0.0502	0.0553	0.0551	0.0563	0.0565	0.0567	0.0572	0.0602	0.0639
样本量	10078	10078	10078	10078	10078	10078	10078	10078	10078

资料来源：笔者根据检验结果整理。

性水平的提升，在70%分位数上的促进作用最小，在80%分位数上的促进作用最大。由 Panel B 列示的结果可知，在 20% ~ 90% 分位数上，企业所在省份的财政盈余（F_S）对国有企业董事会多样性（BD）的影响系数全部显著为正，其中，影响系数最大的前三分位数为 90%、70% 和 80%，而 10% 分位数上的影响系数虽然为正，但未通过显著性检验，这说明当国有企业董事会多样性处于较高水平时，财政盈余对国有企业董事会多样性的促进作用更大。Panel C 显示，在不同的分位数上，企业所在省份的财政支出（F_E）对国有企业董事会多样性（BD）的影响系数全部为负，且至少通过了 5% 的显著性水平检验，由于财政支出是测度政府放权意愿的负向指标，这也就意味着，对于处在不同分位数上的董事会财政支出水平越低，国有企业董事会多样性程度越高，即在不同分位数上，政府放权意愿均能提高国有企业董事会多样性。Panel D 得到的结果与 Panel C 相似，失业率为测度政府放权意愿的负向指标，在不同分位数上，企业所在省份的失业率（U_R）对国有企业董事会多样性（BD）的影响系数全部显著为负，这意味着政府放权意愿能够提升不同分位数上的国有企业董事会多样性水平。

表 3.13 列示了基于分位数回归的地区人口多样性对国有企业董事会多样性影响的检验结果，Panel A 为地区女性占比对国有企业董事会多样性的分位数回归结果，Panel B 为高校数量对国有企业董事会多样性的分位数回归结果。Panel A 列示的结果表明，在 20% ~ 90% 分位数上，地区女性占比（R_F）对国有企业董事会多样性（BD）的影响系数全部在至少 5% 的水平下显著为正。其中，在 80% 分位数上的影响系数最大，为 0.2239；在 20% 分位数上的影响系数最小，为 0.0001。特别地，在 10% 分位数上，地区女性占比对国有企业董事会多样性的影响系数为正，但未通过显著性检验，说明对于多样性水平特别低的国有企业，地区女性占比对董事会多样性不具有显著的促进作用。由 Panel B 列示的结果可知，在 10% ~ 70% 分位数上，企业所在省份的高校数量（R_S）对国有企业董事会多样性（BD）的影响系数全部在 1% 的水平下显著为正，但在 80% 和 90% 分位数上，企业所在省份的高校数量对国有企业董事会多样性的影响系数虽然为正，但是未通过显著性检验。结合 Panel A 和 Panel B 的结果可以看出，当

表 3.13　地区人口多样性对国有企业董事会多样性影响的分位数回归结果

变量	(1) BD QR_10	(2) BD QR_20	(3) BD QR_30	(4) BD QR_40	(5) BD QR_50	(6) BD QR_60	(7) BD QR_70	(8) BD QR_80	(9) BD QR_90
Panel A 地区女性占比对国有企业董事会多样性的分位数回归结果									
R_F	0.0626 (0.4385)	0.0001** (2.0208)	0.0879*** (2.7296)	0.1481*** (3.1064)	0.1492*** (2.9631)	0.2043** (2.2963)	0.1609** (2.0203)	0.2239** (2.3656)	0.1027** (2.5849)
常数项	-0.6615*** (-7.8790)	-0.6257*** (-8.9596)	-0.6267*** (-10.0990)	-0.5696*** (-7.3895)	-0.5406*** (-6.5291)	-0.5470*** (-6.4049)	-0.4876*** (-5.3088)	-0.5108*** (-5.6899)	-0.3645*** (-3.9185)
控制变量	Yes	Yes	Yes	Yes	Yes	Yes	Yes	Yes	Yes
年份/行业	Yes	Yes	Yes	Yes	Yes	Yes	Yes	Yes	Yes
R²	0.0489	0.0544	0.0542	0.0556	0.056	0.0561	0.0567	0.0598	0.0631
样本量	10078	10078	10078	10078	10078	10078	10078	10078	10078
Panel B 高校数量对国有企业董事会多样性的分位数回归结果									
R_S	0.0128*** (3.1948)	0.0111*** (3.3693)	0.0110*** (4.3206)	0.0087*** (2.6517)	0.0094*** (3.0699)	0.0111*** (3.7775)	0.0106*** (3.1729)	0.0058 (1.6317)	0.0007 (0.1778)
常数项	0.2531*** (4.7768)	0.3380*** (8.4826)	0.3589*** (9.9766)	0.3910*** (11.0142)	0.4212*** (13.3434)	0.4488*** (13.7778)	0.5273*** (15.9079)	0.5973*** (17.0278)	0.6908*** (15.9147)
控制变量	Yes	Yes	Yes	Yes	Yes	Yes	Yes	Yes	Yes

续表

变量	（1）	（2）	（3）	（4）	（5）	（6）	（7）	（8）	（9）
	BD	BD	BD	BD	BD	BD	BD	BD	BD
	QR_10	QR_20	QR_30	QR_40	QR_50	QR_60	QR_70	QR_80	QR_90
年份/行业	Yes	Yes	Yes	Yes	Yes	Yes	Yes	Yes	Yes
R^2	0.0643	0.0604	0.0575	0.0566	0.0565	0.0566	0.0549	0.0547	0.0489
样本量	10078	10078	10078	10078	10078	10078	10078	10078	10078

资料来源：笔者根据检验结果整理。

董事会多样性水平过高或过低时，地区人口多样性不能显著提高国有企业的董事会多样性水平，当董事会多样性处于 20% ~ 70% 分位数时，地区人口多样性能够显著促进国有企业董事会多样性的提升。

二　基于分类改革的再检验

基于国有企业分类改革，将样本分为公益类国有企业和商业类国有企业，针对不同类型的国有企业，检验混合所有制改革、政府放权意愿和地区人口多样性对国有企业董事会多样性的影响，具体的回归检验结果列于表 3.14。其中，列（1）和列（2）是基于混合所有制改革视角的检验，列（3）到列（6）是基于政府放权意愿视角的检验，列（7）和列（8）是基于地区人口多样性视角的检验。

Panel A 为基于公益类国有企业的检验结果。由表中列示的结果可以看出，在混合所有制改革视角，第一大非国有股东持股比例（$NSOE\_1$）和前十大股东中非国有股东持股比例（$NSOE\_10$）对国有企业董事会多样性（BD）的影响系数分别为 0.0148 和 0.0387，且均通过了 5% 的显著性水平检验。在政府放权意愿视角，金字塔层级（$Layer$）和财政盈余（F_S）对国有企业董事会多样性（BD）的影响系数为正值，而财政支出（F_E）和失业率（U_R）对国有企业董事会多样性（BD）的影响系数为负值，所有影响系数均通过了至少 5% 的显著性水平检验。在地区人口多样性视角，地区女性占比（R_F）对国有企业董事会多样性（BD）的影响系数在 5% 的水平下显著为正，企业所在地高校数量（R_S）对国有企业董事会多样性（BD）的影响系数在 1% 的水平下显著为正。Panel A 中列（1）到列（8）的检验结果表明，混合所有制改革、政府放权意愿和地区人口多样性均能够显著提升公益类国有企业的董事会多样性水平。

Panel B 为基于商业类国有企业的检验结果。在混合所有制改革视角，第一大非国有股东持股比例（$NSOE\_1$）和前十大股东中非国有股东持股比例（$NSOE\_10$）对国有企业董事会多样性（BD）的影响系数均在 5% 的水平下显著为正。在政府放权意愿视角，金字塔层级（$Layer$）、财政盈余（F_S）、财政支出（F_E）和失业率（U_R）对国有企业董事会多样性（BD）的影响系数全部通过了 1% 的显著性水平检验，前两个指标影响系数

表 3.14 基于分类改革的国有企业董事会多样性影响因素回归结果

变量	(1) BD NSOE_1	(2) BD NSOE_10	(3) BD Layer	(4) BD F_S	(5) BD F_E	(6) BD U_R	(7) BD R_F	(8) BD R_S
	Panel A 基于公益类国有企业的检验结果							
自变量	0.0148** (2.4140)	0.0387** (2.4998)	0.0043*** (4.3842)	0.0539** (2.1606)	-0.0496*** (-4.7180)	-0.4637*** (-3.5340)	0.2064** (2.5260)	0.0061*** (2.8050)
常数项	0.4877*** (10.5969)	0.4832*** (10.4828)	-0.5150*** (-19.0521)	-0.5010*** (-18.4923)	0.5177*** (19.1293)	-0.4743*** (-16.6689)	-0.6138*** (-12.1928)	0.4792*** (16.5635)
控制变量	Yes	Yes	Yes	Yes	Yes	Yes	Yes	Yes
年份/行业	Yes	Yes	Yes	Yes	Yes	Yes	Yes	Yes
R^2	0.0906	0.0912	0.1162	0.1151	0.1164	0.1157	0.1152	0.1153
样本量	2736	2736	2736	2736	2736	2736	2736	2736
	Panel B 基于商业类国有企业的检验结果							
自变量	0.0243** (2.6056)	0.0409** (2.5016)	0.0043*** (4.3595)	0.0925*** (3.0771)	-0.0619*** (-5.8355)	-0.4208*** (-2.8640)	0.2105** (2.1248)	0.0119*** (4.9968)
常数项	0.5434*** (10.9787)	0.5404*** (10.9196)	-0.5002*** (-17.3346)	-0.4899*** (-16.9439)	0.5169*** (17.7982)	-0.4673*** (-15.3190)	-0.5013*** (-9.3639)	0.4503*** (14.8951)
控制变量	Yes	Yes	Yes	Yes	Yes	Yes	Yes	Yes

续表

变量	(1)	(2)	(3)	(4)	(5)	(6)	(7)	(8)
	BD	BD	BD	BD	BD	BD	BD	BD
	NSOE_1	NSOE_10	Layer	F_S	F_E	U_R	R_F	R_S
年份/行业	Yes	Yes	Yes	Yes	Yes	Yes	Yes	Yes
R^2	0.1053	0.1059	0.1004	0.0995	0.1017	0.0994	0.0987	0.1009
样本量	7342	7342	7342	7342	7342	7342	7342	7342

注：第三行的变量为每列回归的自变量。

资料来源：笔者根据检验结果整理。

为正，后两个指标影响系数为负。在地区人口多样性视角，所得结论与
Panel A 所得结论一致。Panel B 的列（1）到列（8）共同说明，混合所有
制改革、政府放权意愿和地区人口多样性是提升商业类国有企业董事会多
样性的重要驱动因素。

表 3.14 的 Panel A 和 Panel B 共同说明，无论是对于公益类国有企业，
还是对于商业类国有企业，混合所有制改革、政府放权意愿和地区人口多
样性均能显著促进国有企业董事会多样性水平的提升，这也说明本章的研
究假设 3.1、研究假设 3.2 和研究假设 3.3 是稳健成立的。

第六节　本章小结

本章从混合所有制改革（股权结构视角）、政府放权意愿、劳动力供
给和劳动力需求四个角度分析检验了混合所有制改革背景下国有企业董事
会多样性的影响因素。检验结果显示：在混合所有制改革视角，在党的十
八届三中全会召开之后，混合所有制改革大力推行，国有企业中的第一大
非国有股东持股比例和前十大股东中非国有股东持股比例对国有企业董事
会多样性水平有显著的促进作用，表明混合所有制改革能够显著提高国有
企业的董事会多样性水平。在政府放权意愿视角，金字塔层级和财政盈余
对国有企业董事会多样性有显著的促进作用，财政支出和失业率对国有企
业董事会多样性有显著的抑制作用，说明政府放权意愿能够显著提高国有
企业董事会多样性。在劳动力供给视角，企业所在地区的女性占比和高校
数量均能够显著提升国有企业的董事会多样性水平，说明地区人口多样性
对国有企业董事会多样性有显著的促进作用。令人遗憾的是，在劳动力供
给视角，本章未发现业务复杂性与国有企业董事会多样性之间存在显著的
关系。

综上所述，本章研究发现，混合所有制改革（股权结构视角）、政府
放权意愿和劳动力供给（地区人口多样性）对国有企业董事会多样性有显
著的促进作用。使用更换变量测度和更换回归模型重新检验本章的研究假
设后，所得结论未发生改变。

进一步分析中，本章采用分位数回归检验不同的董事会多样性水平

下，混合所有制改革（股权结构视角）、政府放权意愿和劳动力供给（地区人口多样性）对国有企业董事会多样性的影响，结果显示，在绝大多数分位数上，混合所有制改革（股权结构视角）、政府放权意愿和劳动力供给（地区人口多样性）对国有企业董事会多样性存在显著的正向影响。此外，本章将研究样本分为公益类国有企业和商业类国有企业，以检验分类改革之下国有企业董事会多样性的影响因素。检验结果表明，无论是针对公益类国有企业还是商业类国有企业，混合所有制改革（股权结构视角）、政府放权意愿和劳动力供给（地区人口多样性）均能够显著提升国有企业董事会多样性水平。

本章研究假设的实证检验结果汇总于表 3.15。

表 3.15　第三章检验结果汇总

序号	研究假设	检验结果
假设 3.1	混合所有制改革能够提升国有企业董事会多样性水平	支持
假设 3.2	政府放权意愿越强，国有企业董事会多样性水平越高	支持
假设 3.3	基于劳动力供给视角，企业所在地区的人口多样性水平越高，国有企业的董事会多样性水平越高	支持
假设 3.4	基于劳动力需求视角，业务复杂性越高，国有企业的董事会多样性水平越高	不支持

资料来源：笔者归纳整理。

第四章　国有企业董事会多样性的治理效应研究

如前文所述，在混合所有制改革过程中，国有企业要实现高质量发展，在确保国有企业资产保值增值的同时，还需要对环境（Environment，E）、社会（Social，S）和公司治理（Corporate Governance，G）加以关注，即关注 ESG 问题。结合本章的研究内容，本章基于理论分析，实证检验混合所有制改革背景之下，董事会多样性对国有企业资产保值增值、环境绩效、社会绩效和公司治理的影响，其中，公司治理从内部视角和外部视角加以细分，其中内部视角聚焦于超额在职消费，外部视角聚焦于股价崩盘风险。

第一节　董事会多样性影响国有企业高质量发展的理论分析

一　董事会多样性与国有企业资产保值增值

混合所有制改革的一个关键目标就是确保国有资产的保值增值，国家所有权、集体所有权和私人所有权的混合可能为中国企业的治理结构带来不同类型股东之间的兼容性和均衡性的优势，企业可以极大地提高分配组织资源的效率，实现国有资产的保值增值（Li et al.，2020a）。

混合所有制改革为国有企业引入了具有不同产权性质的差异性股东，作为股东利益的代表，在国有企业董事会中，代表不同利益方的董事在混合所有制改革过程中通过相互博弈进行重新配置，多样性程度高的董事会能够通过市场竞争获取复杂但对国有企业发展至关重要的资源要素，实现资源的整合和各类优势的互补。实践经验表明，混合所有制改革有助于提升国有企业的公司治理水平，提高国有企业的自主创新能力，提升国有企业资源配置效率，为国有企业的持续健康发展提供持久动力（Wang et al.，2021a）。

企业是一个具有复杂互联关系的层级结构，管理者团队是影响企业绩效的重要因素，管理团队成员所掌握的高度复杂的知识对于企业的成功至关重要，这也就意味着管理团队的多样性配置会影响企业绩效（Díaz-Fernández et al.，2020）。董事会多样性对企业绩效的影响来自其成员背景特征和技能的多样性，改善信息环境，有利于更好地进行分析、决策和提供创造力。多元化的董事会可能会更多地关注不确定性的情况，考虑更多的视角，为解决问题带来更多的资源并提高组织的竞争力（Calabrese and Manello，2021）。多样性的董事会可以改善战略决策，提高社会网络资源的可得性，广泛吸纳人才，有助于组织提高生产力（Ali et al.，2014）。

董事会代表股东利益，一个有效的董事会可以提高公司决策的质量，从而影响公司的财务业绩。资源依赖理论认为，当董事会将外部资源与外部环境联系起来时，组织就能获得外部资源。一个多元化的董事会由具有不同技能、知识和社会阶层的个体组成（Hsu et al.，2019），可以通过利用董事自身的经验和资源与其他组织联系来获得关键资源。Hillman 等（2000）的研究也指出，多元化董事会提供不同的资源，使一个组织受益。具有多样性的董事会将提供不同的想法、商业合同、接触新供应商和进入新市场的机会，提高对行业发展和市场需求的了解程度（Carter et al.，2003），这能提高投入效率和产出（Ali et al.，2021）。董事会的主要职责是为公司提供资源、专业知识、战略咨询，同时将公司与外部网络联系起来。目前，国企改革正处于关键时期，面对国内外严峻的商业环境，国有企业董事会需要努力应对多维度的企业决策，例如财务、人力资源、道德、法律、环境和媒体等，这就对董事会整体的决策能力提出了要求。多样性的董事会带来了不同的知识和经验，可以从不同的角度为企业贡献其专业、独特的知识和资源等，从而提高决策质量和公司运营绩效（Hsu et al.，2019）。

与同质化的董事会相比，多样性的董事会能够根据对更多备选方案的评估做出决定。董事会成员在技能、知识、背景和专业知识方面的异质性对于提高决策质量是必要的，而同质的董事会将导致治理的薄弱和整体失败（Handajani et al.，2014）。此外，多样性的董事会通过有效的监控，加强董事会讨论，提高公司治理质量，是现代企业制度下公司治理系统中的重要工具（Gul et al.，2011），确保董事会的战略决策能够反映和符合公司发展的现实需求和战略定位。董事会成员之间的差异性拓宽了公司的视野，涵盖了不同的视角和价值观，这会形成更多的备选决策方案和对外部环境更准确的预测与适应（Calabrese and Manello，2021），提高董事会应对组织外部环境中不同机遇和挑战的能力（Sarhan et al.，2019）。

多样化的董事会代表着更多的经验和知识、更高水平的技能和洞察力，能够更好地鼓励合乎道德的企业行为（Handajani et al.，2014）。董事会多样性有助于公司更好了解市场，能够与公司潜在的多样性客户和供应商进行高度匹配，进而提升公司的市场渗透力，可以使得董事会产生更多战略决策的替代方案，并深度考察具体的战略决策可能导致的经济后果，进而提升董事会的战略决策有效性。此外，多样性拓展了董事会的战略视野，使其能够在决策过程中更好地了解外部环境的复杂性，提高战略决策的灵活性（Carter et al.，2003）。

代理理论表明，更加多元化的董事会更加独立，能够很好地履行其监督职能，多样性的董事会通过增加各种想法、技能、背景、观点和商业知识，提高了决策效率和决策质量。资源依赖理论认为，董事会多样性的提升增强了组织与其利益相关者的联系，提高了其声誉和价值，并可以有效提升董事会的合法性。董事会多样性虽然可能因董事之间的人口差异而产生摩擦，但是多样化的董事会拥有的信息更为丰富，信息处理能力更强，并且能够做出更好的决策，提高董事会思维的独立性，有效改善并提升监督职能（Adams et al.，2015；Tasheva and Hillman，2019），整体而言，董事会多样性的收益高于其所拥有的成本（Aggarwal et al.，2019）。在提高战略决策有效性进而提升企业价值和核心竞争力的过程中，董事会的咨询职能比监督职能更为重要（Aggarwal et al.，2019）。

一个团队由不同的成员组成，不同的成员拥有差异化的特征，团队中的成员利用自身的特点、知识和技能为团队绩效做出贡献，因此，团队的共同作用被认为是提高组织绩效的重要因素。董事会作为现代企业制度下重要的公司治理机制，其重点在于如何结合成员的属性和特征，以及结合什么样的属性和特征来形成一个有效的团队（Ali et al.，2021）。董事会的多样性可以提高知识共享水平，降低不确定性，并且能够帮助组织更好地利用资源，提高决策质量（Hillman and Dalziel，2003），产生更强的洞察力，优化董事会的决策过程，直接对公司业绩产生影响（Manyaga and Taha，2020）。

基于前述分析，本章提出如下研究假设。

假设 4.1　董事会多样性能够促进国有企业资产保值增值。

二　董事会多样性与国有企业环境绩效

我国在短短 40 多年间实现了经济的快速增长，一跃成为世界上最具竞争力的制造业大国，并成为世界第二大经济体，但这种快速发展在一定程度上是以牺牲环境为代价的，引发了空气污染等环境问题（Elmagrhi et al.，2019）。目前，我国是世界上最大的能源消费国，二氧化碳排放量是美国的 2 倍之多（我国年排放量占全球的 30%，美国占 15%），并且以每年 4% ~ 5% 的速度在增长（Smith，2020）。2011 年，国务院国资委借鉴国际通行的环境和社会责任标准，出台了指导方针，以优化国有企业在环境治理方面的表现。2016 年，我国加入《巴黎气候变化协定》，成为国际社会解决气候问题中的重要缔约方。2020 年 9 月，习近平总书记在联合国会议上提出"我们的目标是二氧化碳排放在 2030 年前达到峰值，并在 2060 年前实现碳中和"。在这种情况下，我国上市公司，尤其是国有上市公司已经开始制定相应的方案积极参与环境治理。

尽管我国政府越来越重视环境保护和发展健康的生态系统，但环境污染仍然是我国面临的严峻挑战。党的十九大提出要进行生态改革，其核心就是解决环境问题。企业作为社会经济财富创造的微观主体，也是资源消耗和污染物排放的主体。聚焦于企业，改进生产工艺和技术，降低环境治理成本，树立绿色发展的理念，对于国家实现中国特色社会主义经济和生态文明建设具有重要意义。在日益趋紧的资源环境约束下，依靠透支资源、环境、生态红利的粗放型经济快速增长模式已经无法适应经济的发展，迫切需要寻求绿色转型的新途径，打破和解决环境保护和经济增长之间的僵局，加快经济和社会的可持续发展（Chen and Feng, 2019）。企业必须通过做出影响深远的战略决策来应对气候变化，这将直接影响到企业未来的可持续发展。

随着环境可持续性对经济发展的重要性日益凸显，企业环境责任已经成为一种国际趋势，这种趋势符合经济发展和环境保护的目标，企业环境责任体现了公司将环境因素融入日常运营和管理的能力（Li et al., 2020c）。改善环境，提高环境治理水平的重要途径之一为加强微观企业主体的公司治理结构的重构，即构建多样性的董事会（Elmagrhi et al., 2019）。

近年来，投资者、债权人、员工、供应商等利益相关者越来越关注企业行为对环境的影响，也迫切希望公司积极介入温室气体控制、空气污染减少等环境治理过程中（Manita et al., 2018）。来自利益相关者的压力使得多元化的董事会对社会问题更加敏感，更加关注环境治理，促使公司绿色治理的合法化以满足利益相关者的需求，具体而言，多样性的董事会提高了上市公司有关温室气体信息的披露水平（Tingbani et al., 2020）。

合法性理论提出了存在于组织和社会之间的"社会契约"的概念，假定"合法性是一种广义的看法，即某一行动在社会构建的规范、价值、信仰和体系内是可取的或者适当的"。从这一角度看，董事会有动机积极参与环境治理，以使得公司的行为与社会期望保持一致，并最终获得合法性。

董事会在制定公司环境政策方面发挥着重要作用，这些政策指导公司管理其对环境产生影响的战略活动。多样性的董事会能够提高对环境问题的认识，并促使公司针对利益相关者在环境方面的诉求做出积极的反应（Amorelli and García-Sánchez, 2021）。董事会多样性的提升有助于公司更加全面地了解自身所面临的环境现状及外部环境压力，并通过具体的企业决策行为满足利益相关者的需求（Jizi, 2017）。不同的董事对利益相关者的理解程度和关注程度存在差异，多样化程度高的董事会能以更为广泛的利益相关者导向来指导公司的战略决策，包括环境关注、环境治理等，由多样性程度较高的董事会主导的公司在环境绩效方面表现得更为优异（Biswas et al., 2018）。多样性程度高的董事会做出的战略决策质量更高，可以有效缓解利益相关者与代理人之间的冲突，在环境等企业社会责任方面表现得更好（Velte，2016）。

利益相关者理论解释了企业对利益相关者的冲突偏好所做出的环境责任取向。从利益相关者的角度来看，董事会作为股东的代表，在制定战略、监督管理层和平衡不同利益相关者利益方面发挥着至关重要的作用（Harjoto et al.，2015）。在多样性程度高的董事会中，董事会关注的重点不再主要集中在股东身上，还包括其他利益相关者。此时，董事会会积极披露有关社会和环境活动的重要信息，以告知利益相关者企业正在满足其需求和期望。

从代理理论的角度来看，董事会多样性可以通过加强对管理层机会主义行为的监督、缓解信息不对称来提高董事会的独立性和有效性，进而优化企业的环境表现。从利益相关者和资源依赖的角度来看，董事会多样性会提升公司面临的来自利益相关者的压力，迫使其进行积极的环境治理，以满足各利益相关者的期望，进而获得企业发展的关键性资源（Elmagrhi et al.，2019）。

根据资源基础理论，企业竞争优势的形成始于异质性资源，代表不同股东利益的董事背后所拥有的资源禀赋存在巨大差异。随着董事会多样性的提升，不同的董事能够给国有企业带来先进的技术和管理理念，并会利用其自身的社会资源满足企业环境治理方面的知识和技术需求（Yuan et al.，2021）。

混合所有制改革引起的所有权结构调整改善了国有企业的环境管理制度，提升了其可持续发展能力（Yuan et al.，2021）。混合所有制改革过程中，董事会多样性的提升会引起员工、顾客、供应商和媒体等利益相关者的关注。当利益相关者的关注程度提升时，企业需充分考虑各利益相关者的期望，并进行积极的环境治理（Li et al.，2020c）。与私营企业相比，国有企业有更强的环境响应能力。因为面临较大的外部压力，国有企业在环境治理、绿色行动方面具有更高的积极性。董事会多样性程度高的国有企业在环境治理方面表现得更好，因为多样性的董事会能够强化公司与环境之间联系的能力，并为企业参与环境治理提供更多的资源，这些资源会转化为公司对环境负责的驱动力，有助于解决公司面临的环境问题，避免环境诉讼，进而提高企业的环境治理绩效（Aguilera et al.，2021）。

基于上述分析，本章提出如下研究假设。

假设 4.2 董事会多样性能够提升国有企业环境绩效。

三 董事会多样性与国有企业社会绩效

在我国，企业社会责任活动主要集中在慈善事业上，在一项涉及 890 家中国公司的调查中，很大一部分公司将企业社会责任等同于慈善捐赠（Selma et al.，2022）。慈善捐赠是国有企业承担社会责任的重要渠道，在 2008 年的汶川地震、2010 年的玉树地震、2020 年的全面脱贫攻坚和新冠疫情中，国有企业均进行了大量的慈善捐赠。国有企业通过履行社会责任，可以维护和平衡利益相关者的利益，与利益相关者建立良性、和谐的互动关系，营造优化的内外部环境，降低潜在经营风险，实现企业价值最大化，确保企业的可持续发展。履行企业社会责任逐渐成为利益相关者的共识和企业可持续发展的动力。

国有企业混合所有制改革过程中形成的多元化产权主体结构有助于改善国有企业的公司治理。在混合所有制改革中，将非国有股东纳入国有企业的经营决策，促进了国有企业经营机制的转变，提高了国有企业的治理效率和绩效。然而，国有企业的全民所有制属性意味着其必须在社会责任履行中发挥主导作用。我国目前正处于经济转型的关键时期，与非国有企业相比，国有企业还承担着部分社会责任。

现阶段，企业社会责任活动不再是由政府和法律驱动，而是由企业本身内生驱动，越来越多的利益相关者也要求企业改变经营方式，并积极参与解决社会、文化和环境问题。董事会在决定企业社会责任的战略和政策方面发挥着至关重要的作用（Handajani et al.，2014）。公司发展动态和战略决策过程取决于董事会成员的背景，董事会多样性可以带来广泛和不同的观点，这些观点有助于董事做出战略性的企业社会责任决策。此外，董事必须平衡不同利益相关者群体的需求，多元化的董事会更有能力满足利益相关者的需求，并最终反映在慈善捐赠等社会责任活动当中。

企业社会责任是公司治理面临的重要挑战之一，企业社会责任战略受到参与制定者，即董事会的影响，也就是说董事会最终要为企业社会责任表现负责。董事会多样性可以成为降低代理成本和信息不对称程度、缓和利益冲突的有效治理工具。从利益相关者的视角来看，多元化的董事会能够促进利益相关者之间积极的对话，并权衡不同利益相关者之间的利益（Veltri et al.，2021）。

在多样性程度高的董事会中，道德和伦理观点在决策过程中的代表性会随之提升，促使企业实施更加合乎道德的企业文化。多样性的董事会更能以利益相关者为导向，关注道德实践和企业社会责任行为（Katmon et al.，2019）。多样性程度高的董事会可以提高公司对不同利益相关者诉求的认知水平，协调不同利益相关者之间的关系并调和其中可能存在的内部冲突（Harjoto et al.，2015）。

资源依赖理论认为，将不同的支持者和利益相关者整合到董事会中可以提高组织获取关键资源的能力。基于这个观点，董事会的一个重要贡献是利用其拥有的社交网络来建立和提高公司的外部合法性，并改善与利益相关者之间的关系。多样性的董事会对社会问题有更高的关注度和敏感性，进而转化为具体的企业行为，提升企业的社会绩效表现（Hafsi and Turgut，2013）。董事会的多样性能够改善公司在社会问题方面的战略决策，多样性能够捕捉和反映董事会差异化的认知资源和能力，提高企业在社会责任方面的应对能力（Zhang，2012）。Boulouta（2013）的研究证实了董事会中的性别多样性能够显著提升上市公司的社会绩效水平。

利益相关者理论认为，多样化的董事会为与其他利益相关者建立更多联系带来了更大的机会，并将一些社会福利目标引入企业的战略决策之中。多样性的董事会有利于利益相关者参与企业的决策过程，从而促使企业在承担社会责任方面做出贡献，董事会的多样性能够提高承担社会责任所需专业知识、技能和资源的丰富性（Zubeltzu-Jaka et al.，2020）。

从战略管理的角度来看，企业的社会绩效被认为是企业最重要的资产之一。社会责任绩效能够衡量企业满足各利益相关者群体需求的能力，拥有多元化董事会的企业在做出企业社会责任问题的决策方面将拥有更广阔的视角，这表明董事会多元化与企业社会责任之间存在积极的关系（Harjoto et al.，2015）。从资源依赖理论的角度来看，多样性的董事会成员作为人力资本和社会资本的提供者，能够通过与利益相关者建立联系来提升公司的社会责任绩效和声誉水平（Orazalin and Baydauletov，2020）。

在混合所有制改革过程中，国有股东让渡股权给非国有股东，使得国有企业的股权结构发生变化。随着非国有股东持股比例的上升，越来越多的非国有股东通过委派董事进入国有企业董事会进而参与国有企业的公司治理，在这种情况下，国有企业的董事会是由代表不同类型股东利益的董事构成，董事会的多元化程度得到显著提升。多样性的董事会在监督管理层的时候更加关注利益相关者的诉求，增强董事会对不同阶层个体的关心，也会加强对不平等、贫困和教育等社会问题的关切，最终表现为企业慈善捐赠水平的提升（Lin et al.，2018；Selma et al.，2022），即董事会多样性能够促使企业积极开展慈善捐赠活动，提高企业的社会绩效（Selma et al.，2022）。

基于上述分析，本章提出如下假设。

假设 4.3 董事会多样性能够提升国有企业慈善捐赠水平，提高国有企业的社会绩效。

四 董事会多样性与国有企业公司治理

（一）董事会多样性与国有企业超额在职消费

国有企业所有者缺位会导致代理问题的加剧，即无法有效监督高管人员的行为，增加高管人员的道德风险。从中石化"天价酒"事件到中国铁建"8.37亿元招待费"事件，国企高管超额在职消费成了社会各界关注的焦点问题。特别是在"限薪令"政策颁布并实施之后，面对显性激励不足的情况，缺乏有效监督的国企高管可能会倾向于通过寻租等方式来获取最大的隐性激励，具体表现为国企高管的在职消费常常远超于同行业平均水平。

已有针对在职消费的研究形成了"效率观"和"代理观"两种观点。"效率观"认为，在职消费是高管履行工作职责时所发生的消费性支出，是企业正常经营发展的需要及薪酬契约不完备的产物。作为一种"地位商品"，在职消费构成了最优薪酬契约的隐性部分，可以提升高管的工作效率和价值认同感，具有一定的合理性（Rajan and Wulf，2006）。然而，"代理观"则认为，在职消费是高管凭借特权而获得的超常待遇，并非高管正常履行工作职责所必须消费的，而是高管为了攫取非货币性私人收益对股东财富的侵占，本质上是一种权力寻租行为（Shin and Seo，2011）。对于国有企业而言，由于长期处于所有者缺位和内部人控制情况下，其对管理层的监督效率低下，享有绝对控制权的国企高管会不断地提高自身待遇来满足个人意愿，从这一角度看，国有企业的在职消费更符合"代理观"（黎文靖、池勤伟，2015）。

同欧美国家相比，我国上市公司的治理机制还比较薄弱，高管对企业决策有很强的影响力，在职消费通常具有灵活性，没有具体的合同约束，因此，由于缺乏高质量的约束和监督机制，高管很可能会偏离利益相关者价值最大化的目标，利用超额在职消费谋取私人利益（Dong et al.，2021）。超额在职消费代表了不道德的管理行为和公司治理机制失效导致的公司资源浪费，极大地损害了股东、债权人、员工等关键性利益相关者的权益，是对利益相关者不负责的"无德"行为。

合理的在职消费能够提高员工生产效率，提高高管履职有效性，但是，超额的、非理性的在职消费会提高公司的代理成本，加剧代理问题（Li et al.，2020b）。在我国传统文化的影响下，超额在职消费很容易被高管视为现金消费和薪酬激励的替代品（Luo et al.，2011）。在我国，国有企业管理者的薪酬受到"限薪令"的影响，为了满足自身利益，国企高管会进行更多的在职消费，这种消费远远超过满足企业正常运行的消费额度（Bae et al.，2020）。国有企业高管为自身利益进行消费补贴，一直受到社会公众的关注（Jian et al.，2020）。

在企业管理实践过程中，强权 CEO 往往通过建立政治关联或者参加更多的商业娱乐活动来维持人脉或"关系"，更容易享受超额在职消费（Ting and Huang，2018）。如果高管的自由裁量权受到董事会的制约，高管的消费补贴可以得到一定程度的抑制（Jian et al.，2020）。若缺乏严格的监管，高管会进行更多的非货币消费，而且这些行为很难被利益相关者观察到（Li，2016a）。

对于国有企业而言，高额的现金薪酬可能会招致社会各界的批评，造成收入分配不公和管理特权的现象。为了规避这种情况，最大限度地激励高管，并在劳动力市场吸引潜在高管，超额补贴成了国企高管薪酬体系中重要的一部分（Xu et al.，2014），这势必会导致国企高管的超额在职消费。这也就意味着超额在职消费在国有企业中是普遍存在的，国企高管会为了自身利益享受更多的超额在职消费（Zhang et al.，2015b）。在国有企业中，超额在职消费被视作代理成本和腐败的象征，在一定程度上削弱了社会公众对政府的信任，因此，规范国企高管薪酬和在职消费行为一直是国企改革和政府部门监管的重要任务（Ren et al.，2020）。

由于缺乏成熟的基于股权和期权的薪酬激励计划，超额在职消费成为上市公司对高管有显著影响的隐性激励，管理者可以从超额在职消费中获益，但是会损害所有者和公司价值，因此，超额在职消费与严重的代理问题相关。超额在职消费作为上市公司所面临代理问题的一种现实体现，会降低财务报告质量、企业运营效率、企业生产效率，甚至会引发股价崩盘风险。从这一角度来看，制约高管的超额在职消费是一个至关重要的公司治理问题（Chen et al.，2022）。

董事会代表股东监督高管人员，有效的监督可以减少管理层的道德风险，董事会需要充分监督管理层以抑制高管的超额在职消费，维护股东利益（Ren et al.，2020）。在混合所有制改革过程中，在国有企业中引入非国有股东可以通过严格的监督来约束"掏空"行为，分散其他股东的监督成本，而股东异质性的提高则会提升代表股东的董事会的多元化程度。董事会多样性能够通过降低代理成本提高上市公司的治理有效性，尤其是在公司属于国有上市公司的情况下（Ain et al.，2020）。

基于前述分析，本章提出如下假设。

假设 4.4　董事会多样性能够抑制国有企业超额在职消费。

（二）董事会多样性与国有企业股价崩盘风险

近年来，资本市场股价崩盘现象层出不穷。譬如，由于财务造假信息披露问题，2017 年 3 月 24 日，内地在港上市乳企辉山乳业的股价呈现断崖式下跌，跌幅一度高达 90.71%，创下港股历史纪录，股价从 3.01 港元/股下跌至 0.4 港元/股，短短一个半小时内市值蒸发 320 亿港元。[①]
2020 年 4 月 2 日，在美上市的瑞幸咖啡因虚构天价销售收入，导致股价当日下跌高达 75.57%，最终被迫退市。又如，因为疫苗造假问题，长生生

———————————

　① 数据来源于港交所。

物连续多个交易日无量跌停，最终因为重大违法行为被深交所强制摘牌退市。无疑，股价崩盘不仅严重损害了股东利益，动摇了投资者对资本市场的信心，而且也阻碍了资本市场的健康有序发展。

对于股价崩盘风险，学术界普遍认同其根源在于信息环境的差异，管理层信息操纵、信息不透明度均会引发股价崩盘（Jin and Myers，2006；Hutton et al.，2009），因此，股价崩盘本质上是一个公司治理问题（姜付秀等，2018）。Andreou 等（2016）也将股价崩盘的发生归结于公司治理机制在缓解代理问题上的失败现象。董事会作为现代企业制度下的关键治理机制，其主要职责之一是监督和约束管理层的机会主义行为，缓解代理问题，提升公司治理有效性，从而保护股东利益。在企业管理实践中，具有差异性背景特征的个体构成董事会，因此，董事会履职有效性取决于不同背景特征维度下董事会多样性的综合效应（Baranchuk and Dybvig，2009）。

多样性改变了董事会的整体能力、认知方式和偏好范围，多元化的董事会能够带来不同的认知视角、丰富的个体知识与技能，促使信息来源更为广泛，增强了董事会的整体信息处理能力，从而形成高质量的董事会决策（Harjoto et al.，2015）。多元化不仅培养了董事会决策行为的独立性，同时也能有效监督高管人员（Adams et al.，2015）。多元化程度越高，董事会越独立，多样性董事会拥有的异质性观点可以形成有效监督以缓解代理问题（Carter et al.，2003），强化董事会更好地履行其监督职能（Adams and Ferreira，2009）。

由不同背景特征的董事构成的董事会，其代理成本较低，能够加强对高级管理人员的监督（Carter et al.，2003）。Aguilera 等（2008）指出意见多样性对于董事会监督管理层尤为重要，不同的背景特征决定了董事会成员在行为偏好和认知水平方面存在的差异性。董事会成员之间的观点差异性，能够形成有效的内部监督（Bernile et al.，2018），进而影响董事会的整体履职效率。在职业背景多样性程度高的董事会中，拥有财务、金融和法律背景的董事更能有效监督管理层，抑制公司的盈余管理，降低公司财务舞弊概率（Wang et al.，2015）。董事会中拥有更多的独立董事可以对高管人员进行严格监督，从而提高公司的财务报告质量（Klein，2002）。任期多样性意味着每位董事进入董事会的时间不同，不仅弱化了群体思维，同时也加强了对管理层的监督（Li and Wahid，2018）。性别多样性的提高可以有效弥补内部控制缺陷（Chen et al.，2016），提高董事会内部的沟通质量，加强对管理层的监督，强化董事会监督公司对外披露信息的能力，进而提升信息透明度（Gul et al.，2011）。基于此，可以预期，董事会多样性能够有效制约管理层，缓解代理问题，减少盈余管理、财务舞弊等行为的发生。随着董事会多样性水平的提高，董事会多样性还可督促管理层提高信息披露能力，有效降低信息不对称程度。这些因素的改善，限制了管理层的机会主义行为，进一步弱化了管理层隐匿坏消息的动机，可以有效抑制股价崩盘的发生。

需要注意的是，当董事会成员之间的异质性程度较高时，董事会在决策过程中往往伴随较高的决策成本。一方面，多样性可能导致决策过程的低效率和董事会内部冲突，降低董事之间的相互信任和合作水平，进而抑制决策共识的达成（Giannetti and Zhao，2019）。因此，董事会多样性可能会导致董事会在共识达成方面面临更多挑战，导致对管理层监督不力（Harjoto et al.，2015）。另一方面，多样化的董事会拥有不同的背景和认知水平，而不同的子群体之间可能会加剧内部分歧，阻碍董事会成员之间的协调和沟通，削弱董事会内部的凝聚力，进而降低董事会监督履职有效性（Salloum et al.，2019）。社会认同理论认为，基于性别、教育背景、从业经历等方面的差异，团体内部会形成不同的子群体。对群体行为的研究表明，群体中的异质性经常导致个体之间的冲突以及沟通障碍，来自不同背景的个体可能无法完全理解他人的观点。从这一角度看，董事会多样性也可能会降低董事会对管理层的监督效率，导致董事会监督职能的失效，为管理层的自利行为提供空间，使得管理层隐匿坏消息的可能性增大，从而加剧上市公司股价崩盘风险（梁上坤等，2020b）。

基于此，本章提出如下竞争性假设。

假设4.5-1　董事会多样性水平与国有企业股价崩盘风险负相关，即董事会多样性对国企股价崩盘风险的影响表现为"监督有效"。

假设4.5-2　董事会多样性水平与国有企业股价崩盘风险正相关，即董事会多样性对国企股价崩盘风险的影响表现为"监督无效"。

综上，本章国有企业董事会多样性治理效应的研究框架如图4.1所示。

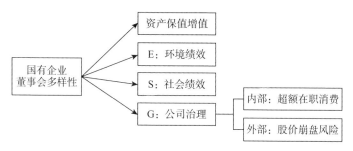

图 4.1　国有企业董事会多样性治理效应的研究框架

第二节　董事会多样性影响国有企业高质量发展的研究设计

一　变量定义

（一）资产保值增值

传统的理论认为，公司的发展是以实现股东财富最大化为目标的，但是，传统的业绩指标在衡量公司为股东创造价值方面存在一定的缺陷，而经济附加值（EVA）则很好地弥补了传统业绩指标的不足。经济附加值作为一种新型的价值分析工具，指企业从税后利润中扣除股权和债务的资本成本之后的所得。我国于 20 世纪 90 年代引入 EVA 评价体系，近 30 年来，该评价体系在我国企业的业绩评价体系方面得到了广泛应用。自 2010 年起，国务院国资委对国内 2 万余家国有企业进行 EVA 考核，考核结果与负责人的薪酬体系、职业晋升等紧密相关。

参考吴秋生和独正元（2022）的研究，本章通过经济附加值（EVA）来测度国有企业资产保值增值。具体而言，使用 EVA 除以上市公司总股本，即每股 EVA（EVAPerShare，EVA_P）来表征国有企业的资产保值增值情况。该值越大，代表国有企业的资产保值增值水平越高。

（二）环境绩效

根据上市公司在环境管理方面的表现进行赋值，并以此来测度企业的环境治理水平。具体而言，判断上市公司是否披露如下环境管理事项：①环保理念、环境方针和管理机构、绿色发展等情况（环保理念）；②历史环保目标完成情况及未来环保目标（环保目标）；③完备的环境管理制度（环境管理制度体系）；④参与环保相关的教育培训（环保教育与培训）；⑤参与环保等社会公益活动（环保专项行动）；⑥建立环境突发事件应急机制（环境事件应急机制）；⑦获得环境保护方面的荣誉或奖励（环保荣誉或奖励）；⑧执行"三同时"制度情况（"三同时"制度）。针对前述8项环境管理事项，上市公司每披露一项，赋值为1，否则为0，然后将8个细分维度的分数进行加总，得到上市公司整体的环境绩效评分，并标记为 Env，该指标的取值范围为 0 ~ 8，值越大，代表上市公司的环境绩效越好，环境治理水平越高。

（三）社会绩效

本章通过上市公司的慈善捐赠水平（$Donate$）来测度上市公司的社会绩效表现水平。通过上市公司财务报告中的营业外支出的细分项目，识别企业在公益性捐赠、对外捐赠、捐赠及赞助支出、扶贫捐赠等方面的具体金额，未披露的赋值为0。所有捐赠金额加1再进行取自然对数处理。值越大，意味着上市公司的慈善捐赠水平越高，企业社会绩效越好。

（四）公司治理

1. 超额在职消费

超额在职消费（$Experk$）为总的在职消费金额与正常的在职消费金额之间的差额，本章采用公式（4.1）计算出正常的在职消费：

$$\frac{Perk_{i,t}}{Asset_{i,t-1}} = \beta_0 + \beta_1 \frac{1}{Asset_{t-1}} + \beta_2 \frac{\Delta Sale_{i,t}}{Asset_{i,t-1}} + \beta_3 \frac{PPE_{i,t}}{Asset_{i,t-1}} + \beta_4 \frac{Inventory_{i,t}}{Asset_{i,t-1}} + \beta_5 \ln Employee_{i,t} + \varepsilon_{i,t} \tag{4.1}$$

其中，$Perk_{i,t}$ 表示在职消费总额，为办公费、差旅费、业务招待费、通信费、出国培训费、董事会费、车费和会议费共计8项费用的总金额，$Asset_{i,t-1}$ 为企业上期总资产，$\Delta Sale_{i,t}$ 为当期主营业务收入变动额，$PPE_{i,t}$ 为当期固定资产净值，$Inventory_{i,t}$ 为当期存货总额，$\ln Employee_{i,t}$ 为当期企业员工人数的自然对数。对样本进行分年度分行业回归，所得到的因变量预测值表示正常的在职消费金额，总的在职消费金额与正常的在职消费金额之间的差额表示超额在职消费。

2. 股价崩盘风险

借鉴 Kim 等（2019a，2019b）的相关研究，采用负收益偏态系数（$NCSKEW$）和收益上下波动率（$DUVOL$）两个指标来度量股价崩盘风险，具体的计算方法如下。

利用式（4.2）剔除市场因素对个股收益率的影响，其中，$R_{i,t}$ 为公司 i 在 t 周的收益率，$R_{m,t}$ 为第 t 周的周市场回报率，残差 $\varepsilon_{i,t}$ 即为不能被市场因素解释的部分，并定义 $W_{i,t} = \ln(1 + \varepsilon_{i,t})$ 为公司 i 在 t 周的特质收益率。

$$R_{i,t} = \beta_0 + \beta_1 R_{m,t-2} + \beta_2 R_{m,t-1} + \beta_3 R_{m,t} + \beta_4 R_{m,t+1} + \beta_5 R_{m,t+2} + \varepsilon_{i,t} \tag{4.2}$$

在获得个股周特质收益率之后，分别按照式（4.3）和式（4.4）计算股价崩盘风险。

$$NCSKEW_{i,t} = -\left[n(n-1)^{3/2}\sum W_{i,t}^3\right]/\left[(n-1)(n-2)\left(\sum W_{i,t}^2\right)^{3/2}\right] \tag{4.3}$$

其中，n 代表 i 公司在 t 年度在市场上交易的周数。

$$DUVOL_{i,t} = \ln\left\{\left[(n_{i,t,up}-1)\sum_{down} W_{i,t}^2\right]/\left[(n_{i,t,down}-1)\sum_{up} W_{i,t}^2\right]\right\} \tag{4.4}$$

其中，$n_{i,t,up}(n_{i,t,down})$ 为股票 i 在第 t 年中周特质收益率高于（低于）平均收益率的次数。

至此，本章主要变量定义如表 4.1 所示，董事会多样性和控制变量的定义与第三章保持一致，本章不再赘述。

表 4.1　主要变量定义

变量名称	变量符号	变量定义
国有企业资产保值增值	EVA_P	经济附加值（EVA）除以上市公司总股本
环境绩效	Env	根据上市公司是否披露环保理念、环保目标、环境管理制度体系、环保教育与培训、环保专项行动、环境事件应急机制、环保荣誉或奖励、"三同时"制度分别设置虚拟变量，然后进行加总
社会绩效	$Donate$	上市公司年度慈善捐赠金额加 1 取自然对数
超额在职消费	$Experk$	总的在职消费与正常在职消费之间的差额
负收益偏态系数	$NCSKEW$	详见公式（4.3）

变量名称	变量符号	变量定义
收益上下波动率	*DUVOL*	详见公式（4.4）

资料来源：笔者归纳整理。

二　回归模型设定

根据本章的具体研究内容和研究假设，本章拟通过多元回归模型检验国有企业董事会多样性对国有企业资产保值增值、环境绩效、社会绩效、超额在职消费和股价崩盘风险的影响。特别地，为了克服可能存在的内生性问题，本章将该部分实证检验中的因变量均进行了提前一期处理，即在探究国有企业董事会多样性治理效应时，因变量的研究区间为 2009～2020 年，自变量和控制变量的研究区间为 2008～2019 年。

（一）董事会多样性与国有企业资产保值增值

模型（4.5）用于检验董事会多样性对国有企业资产保值增值的影响。其中，因变量为 $EVA\_P_{i,t+1}$，代表国有企业 i 在 $t+1$ 年的资产保值增值；自变量为 $BD_{i,t}$，代表国有企业 i 在 t 年的董事会多样性水平。在模型中，本章控制了企业 i 在 t 年的企业规模（*Size*）、资产负债率（*Lev*）、赢利能力（*Roa*）、成长能力（*Growth*）、现金流（*Cash*）、企业年龄（*Age*）、股权集中度（*Top*1）、机构持股比例（*InsShare*）、董事持股比例（*B_Share*）、高管持股比例（*E_Share*）、董事薪酬（*B_Salary*）、高管薪酬（*E_Salary*）以及年份效应（*Year*）和行业效应（*Industry*）。

$$EVA\_P_{i,t+1} = \alpha_0 + \alpha_1 BD_{i,t} + Controls + \sum Year_{i,t} + \sum Industry_{i,t} + \varepsilon_{i,t} \quad (4.5)$$

（二）董事会多样性与国有企业环境绩效

模型（4.6）用于检验国有企业董事会多样性对企业环境绩效的影响，其中，因变量为 $Env_{i,t+1}$，代表国有企业 i 在 $t+1$ 年的环境绩效，其余各变量与模型（4.5）保持一致，不再赘述。

$$Env_{i,t+1} = \alpha_0 + \alpha_1 BD_{i,t} + Controls + \sum Year_{i,t} + \sum Industry_{i,t} + \varepsilon_{i,t} \quad (4.6)$$

（三）董事会多样性与国有企业社会绩效

模型（4.7）用于检验国有企业董事会多样性对企业社会绩效的影响，其中，因变量为 $Donate_{i,t+1}$，代表国有企业 i 在 $t+1$ 年的社会绩效（通过慈善捐赠水平测度），其余各变量与模型（4.5）保持一致，不再赘述。

$$Donate_{i,t+1} = \alpha_0 + \alpha_1 BD_{i,t} + Controls + \sum Year_{i,t} + \sum Industry_{i,t} + \varepsilon_{i,t} \quad (4.7)$$

（四）董事会多样性与国有企业超额在职消费

模型（4.8）用于检验国有企业董事会多样性对超额在职消费的影响，其中，因变量为 $Experk_{i,t+1}$，代表国有企业 i 在 $t+1$ 年的超额在职消费水平，其余各变量与模型（4.5）保持一致，不再赘述。

$$Experk_{i,t+1} = \alpha_0 + \alpha_1 BD_{i,t} + Controls + \sum Year_{i,t} + \sum Industry_{i,t} + \varepsilon_{i,t} \quad (4.8)$$

（五）董事会多样性与国有企业股价崩盘风险

模型（4.9）用于检验国有企业董事会多样性对股价崩盘风险的影响，其中，股价崩盘风险通过企业 i 在 $t+1$ 年的负收益偏态系数（$NCSKEW_{i,t+1}$）和收益上下波动率（$DUVOL_{i,t+1}$）测度。在检验国有企业董事会多样性对股价崩盘风险影响的过程中，参考有关股价崩盘风险影响因素的研究，本章在回归模型中对特质收益率均值（Ret）、特质收益率波动（$Sigma$）、换手率（$Dturn$）、企业规模（$Size$）、资产负债率（Lev）、赢利能力（Roa）、账市比（BM）、公司透明度（$ACCM$）加以控制。其中，企业规模、资产负债率和赢利能力三个指标与第三章保持一致。特质收益率均值（Ret）为年度周特定收益率均值乘以 100，特质收益率波动（$Sigma$）为年度周特定收益率标准差，换手率（$Dturn$）为 t 年月均换手率减去 $t-1$ 年月均换手率，账市比（BM）为总资产与总市值的比值，公司透明度（$ACCM$）为根据修正的 Jones 模型估计得到的可操纵应计利润的绝对值。根据研究假设，当系数 α_1 显著为负时，表明国有企业董事会多样性表现为"监督有效"，当系数 α_1 显著为正时，表明国有企业董事会多样性表现为"监督无效"。

$$\begin{aligned} NCSKEW_{i,t+1}/DUVOL_{i,t+1} = {} & \alpha_0 + \alpha_1 BD_{i,t} + \alpha_2 Ret_{i,t} + \alpha_3 Sigma_{i,t} + \alpha_4 Dturn_{i,t} + \\ & \alpha_5 Size_{i,t} + \alpha_6 Lev + \alpha_7 Roa_{i,t} + \alpha_8 BM_{i,t} + \\ & \alpha_9 ACCM_{i,t} + \sum Year_{i,t} + \sum Industry_{i,t} + \varepsilon_{i,t} \end{aligned} \quad (4.9)$$

第三节　董事会多样性影响国有企业高质量
发展的实证结果分析

一　描述性统计

国有企业董事会多样性治理效应主要变量的描述性统计结果列于表 4.2（董事会多样性和各控制变量的描述性统计结果已在第三章分析，此处不再赘述）。由表 4.2 可知，国有企业资产保值增值（EVA_P_{t+1}）的平均值为 0.0755，标准差为 0.4164，最小值和最大值分别为 -1.2239 和 1.6897，这表明国有企业在资产保值增值方面存在较大的差异。环境绩效（Env_{t+1}）的平均值仅为 1.3380。这表明，整体而言，国有企业的环境管理事项信息披露水平较低，有的企业甚至未披露环境管理事项信息（最小值为 0.0000）。在社会绩效方面，国有企业慈善捐赠（$Donate_{t+1}$）的平均值、标准差、最小值、中位数和最大值分别为 9.2690、5.8743、0.0000、11.7753 和 17.0503，表明国有企业在慈善捐赠行为方面存在较大的差异。在公司治理内部视角方面，国有企业的超额在职消费（$Experk_{t+1}$）的平均值、最小值和中位数分别为 0.0003、-0.0778 和 -0.0011，这说明就本章的研究样本而言，国有企业的超额在职消费较低。在公司治理外部视角方面，负收益偏态系数（$NCSKEW_{t+1}$）和收益上下波动率（$DUVOL_{t+1}$）的平均值分别为 -0.2893 和 -0.1889，相对应的最小值分别为 -2.3216 和 -1.2963，最大值分别为 1.4445 和 0.9489，标准差分别为 0.6729 和 0.4621，表明国有上市公司面临的股价崩盘风险存在较大差异。

表 4.2　主要变量描述性统计

变量	平均值	标准差	最小值	中位数	最大值
EVA_P_{t+1}	0.0755	0.4164	-1.2239	0.0231	1.6897
Env_{t+1}	1.3380	1.7820	0.0000	1.0000	8.0000
$Donate_{t+1}$	9.2690	5.8743	0.000	11.7753	17.0503
$Experk_{t+1}$	0.0003	0.0267	-0.0778	-0.0011	0.0913

变量	平均值	标准差	最小值	中位数	最大值
$NCSKEW_{t+1}$	−0.2893	0.6729	−2.3216	−0.2400	1.4445
$DUVOL_{t+1}$	−0.1889	0.4621	−1.2963	−0.1878	0.9489

资料来源：笔者根据检验结果整理。

二　单变量分析

根据国有企业董事会多样性是否高于中位数，将研究样本分为两组，然后进行单变量分析，对各个变量进行平均值和中位数的差异性检验，具体的检验结果如表4.3所示。

在国有企业董事会多样性水平较高的分组中，国有企业资产保值增值（EVA_P_{t+1}）的平均值和中位数分别为0.0812和0.0287；在董事会多样性水平较低的情况下，对应的平均值和中位数分别为0.0698和0.0190。不同分组下平均值和中位数的差异分别为0.0114和0.0097，并且至少通过了5%的显著性水平检验，这表明董事会多样性水平较高的国有企业资产保值增值水平要显著高于董事会多样性水平较低的国有企业，初步验证了研究假设4.1。

在环境绩效方面，在董事会多样性较高的分组中，国有企业环境绩效（Env_{t+1}）的平均值和中位数分别为1.4164和1.0000，二者均在1%的水平下显著高于低董事会多样性分组下的国有企业环境绩效，这表明，对于董事会多样性水平较高的国有企业，其在环境绩效方面的表现要显著优于董事会多样性水平较低的国有企业，初步验证了研究假设4.2。

在社会绩效方面，与董事会多样性水平较低的国有企业相比，董事会多样性水平较高的国有企业在慈善捐赠（$Donate_{t+1}$）方面的平均值和中位数分别要高0.6087和0.3102，二者的差异全部通过了1%水平下的差异性检验，这意味着董事会多样性水平越高，国有企业在社会绩效方面的表现越好，研究假设4.3得到初步验证。

在公司治理方面，本章将从内部治理（超额在职消费）和外部治理（股价崩盘风险）两个视角展开分析。由表4.3中列示的结果可知，在董事会多样性水平较高的分组中，超额在职消费（$Experk_{t+1}$）的平均值和中位数分别为 0.0001 和 − 0.0011；在董事会多样性水平较低的分组中，超额在职消费（$Experk_{t+1}$）的平均值和中位数分别为 0.0005 和 − 0.0010。不同分组之下的平均值和中位数的差异分别为 − 0.0004 和 − 0.0001，并且均在 1% 的水平下显著，说明在董事会多样性水平高的情况下，国有企业的超额在职消费水平更低，研究假设 4.4 得到初步验证。

在国有企业董事会多样性水平高的分组中，负收益偏态系数（$NCSKEW_{t+1}$）和收益上下波动率（$DUVOL_{t+1}$）的平均值分别为 − 0.3163 和 − 0.2087，小于董事会多样性低的分组中的 − 0.2622 和 − 0.1691，均值差异均通过了 1% 的显著性水平检验。中位数差异检验显示，国有企业高董事会多样性分组下的负收益偏态系数（$NCSKEW_{t+1}$）和收益上下波动率（$DUVOL_{t+1}$）的中位数分别要比低董事会多样性分组小 0.0502 和 0.0355，该差异均在 1% 的水平下显著。这说明董事会多样性水平越高，国有企业面临的股价崩盘风险越低，研究假设 4.5 − 1 的"监督有效"假说得到初步验证。

此外，在不同的国有企业董事会多样性分组之下，企业规模（$Size$）、资产负债率（Lev）、赢利能力（Roa）、成长能力（$Growth$）、现金流（$Cash$）、企业年龄（Age）、股权集中度（$Top1$）、机构持股比例（$InsShare$）、董事持股比例（B_Share）、高管持股比例（E_Share）、董事薪酬（B_Salary）和高管薪酬（E_Salary）的平均值和中位数均在 1% 的水平下存在显著性差异，因此，在探讨国有企业董事会多样性治理效应过程中对这些变量加以控制是必要的。

表 4.3　单变量分析结果

变量	高董事会多样性		低董事会多样性		均值差异（高−低）	中位数差异（高−低）
	平均值	中位数	平均值	中位数		
EVA_P_{t+1}	0.0812	0.0287	0.0698	0.0190	0.0114 ***	0.0097 **
Env_{t+1}	1.4164	1.0000	1.2589	0.0000	0.1575 ***	1.0000 ***
$Donate_{t+1}$	9.5745	11.9184	8.9658	11.6082	0.6087 ***	0.3102 ***
$Experk_{t+1}$	0.0001	− 0.0011	0.0005	− 0.0010	− 0.0004 ***	− 0.0001 ***

续表

变量	高董事会多样性		低董事会多样性		均值差异 （高－低）	中位数差异 （高－低）
	平均值	中位数	平均值	中位数		
$NCSKEW_{t+1}$	-0.3163	-0.2670	-0.2622	-0.2168	-0.0541 ***	-0.0502 ***
$DUVOL_{t+1}$	-0.2087	-0.2063	-0.1691	-0.1708	-0.0396 ***	-0.0355 ***
$Size$	22.2217	22.0371	22.3942	22.2306	-0.1725 ***	-0.1935 ***
Lev	0.4207	0.4180	0.4491	0.4481	-0.0284 ***	-0.0301 ***
Roa	0.0460	0.0405	0.0428	0.0361	0.0032 ***	0.0044 ***
$Growth$	0.1915	0.1255	0.1747	0.1067	0.0168 ***	0.0188 ***
$Cash$	0.1773	0.1464	0.1696	0.1378	0.0077 ***	0.0086 ***
Age	1.8439	1.9459	2.1574	2.3979	-0.3135 ***	-0.4520 ***
$Top1$	0.3371	0.3193	0.3539	0.3378	-0.0168 ***	-0.0185 ***
$InsShare$	0.3936	0.3973	0.4366	0.4527	-0.0430 ***	-0.0554 ***
B_Share	0.1348	0.0093	0.0802	0.0001	0.0546 ***	0.0092 ***
E_Share	0.0756	0.0026	0.0384	0.0001	0.0372 ***	0.0025 ***
B_Salary	14.1872	14.2628	13.7325	14.0786	0.4547 ***	0.1842 ***
E_Salary	14.3616	14.3398	14.2989	14.2920	0.0627 ***	0.0478 ***
Ret	-0.1133	-0.0855	-0.1195	-0.0907	0.0062 ***	0.0052 ***
$Sigma$	0.0447	0.0417	0.0461	0.0430	-0.0014 ***	-0.0013 ***
$Dturn$	-0.1351	-0.0632	-0.1911	-0.0929	0.0560 ***	0.0297 ***
BM	1.0898	0.7260	0.9177	0.6214	0.1721 ***	0.1046 ***
$ACCM$	0.0559	0.0388	0.0547	0.0379	0.0012 **	0.0009 **

资料来源：笔者根据检验结果整理。

三　相关性分析

在回归分析之前，首先对本章的核心变量进行相关性分析检验，具体的检验结果列于表4.4。由表中列示的结果可知，国有企业董事会多样性（BD）与国有企业资产保值增值（EVA_P_{t+1}）、环境绩效（Env_{t+1}）、社会绩效（$Donate_{t+1}$）、超额在职消费（$Experk_{t+1}$）、负收益偏态系数（$NCSKEW_{t+1}$）和收益上下波动率（$DUVOL_{t+1}$）之间的相关系数分别为0.0159、0.0633、0.0750、-0.0011、-0.0505和-0.0522，所有相关系数至少通过了 5% 的显著性水平检验，这意味着在不控制其他因素的情况下，国有企业董事会多样性水平越高，国有企业资产保值增值、环境绩效和社会绩效的表现情况越好，国有企业的超额在职消费和股价崩盘风险越低，检验结果符合本章的研究假设预期。

表 4.4 核心变量的相关性分析

变量	EVA_P_{t+1}	Env_{t+1}	$Donate_{t+1}$	$Experk_{t+1}$	$NCSKEW_{t+1}$	$DUVOL_{t+1}$
BD	0.0159 ***	0.0633 ***	0.0750 ***	− 0.0011 **	− 0.0505 ***	− 0.0522 ***

资料来源：笔者根据检验结果整理。

四　多元回归

基于前文设定的回归模型，本章通过多元回归分析检验混合所有制改革背景之下国有企业董事会多样性对国有企业资产保值增值、环境绩效、社会绩效和公司治理的影响。其中，公司治理分为内部和外部两个视角，内部视角聚焦于国有企业超额在职消费，外部视角聚焦于股价崩盘风险。

表 4.5 报告了国有企业董事会多样性治理效应的多元回归结果，在该部分回归中，因变量为国有企业资产保值增值（EVA_P_{t+1}）、环境绩效（Env_{t+1}）、社会绩效（$Donate_{t+1}$）和超额在职消费（$Experk_{t+1}$），自变量为国有企业董事会多样性（BD）。在所有回归中，本章对所有控制变量均进行控制，同时也将年份效应和行业效应纳入回归模型，以克服年份因素和行业因素对研究结论的影响。其中，列（1）列示了国有企业董事会多样性（BD）对国有企业资产保值增值（EVA_P_{t+1}）影响的回归结果，列（2）列示了国有企业董事会多样性（BD）对环境绩效（Env_{t+1}）影响的回归结果，列（3）列示了国有企业董事会多样性（BD）对社会绩效（$Donate_{t+1}$）影响的回归结果，列（4）列示了国有企业董事会多样性（BD）对超额在职消费（$Experk_{t+1}$）影响的回归结果。

列（1）显示的回归结果表明，国有企业董事会多样性（BD）对国有企业资产保值增值（EVA_P_{t+1}）的影响系数为 0.1654，对应的 t 值为 2.6917，且通过了 1% 的显著性水平检验，这表明国有企业董事会多样性对国有企业资产保值增值具有显著的促进作用，本章的研究假设 4.1 得到验证。就控制变量对国有企业资产保值增值的影响而言，企业规模（Size）、资产负债率（Lev）、赢利能力（Roa）、机构持股比例（InsShare）和高管薪酬（E_Salary）对国有企业资产保值增值（EVA_P_{t+1}）有显著的促进作用。董事持股比例（B_Share）和董事薪酬（B_Salary）会在一定程度上抑制国有企业资产保值增值（EVA_P_{t+1}）。

列（2）显示的回归结果表明，国有企业董事会多样性（BD）对国有企业环境绩效（Env_{t+1}）的影响系数在 5% 的水平下显著为正（系数为 0.3175，对应的 t 值为 2.4664），这表明国有企业董事会多样性与企业环境绩效之间存在正相关关系，董事会多样性水平越高，国有企业的环境绩效水平也越高，本章的研究假设 4.2 得到验证。就控制变量对环境绩效的影响而言，企业规模（Size）、赢利能力（Roa）、企业年龄（Age）、机构持股比例（InsShare）和高管薪酬（E_Salary）与国有企业环境绩效（Env_{t+1}）之间存在显著的正相关关系，资产负债率（Lev）、成长能力（Growth）、现金流（Cash）和高管持股比例（E_Share）与国有企业环境绩效（Env_{t+1}）之间存在显著的负相关关系。

列（3）显示的回归结果表明，国有企业董事会多样性（BD）对国有企业社会绩效（$Donate_{t+1}$）的影响系数为 3.1099，通过了 1% 的显著性水平检验（对应的 t 值为 6.7582），说明国有企业董事会多样性程度越高，国有企业的社会绩效水平越高（慈善捐赠水平越高），即国有企业董事会多样性能够促进企业社会绩效的提升，本章的研究假设 4.3 得到验证。就控制变量对社会绩效的影响而言，企业规模（Size）、资产负债率（Lev）、赢利能力（Roa）、董事持股比例（B_Share）、董事薪酬（B_Salary）和高管薪酬（E_Salary）对国有企业社会绩效（$Donate_{t+1}$）的影响至少在 5% 的水平下显著为正，成长能力（Growth）、现金流（Cash）、企业年龄（Age）、股权集中度（Top1）和高管持股比例（E_Share）对国有企业社会绩效（$Donate_{t+1}$）均有显著的抑制作用，且至少通过了 5% 的显著性水平检验。

列（4）显示的回归结果表明，国有企业董事会多样性（BD）对超额在职消费（$Experk_{t+1}$）的影响系数在 1% 的水平下显著为负，这意味着相对于董事会多样性水平较低的国有企业，董事会多样性水平高的国有企业超额在职消费水平更低，即本章的研究假设4.4得到验证，国有企业董事会多样性能够抑制企业超额在职消费。就控制变量对国有企业超额在职消费的影响而言，资产负债率（Lev）、赢利能力（Roa）、现金流（Cash）、机构持股比例（InsShare）、董事持股比例（B_Share）和高管薪酬（E_Salary）均会显著提高国有企业超额在职消费（$Experk_{t+1}$），企业规模（Size）则会在1%的水平下显著抑制国有企业超额在职消费（$Experk_{t+1}$）。

综合表4.5的列（1）到列（4）的结果可知，国有企业董事会多样性（BD）对国有企业资产保值增值（EVA_P_{t+1}）、环境绩效（Env_{t+1}）和社会绩效（$Donate_{t+1}$）均有显著的促进作用，而国有企业董事会多样性（BD）对超额在职消费（$Experk_{t+1}$）有显著的抑制作用，本章的研究假设4.1、研究假设4.2、研究假设4.3和研究假设4.4得到验证。就控制变量而言，企业规模（Size）、资产负债率（Lev）、赢利能力（Roa）和高管薪酬（E_Salary）均为影响国有企业资产保值增值（EVA_P_{t+1}）、环境绩效（Env_{t+1}）、社会绩效（$Donate_{t+1}$）和超额在职消费（$Experk_{t+1}$）的显著性因素。

表4.5　国有企业董事会多样性治理效应的多元回归结果

变量	(1) EVA_P_{t+1}	(2) Env_{t+1}	(3) $Donate_{t+1}$	(4) $Experk_{t+1}$
BD	0.1654***	0.3175**	3.1099***	−0.0090***
	(2.6917)	(2.4664)	(6.7582)	(−4.2623)
Size	0.0251***	0.5720***	1.3104***	−0.0067***
	(10.5682)	(36.4579)	(23.3652)	(−26.0058)
Lev	0.2190***	−0.5224***	0.8308**	0.0029*
	(15.0031)	(−5.4283)	(2.4148)	(1.8609)
Roa	6.9863***	0.6885**	16.3440***	0.0925***
	(143.6798)	(2.1475)	(14.2592)	(17.6310)
Growth	−0.0050	−0.2684***	−0.3474***	−0.0002
	(−0.8973)	(−7.2546)	(−2.6260)	(−0.3623)

续表

变量	(1)	(2)	(3)	(4)
	EVA_P_{t+1}	Env_{t+1}	$Donate_{t+1}$	$Experk_{t+1}$
Cash	- 0.0193	- 0.6978 ***	- 2.6618 ***	0.0079 ***
	(- 1.0163)	(- 5.5843)	(- 5.9588)	(3.8652)
Age	- 0.0022	0.1049 ***	- 0.2948 ***	0.0004
	(- 0.7120)	(4.9758)	(- 3.9093)	(1.1504)
Top1	- 0.0245	0.0436	- 2.6561 ***	- 0.0004
	(- 1.5829)	(0.4272)	(- 7.2798)	(- 0.2284)
InsShare	0.0378 ***	0.3920 ***	- 0.3491	0.0034 ***
	(3.2331)	(5.0871)	(- 1.2675)	(2.6577)
B_Share	- 0.0358 *	0.0581	2.6865 ***	0.0057 **
	(- 1.7377)	(0.4281)	(5.5346)	(2.5502)
E_Share	0.0308	- 0.5401 ***	- 1.2487 **	0.0015
	(1.2213)	(- 3.2364)	(- 2.0932)	(0.5546)
B_Salary	- 0.0029 ***	- 0.0052	0.0717 ***	0.0001
	(- 2.5998)	(- 0.7113)	(2.7277)	(1.1897)
E_Salary	0.0337 ***	0.1279 ***	0.4341 ***	0.0076 ***
	(8.9559)	(5.1547)	(4.8923)	(18.8302)
常数项	- 1.3585 ***	- 13.7431 ***	- 26.2176 ***	0.0344 ***
	(- 24.3225)	(- 36.9387)	(- 19.7119)	(5.6570)
年份/行业	Yes	Yes	Yes	Yes
R^2	0.6890	0.2618	0.1318	0.1183
样本量	10078	10078	10078	10078

资料来源：笔者根据检验结果整理。

国有企业董事会多样性（BD）对股价崩盘风险影响的多元回归结果列于表 4.6。其中，列（1）以负收益偏态系数（$NCSKEW_{t+1}$）为因变量，列（2）以收益上下波动率（$DUVOL_{t+1}$）为因变量。由表中列示的结果可以看出，国有企业董事会多样性（BD）对负收益偏态系数（$NCSKEW_{t+1}$）和收益上下波动率（$DUVOL_{t+1}$）的影响系数分别为 - 0.2038 和 - 0.1419，且均通过了 1% 的显著性水平检验（对应的 t 值分别为 - 3.1635 和

－3.2273），这表明国有企业董事会多样性（BD）水平越高，股价崩盘风险（负收益偏态系数和收益上下波动率）越低，也就是说董事会多样性可以降低国有企业股价崩盘风险，本章的研究假设 4.5－1 得到验证，即国有企业董事会多样性对股价崩盘风险的影响表现为"监督有效"。

就控制变量对股价崩盘风险的影响而言，特质收益率均值（Ret）、特质收益率波动（$Sigma$）、赢利能力（Roa）和公司透明度（$ACCM$）对负收益偏态系数（$NCSKEW_{t+1}$）和收益上下波动率（$DUVOL_{t+1}$）均有显著的促进作用，而企业规模（$Size$）和账市比（BM）对负收益偏态系数（$NCSKEW_{t+1}$）和收益上下波动率（$DUVOL_{t+1}$）均有显著的抑制作用，所得结论与既有研究基本保持一致。

表 4.6　国有企业董事会多样性对股价崩盘风险影响的多元回归结果

变量	(1)	(2)
	$NCSKEW_{t+1}$	$DUVOL_{t+1}$
BD	－ 0.2038 ***	－ 0.1419 ***
	（－ 3.1635）	（－ 3.2273）
Ret	0.9649 ***	0.5841 ***
	（3.6290）	（3.2016）
Sigma	6.8294 ***	3.9350 ***
	（4.6519）	（3.9065）
Dturn	－ 0.0171	－ 0.0133
	（－ 1.3408）	（－ 1.5143）
Size	－ 0.0050 ***	－ 0.0130 ***
	（－ 2.7275）	（－ 2.7858）
Lev	－ 0.0136	－ 0.0183
	（－ 0.3497）	（－ 0.6861）
Roa	0.6193 ***	0.3585 ***
	（5.0740）	（4.2807）
BM	－ 0.0657 ***	－ 0.0351 ***
	（－ 7.2464）	（－ 5.6454）

续表

变量	(1)	(2)
	$NCSKEW_{t+1}$	$DUVOL_{t+1}$
ACCM	0.2666 ***	0.1186 *
	(2.8109)	(1.8231)
常数项	− 0.3822 **	0.1270
	(− 2.3964)	(1.1604)
年份/行业	Yes	Yes
R^2	0.0505	0.0508
样本量	10078	10078

资料来源：笔者根据检验结果整理。

第四节　董事会多样性影响国有企业高质量发展的内生性控制与稳健性检验

一　内生性控制

为了克服由样本自选择偏误、变量测量误差和遗漏变量等可能引起的内生性问题，确保研究结论的真实性，本章拟通过如下 6 种方法对可能存在的内生性问题进行控制，具体包括 Heckman 两阶段模型、工具变量回归、倾向得分匹配、熵平衡、固定效应模型和安慰剂检验。

（一）Heckman 两阶段模型

通过 Heckman 两阶段模型缓解可能存在的自选择问题。第一阶段，按照国有企业董事会多样性是否高于年度中位数将样本分为两组，高于年度中位数的赋值为 1，低于年度中位数的赋值为 0，并标记为 BD_01，建立国有企业董事会多样性高与低（BD_01）的 Probit 模型。根据本章有关国有企业董事会多样性影响因素的检验结果，选取企业所在地的女性占比（R_F）和高校数量（R_S）作为国有企业董事会多样性高与低（BD_01）的外生变量，控制变量与前文保持一致，具体的回归模型如模型（4.10）所示。第二阶段，根据模型（4.10）的回归结果，计算逆米尔斯比率（IMR），并将其作为控制变量纳入回归模型。基于 Heckman 两阶段的回归检验结果列于表 4.7，列（1）是第一阶段的回归结果，列（2）到列（7）是第二阶段的回归结果。

$$BD\_01_{i,t} = \alpha_0 + \alpha_1 R\_F_{i,t} + \alpha_2 R\_S_{i,t} + Controls + \sum Year_{i,t} + \sum Industry_{i,t} + \varepsilon_{i,t}$$

$$(4.10)$$

第一阶段的回归结果即表 4.7 列（1）显示，企业所在地女性占比（R_F）和高校数量（R_S）对国有企业董事会多样性高与低（BD_01）的影响系数分别为 3.3603 和 0.1731，对应的 t 值分别为 2.0834 和 4.0463，且分别通过了 5% 和 1% 的显著性水平检验，这意味着在地区人口多样性程度高的地区，国有企业董事会的多样性水平更高。列（2）到列（7）列示了加入逆米尔斯比率（IMR）之后的第二阶段回归检验结果。由列（2）到列（7）列示的结果可知，逆米尔斯比率（IMR）对国有企业资产保值增值（EVA_P_{t+1}）、环境绩效（Env_{t+1}）、社会绩效（$Donate_{t+1}$）、超额在职消费（$Experk_{t+1}$）、负收益偏态系数（$NCSKEW_{t+1}$）和收益上下波动率（$DUVOL_{t+1}$）的影响系数均通过了显著性检验，这说明本章确实存在一定程度的自选择问题。本章重点关注的董事会多样性（BD）在控制逆米尔斯比率之后，对国有企业资产保值增值（EVA_P_{t+1}）、环境绩效（Env_{t+1}）和社会绩效（$Donate_{t+1}$）的影响系数至少在 5% 的水平下显著为正，对超额在职消费（$Experk_{t+1}$）、负收益偏态系数（$NCSKEW_{t+1}$）和收益上下波动率（$DUVOL_{t+1}$）的影响系数均在 1% 的水平下显著为负。这表明，在克服存在的样本自选择问题之后，本章的研究结论依然成立，即董事会多样性在提高国有企业资产保值增值、环境绩效和社会绩效的同时，也能够有效提升国有企业的治理水平，具体表现为降低国有企业的超额在职消费和股价崩盘风险。

表 4.7　国有企业董事会多样性治理效应的内生性控制：Heckman 两阶段

变量	(1)	(2)	(3)	(4)	(5)	(6)	(7)
	BD_01	EVA_P_{t+1}	Env_{t+1}	$Donate_{t+1}$	$Experk_{t+1}$	$NCSKEW_{t+1}$	$DUVOL_{t+1}$
BD		0.1659 ***	0.3043 **	3.1975 ***	−0.0092 ***	−0.1877 ***	−0.1357 ***
		(2.6369)	(2.3608)	(6.9422)	(−4.3843)	(−2.9028)	(−3.0739)

续表

变量	(1)	(2)	(3)	(4)	(5)	(6)	(7)
	BD_01	EVA_P_{t+1}	Env_{t+1}	$Donate_{t+1}$	$Experk_{t+1}$	$NCSKEW_{t+1}$	$DUVOL_{t+1}$
IMR		-0.0059**	0.3813*	2.5299***	-0.0077**	0.3372***	0.1175*
		(-2.1982)	(1.9559)	(3.6309)	(-2.4258)	(3.3540)	(1.7033)
R_F	3.3603**						
	(2.0834)						
R_S	0.1731***						
	(4.0463)						
常数项	-1.2748	-1.3453***	-14.6124***	-31.9845***	0.0521***	-0.6339***	0.0392
	(-1.2792)	(-15.4656)	(-25.2118)	(-15.4422)	(5.4918)	(-3.5976)	(0.3244)
控制变量	Yes	Yes	Yes	Yes	Yes	Yes	Yes
年份/行业	Yes	Yes	Yes	Yes	Yes	Yes	Yes
R^2	0.0515	0.6890	0.2620	0.1326	0.1186	0.0514	0.0511
样本量	10078	10078	10078	10078	10078	10078	10078

资料来源：笔者根据检验结果整理。

（二）工具变量回归

延续前文思路并参照 Cumming 和 Leung（2021）的研究，本章使用企业所在地女性占比（R_F）和高校数量（R_S）作为国有企业董事会多样性（BD）的工具变量进行两阶段最小二乘回归（2SLS），原因有两点。从相关性的角度看，前文已经证实地区人口多样性与国有企业董事会多样性之间的关系，即国有企业所在地的人口多样性能够在劳动力供给视角下提高董事会的多样性水平。从这一角度看，地区女性占比和地区高校数量满足工具变量的相关性要求。从外生性的角度看，地区女性占比和地区高校数量属于典型的外生变量，不会对国有企业资产保值增值、环境绩效、社会绩效、超额在职消费和股价崩盘风险产生直接影响，符合工具变量的外生性要求。此外，本章同时进行了弱工具变量检验，检验结果显示，第一阶段回归的 F 统计量为 34.5973，远远大于临界值 10，表明本章不存在弱工具变量问题。基于工具变量回归的内生性控制检验结果列于表4.8，其中，列（1）为第一阶段的回归结果，列（2）到列（7）为第二阶段的回归结果。

由列（1）显示的第一阶段回归检验结果可以看出，企业所在地女性占比（R_F）和高校数量（R_S）对国有企业董事会多样性（BD）的影响系数均为正值，且至少通过了5%的显著性水平检验，这意味着地区人口多样性水平越高，其区域内的国有企业董事会多样性水平越高，这也进一步验证了地区人口多样性对国有企业董事会多样性的促进作用是稳健的。从第二阶段的回归检验结果来看，董事会多样性（BD）对国有企业资产保值增值（EVA_P_{t+1}）、环境绩效（Env_{t+1}）和社会绩效（$Donate_{t+1}$）的影响系数全部为正，并且至少通过了5%的显著性水平检验，说明国有企业董事会多样性能够提高国有企业的资产保值增值、环境绩效和社会绩效，董事会多样性（BD）对超额在职消费（$Experk_{t+1}$）、负收益偏态系数（$NCSKEW_{t+1}$）和收益上下波动率（$DUVOL_{t+1}$）的影响系数全部显著为负，表明董事会多样性能够有效降低国有企业的超额在职消费水平和股价崩盘风险。前述实证检验结果表明，在使用工具变量回归克服可能存在的内生性问题之后，本章的研究假设再次得到验证。

表4.8　国有企业董事会多样性治理效应的内生性控制：工具变量回归

变量	(1)	(2)	(3)	(4)	(5)	(6)	(7)
	BD	EVA_P_{t+1}	Env_{t+1}	$Donate_{t+1}$	$Experk_{t+1}$	$NCSKEW_{t+1}$	$DUVOL_{t+1}$
BD		0.2168 **	1.8375 ***	11.9427 ***	− 0.0419 ***	− 2.6101 ***	− 1.2287 **
		(2.2213)	(2.8549)	(5.1867)	(− 3.9765)	(− 3.5307)	(− 2.4342)
R_F	0.7922 **					0.9552 ***	0.5809 ***
	(2.1066)					(3.5923)	(3.1830)
R_S	0.0409 ***					6.3530 ***	3.7708 ***
	(4.1405)					(4.3050)	(3.7229)
常数项	0.2053	− 1.3405 ***	− 13.9362 ***	− 24.9619 ***	0.0310 ***	0.7322 *	0.5130 *
	(0.8828)	(− 24.0820)	(− 37.9735)	(− 19.0119)	(5.1566)	(1.9104)	(1.9503)
控制变量	Yes	Yes	Yes	Yes	Yes	Yes	Yes

变量	（1）	（2）	（3）	（4）	（5）	（6）	（7）
	BD	EVA_P_{t+1}	Env_{t+1}	$Donate_{t+1}$	$Experk_{t+1}$	$NCSKEW_{t+1}$	$DUVOL_{t+1}$
年份/行业	Yes	Yes	Yes	Yes	Yes	Yes	Yes
R^2	0.0682	0.6890	0.2619	0.1306	0.1181	0.0508	0.0504
样本量	10078	10078	10078	10078	10078	10078	10078

资料来源：笔者根据检验结果整理。

（三）倾向得分匹配

分年度将国有企业董事会多样性由高到低降序排列，并将样本分为五组，将董事会多样性最高的分组设定为实验组，剩下的分组定义为对照组。经过前述处理，全体样本中有 1/5 的样本被设定为实验组，有 4/5 的样本被设定为对照组，然后按照 1∶1 的比例为实验组样本匹配具有相邻特征的对照组样本，当因变量为国有企业资产保值增值（EVA_P_{t+1}）、环境绩效（Env_{t+1}）、社会绩效（$Donate_{t+1}$）和超额在职消费（$Experk_{t+1}$）时，匹配过程中选取的协变量包括企业规模（$Size$）、资产负债率（Lev）、赢利能力（Roa）、成长能力（$Growth$）、现金流（$Cash$）、企业年龄（Age）、股权集中度（$Top1$）、机构持股比例（$InsShare$）、董事持股比例（B_Share）、高管持股比例（E_Share）、董事薪酬（B_Salary）、高管薪酬（E_Salary）、年份（$Year$）和行业（$Industry$）；当因变量为负收益偏态系数（$NCSKEW_{t+1}$）和收益上下波动率（$DUVOL_{t+1}$）时，匹配过程中选取的协变量包括特质收益率均值（Ret）、特质收益率波动（$Sigma$）、换手率（$Dturn$）、账市比（BM）、企业规模（$Size$）、资产负债率（Lev）、赢利能力（Roa）、公司透明度（$ACCM$）、年份（$Year$）和行业（$Industry$）。基于倾向得分匹配之后的样本，重新检验本章的研究假设，具体的检验结果列于表 4.9。

由表 4.9 列示的内容可以看出，在列（1）中，董事会多样性（BD）对国有企业资产保值增值（EVA_P_{t+1}）的影响系数在 10% 的水平下显著为正，这意味着国有企业董事会多样性能够提升国有企业资产保值增值。列（2）和列（3）的结果显示，董事会多样性（BD）对国有企业环境绩效（Env_{t+1}）和社会绩效（$Donate_{t+1}$）的影响系数全部为正，且至少通过了 5% 的显著性水平检验，说明国有企业董事会多样性能够有效提升国有企业的环境绩效和社会绩效。基于倾向得分匹配样本的董事会多样性（BD）对超额在职消费（$Experk_{t+1}$）影响的检验结果展示于列（4），结果显示，国有企业董事会多样性（BD）的影响系数在 5% 的水平下显著为负，表明董事会多样性对国有企业超额在职消费有显著的抑制作用。基于倾向得分匹配样本的国有企业董事会多样性对股价崩盘风险影响的检验结果展示于列（5）和列（6），从中可以看出，国有企业董事会多样性（BD）对负收益偏态系数（$NCSKEW_{t+1}$）和收益上下波动率（$DUVOL_{t+1}$）的影响系数均在 10% 的水平下显著为负，说明董事会多样性能够有效缓解国有企业的股价崩盘风险。基于倾向得分匹配样本的检验结果显示，本章研究假设 4.1、研究假设 4.2、研究假设 4.3、研究假设 4.4 和研究假设 4.5-1 再次得到验证。

表 4.9　国有企业董事会多样性治理效应的内生性控制：倾向得分匹配

变量	（1） EVA_P_{t+1}	（2） Env_{t+1}	（3） $Donate_{t+1}$	（4） $Experk_{t+1}$	（5） $NCSKEW_{t+1}$	（6） $DUVOL_{t+1}$
BD	0.1721 * (1.7141)	0.4968 ** (2.3790)	2.5894 *** (3.6600)	-0.0071 ** (-2.1374)	-0.1453 * (-1.8501)	-0.0886 * (-1.6524)
常数项	-1.4357 *** (-15.4160)	-12.9890 *** (-20.6200)	-25.8640 *** (-11.5336)	0.0457 *** (4.3564)	-0.3443 (-1.3212)	0.2078 (1.1676)
控制变量	Yes	Yes	Yes	Yes	Yes	Yes
年份/行业	Yes	Yes	Yes	Yes	Yes	Yes
R^2	0.6934	0.2694	0.1321	0.1270	0.0572	0.0554
样本量	3648	3648	3648	3648	3648	3648

资料来源：笔者根据检验结果整理。

（四）熵平衡

实证研究在使用倾向得分匹配克服内生性的过程中，会出现样本因无法成功匹配而被剔除的情况，为了克服样本剔除对研究结论的影响，本章采用 Hainmueller（2012）提出的熵平衡对样本进行处理。熵平衡的核心思想是经过赋权处理，使得不同分组之下变量的均值和偏度保持一致，进而实现不同分组之间变量的均衡。按照董事会多样性是否高于年度中位数将样本分为两组，然后对低于年度中位数的样本进行赋权处理，使得低于年度中位数分组中各控制变量的均值和偏度与高于年度中位数分组中的各控制变量的均值和偏度保持一致，进而使得本章参与回归的样本之间实现均衡，赋权处理的变量包括企业规模（$Size$）、资产负债率（Lev）、赢利能力（Roa）、成长能力（$Growth$）、现金流（$Cash$）、企业年龄（Age）、股权集中度（$Top1$）、机构持股比例（$InsShare$）、董事持股比例（B_Share）、高管持股比例（E_Share）、董事薪酬（B_Salary）、高管薪酬（E_Salary）、特质收益率均值（Ret）、特质收益率波动（$Sigma$）、换手率（$Dturn$）、账市比（BM）和公司透明度（$ACCM$）。基于熵平衡处理之后的样本重新检验本章的研究假设，具体的检验结果列于表 4.10。

表 4.10　国有企业董事会多样性治理效应的内生性控制：熵平衡

变量	(1) EVA_P_{t+1}	(2) Env_{t+1}	(3) $Donate_{t+1}$	(4) $Experk_{t+1}$	(5) $NCSKEW_{t+1}$	(6) $DUVOL_{t+1}$
BD	0.1565 ** (2.4720)	0.3871 *** (2.7648)	2.4835 *** (5.0838)	−0.0105 *** (−4.3925)	−0.1783 *** (−2.7074)	−0.1330 *** (−2.9594)
常数项	−1.3509 *** (−19.0919)	−13.5122 *** (−34.0562)	−25.3516 *** (−17.3786)	0.0355 *** (5.2311)	−0.4307 *** (−2.6274)	0.0986 (0.8730)
控制变量	Yes	Yes	Yes	Yes	Yes	Yes
年份/行业	Yes	Yes	Yes	Yes	Yes	Yes
R^2	0.6870	0.2656	0.1290	0.1281	0.0501	0.0503
样本量	10078	10078	10078	10078	10078	10078

资料来源：笔者根据检验结果整理。

由表 4.10 列示的结果可以看出，董事会多样性（BD）对国有企业资产保值增值（EVA_P_{t+1}）、环境绩效（Env_{t+1}）和社会绩效（$Donate_{t+1}$）的影响系数全部为正值，并且至少通过了 5% 的显著性水平检验，表明董事会多样性能够提高国有企业资产保值增值、环境绩效和社会绩效。与董事会多样性水平较低的国有企业相比，董事会多样性水平越高的国有企业在资产保值增值、环境绩效和社会绩效方面的表现越好。列（4）到列（6）的回归检验结果表明，董事会多样性（BD）的影响系数全部显著为负，并且均通过了1%的显著性水平检验，表明董事会多样性能够有效提升国有企业的治理水平。在内部视角方面，董事会多样性能够有效降低国有企业的超额在职消费；在外部视角方面，董事会多样性能够有效缓解国有企业的股价崩盘风险。基于熵平衡处理之后样本的多元回归检验结果表明，在克服变量之间的差异之后，本章的研究结论依然成立，国有企业董事会多样性表现出良好的治理效应。

（五）固定效应模型

为了克服由变量遗漏引起的内生性问题，采用双向固定效应模型重新检验本章的研究假设，即在回归模型中纳入控制变量的同时，对时间效应和公司个体效应加以控制，基于固定效应模型对研究假设的回归检验结果如表4.11所示。由列（1）、列（2）和列（3）可知，董事会多样性（BD）对国有企业资产保值增值（EVA_P_{t+1}）、环境绩效（Env_{t+1}）和社会绩效（$Donate_{t+1}$）的影响系数至少在5%的水平下显著为正，说明董事会多样性能够提高国有企业资产保值增值、环境绩效和社会绩效，本章的研究假设4.1、研究假设4.2和研究假设4.3得到验证。列（4）、列（5）和列（6）显示，董事会多样性（BD）对超额在职消费（$Experk_{t+1}$）、负收益偏态系数（$NCSKEW_{t+1}$）和收益上下波动率（$DUVOL_{t+1}$）的影响系数全部在1%的水平下显著为负，表明董事会多样性能够有效降低国有企业超额在职消费和股价崩盘风险（负收益偏态系数和收益上下波动率），即董事会多样性能够有效提升国有企业的公司治理水平，本章的研究假设4.4和研究假设4.5－1再次得到验证。在使用固定效应模型克服由变量遗漏引起的内生性问题之后，本章的研究结论依然稳健成立。

表4.11　国有企业董事会多样性治理效应的内生性控制：固定效应模型

变量	（1） EVA_P_{t+1}	（2） Env_{t+1}	（3） $Donate_{t+1}$	（4） $Experk_{t+1}$	（5） $NCSKEW_{t+1}$	（6） $DUVOL_{t+1}$
BD	0.1503 ** （2.3713）	0.2709 ** （2.1462）	2.8277 *** （6.1761）	－ 0.0096 *** （－ 4.5412）	－ 0.1783 *** （－ 2.7074）	－ 0.1330 *** （－ 2.9594）

续表

变量	（1）	（2）	（3）	（4）	（5）	（6）
	EVA_P_{t+1}	Env_{t+1}	$Donate_{t+1}$	$Experk_{t+1}$	$NCSKEW_{t+1}$	$DUVOL_{t+1}$
常数项	− 1.4083 ***	− 12.6288 ***	− 30.0853 ***	0.0200 *	− 0.3641	0.1899
	（ − 12.5254）	（ − 17.8501）	（ − 11.7217）	（1.6793）	（ − 1.2046）	（0.9140）
控制变量	Yes	Yes	Yes	Yes	Yes	Yes
年份/个体	Yes	Yes	Yes	Yes	Yes	Yes
R^2	0.7067	0.3689	0.2356	0.2035	0.0903	0.0829
样本量	10078	10078	10078	10078	10078	10078

资料来源：笔者根据检验结果整理。

（六）安慰剂检验

前文的实证检验结果表明，董事会多样性能够提高国有企业资产保值增值、环境绩效和社会绩效，可以有效降低国有企业的超额在职消费，缓解国有企业的股价崩盘风险，即国有企业董事会多样性表现出良好的治理效应。为确保这种有效的治理效应是稳健存在的，本章采用替换自变量的方法进行安慰剂检验，具体而言，在保持其他变量不变的情况下，将国有企业董事会多样性进行随机排列，然后重新检验本章的研究假设，如果此时的董事会多样性未表现出稳健的治理效应，则表明前述研究得到的结论是可靠的。基于安慰剂检验的多元回归检验结果列于表4.12。由表中列示的结果可知，国有企业董事会多样性（BD）对国有企业资产保值增值（EVA_P_{t+1}）、环境绩效（Env_{t+1}）、社会绩效（$Donate_{t+1}$）、超额在职消费（$Experk_{t+1}$）、负收益偏态系数（$NCSKEW_{t+1}$）和收益上下波动率（$DUVOL_{t+1}$）的影响系数分别为 0.0593、− 0.0357、− 0.3152、0.0016、0.0572 和 0.0281，但均未通过统计学上的显著性检验，这表明董事会多样性与国有企业资产保值增值、环境绩效、社会绩效、超额在职消费、负收益偏态系数和收益上下波动率之间存在因果关系，本章的研究假设4.1、研究假设4.2、研究假设4.3、研究假设4.4和研究假设4.5-1再次得到验证。

表 4.12 国有企业董事会多样性治理效应的内生性控制：安慰剂检验

变量	(1)	(2)	(3)	(4)	(5)	(6)
	EVA_P_{t+1}	Env_{t+1}	$Donate_{t+1}$	$Experk_{t+1}$	$NCSKEW_{t+1}$	$DUVOL_{t+1}$
BD	0.0593	−0.0357	−0.3152	0.0016	0.0572	0.0281
	(0.9422)	(−0.2917)	(−0.7201)	(0.8056)	(0.8994)	(0.6483)
常数项	−1.3465***	−13.9091***	−24.5379***	0.0286***	−0.4992***	0.0309
	(−24.0821)	(−37.1191)	(−18.3028)	(4.6656)	(−3.1327)	(0.2829)
控制变量	Yes	Yes	Yes	Yes	Yes	Yes
年份/行业	Yes	Yes	Yes	Yes	Yes	Yes
R^2	0.6888	0.2610	0.1295	0.1173	0.0496	0.0498
样本量	10078	10078	10078	10078	10078	10078

资料来源：笔者根据检验结果整理。

二 稳健性检验

（一）董事会多样性对国有企业资产保值增值影响的稳健性检验

使用更换因变量对国有企业董事会多样性与国有企业资产保值增值之间的关系进行稳健性检验，具体而言，本章使用三种方法重新测度国有企业资产保值增值。①投入资产回报率（ROIC），使用税后营业利润占企业投资总额的比例测度国有企业资产保值增值；②EVA 率（EVA_R），使用 EVA 占企业投资总额的比例测度国有企业资产保值增值；③销售 EVA 率（EVA_S），使用 EVA 占主营业务收入的比例测度国有企业资产保值增值。基于更换因变量的稳健性检验结果列于表 4.13，由表中列示的结果可以看出，国有企业董事会多样性（BD）对未来一期投入资产回报率（RO-IC_{t+1}）、EVA 率（EVA_R_{t+1}）和销售 EVA 率（EVA_S_{t+1}）的影响系数分别为 0.0132、0.1400 和 0.0277，全部通过了 5% 的显著性水平检验，进一步证实董事会多样性能够促进国有企业资产保值增值，表明本章的研究假设 4.1 是稳健成立的。

表 4.13　董事会多样性影响国有企业资产保值增值的稳健性检验

变量	(1)	(2)	(3)
	$ROIC_{t+1}$	EVA_R_{t+1}	EVA_S_{t+1}
BD	0.0132 **	0.1400 **	0.0277 **
	(2.2542)	(1.9877)	(2.5270)
常数项	−0.0719 ***	−1.9222 ***	−0.1987 ***
	(−13.8029)	(−30.7243)	(−20.4051)
控制变量	Yes	Yes	Yes
年份/行业	Yes	Yes	Yes
R^2	0.8975	0.8900	0.8097
样本量	10078	10078	10078

资料来源：笔者根据检验结果整理。

（二）董事会多样性对国有企业环境绩效影响的稳健性检验

针对国有企业董事会多样性与环境绩效之间的关系，本章通过更换回归模型和更换因变量两种方法进行稳健性检验。前文在刻画国有企业环境绩效时，根据国有企业在环保理念（E1）、环保目标（E2）、环境管理制度体系（E3）、环保教育与培训（E4）、环保专项行动（E5）、环境事件应急机制（E6）、环保荣誉或奖励（E7）、"三同时"制度（E8）8 个维度的披露情况分别设置虚拟变量，然后使用加总获得的值测度国有企业的环境绩效。从这一角度看，本章的环境绩效代理指标为典型的计数变量，适用泊松回归，基于泊松回归的检验结果如表 4.14 的列（1）所示。其中，董事会多样性（BD）对国有企业环境绩效（Env_{t+1}）的影响系数为 0.2343，通过了 1% 水平下的显著性检验，基于泊松回归的检验结果进一步证实本章的研究假设 4.2 是稳健成立的，即董事会多样性能够提高国有企业的环境绩效。

此外，本章采用 Logit 回归检验董事会多样性对环境绩效细分维度的影响，具体的回归结果展示于表 4.14 列（2）到列（9）。国有企业董事会多样性（BD）对环保理念（$E1_{t+1}$）、环保目标（$E2_{t+1}$）、环境管理制度体系（$E3_{t+1}$）、环保教育与培训（$E4_{t+1}$）、环保专项行动（$E5_{t+1}$）、环境事件应急机制（$E6_{t+1}$）、环保荣誉或奖励（$E7_{t+1}$）、"三同时"制度（$E8_{t+1}$）的

表 4.14　董事会多样性影响国有企业环境绩效的稳健性检验

变量	(1) 泊松回归	(2)	(3)	(4)	(5)	(6)	(7)	(8)	(9)
		因变量细分维度（Logit 回归）							
	Env_{t+1}	$E1_{t+1}$	$E2_{t+1}$	$E3_{t+1}$	$E4_{t+1}$	$E5_{t+1}$	$E6_{t+1}$	$E7_{t+1}$	$E8_{t+1}$
BD	0.2343***	0.0437	0.8489***	0.4060**	0.3101	0.8194***	0.1223	0.0012	0.2230
	(3.4671)	(0.2176)	(3.1114)	(2.0112)	(0.9916)	(3.1919)	(0.4645)	(0.0047)	(0.7135)
常数项	-9.6680***	-18.5691***	-19.4600***	-15.7249***	-17.9242***	-18.3330***	-12.6046***	-14.8333***	-12.7954***
	(-19.0968)	(-29.3943)	(-20.8761)	(-25.3050)	(-17.5946)	(-24.3435)	(-15.5835)	(-19.5141)	(-14.4365)
控制变量	Yes	Yes	Yes	Yes	Yes	Yes	Yes	Yes	Yes
年份/行业	Yes	Yes	Yes	Yes	Yes	Yes	Yes	Yes	Yes
R^2	0.1622	0.1435	0.1534	0.1309	0.1052	0.1302	0.1914	0.0997	0.1518
样本量	10078	10078	10078	10078	10078	10078	10078	10078	10078

资料来源：笔者根据检验结果整理。

影响系数全部为正，证实了董事会多样性对国有企业环境绩效的影响方向。当因变量为环保目标（$E2_{t+1}$）、环境管理制度体系（$E3_{t+1}$）和环保专项行动（$E5_{t+1}$）时，国有企业董事会多样性（BD）的影响系数至少在5％的水平下显著为正，表明董事会多样性对国有企业环境绩效的影响主要体现在环保目标、环境管理制度体系和环保专项行动三个细分维度。

（三）董事会多样性对国有企业社会绩效影响的稳健性检验

有关董事会多样性影响国有企业社会绩效的稳健性检验从以下四个维度展开。

1. 更换变量测度

使用慈善捐赠金额占营业收入的比例（$Donate\_S$）和慈善捐赠金额占总资产的比例（$Donate\_A$）重新测度国有企业的社会绩效，具体的检验结果列于表4.15的列（1）和列（2）。由列示的结果可知，国有企业董事会多样性（BD）对 $Donate\_S_{t+1}$ 和 $Donate\_A_{t+1}$ 的影响系数均在1％的水平下显著为正，这表明董事会多样性能够有效提升国有企业的慈善捐赠水平，获得良好的社会绩效。

2. 排除宗教影响

Ramasamy 等（2010）的研究显示，管理者的宗教信仰及公司所处的宗教环境会对企业社会责任的履行产生显著的影响，因此，本章在稳健性检验的回归模型中纳入了上市公司所在城市拥有的佛寺（Buddhist Temple，BT）、道观（Taoist Temple，TT）、基督教堂（Christian Church，ChC）、清真寺（Mosque，M）和天主教堂（Catholic Church，CaC）的数量，以控制宗教因素对董事会多样性与国有企业社会绩效之间关系的影响。在表4.15中，列（3）到列（7）是分别在回归模型中控制了企业所在城市拥有的佛寺、道观、基督教堂、清真寺和天主教堂的数量，列（8）则是同时对前述五个变量加以控制，结果表明，在控制企业所在地的宗教环境之后，董事会多样性依然能够在1％的水平下显著提升国有企业社会绩效。

3. 剔除极端年份

在面对地震、洪水和疫情等灾害的时候，上市公司会通过慈善捐赠积极承担社会责任，在这种情况下，该年度的慈善捐赠金额会大幅度上升，为了排除这种较为极端的情况对研究结论的影响，结合本章因变量的研究

表4.15 董事会多样性影响国有企业社会绩效的稳健性检验

变量	更换变量测度			排除宗教影响					剔除极端年份	更换样本
	(1)	(2)	(3)	(4)	(5)	(6)	(7)	(8)	(9)	(10)
	$Donate\_S_{t+1}$	$Donate\_A_{t+1}$	$Donate_{t+1}$	$Donate_{t+1}$	$Donate_{t+1}$	$Donate_{t+1}$	$Donate_{t+1}$	$Donate_{t+1}$	$Donate_{t+1}$	$Donate_{t+1}$
BD	0.0410*** (6.1487)	0.0203*** (6.6111)	2.8087*** (6.1291)	2.9067*** (6.3290)	3.0253*** (6.5634)	2.9638*** (6.4453)	3.1478*** (6.8399)	2.8512*** (6.2308)	3.3528*** (6.1598)	0.9324*** (5.3583)
BT			0.3736*** (12.4259)					0.4595*** (6.8597)		
TT				0.2556*** (9.2715)				0.0719 (1.1859)		
ChC					0.2923*** (2.9385)			-0.3024** (-2.0140)		
M						-0.2782*** (-6.9999)		-0.0744 (-1.6118)		
CaC							-0.1620*** (-2.9435)	-0.5132*** (-7.2678)		
常数项	-0.0483** (-2.5051)	-0.0398*** (-4.4762)	-29.9282*** (-22.0714)	-28.1200*** (-20.9580)	-27.0950*** (-19.8821)	-24.9857*** (-18.6552)	-25.5766*** (-18.9824)	-28.0474*** (-19.9403)	-24.4537*** (-15.1458)	-7.8615*** (-15.4552)
控制变量	Yes	Yes	Yes	Yes	Yes	Yes	Yes	Yes	Yes	Yes

续表

变量	(1)	(2)	(3)	(4)	(5)	(6)	(7)	(8)	(9)	(10)
	更换变量测度		排除宗教影响						剔除极端年份	更换样本
	$Donate\_S_{t+1}$	$Donate\_A_{t+1}$	$Donate_{t+1}$	$Donate_{t+1}$	$Donate_{t+1}$	$Donate_{t+1}$	$Donate_{t+1}$	$Donate_{t+1}$	$Donate_{t+1}$	$Donate_{t+1}$
年份/行业	Yes	Yes	Yes	Yes	Yes	Yes	Yes	Yes	Yes	Yes
R^2	0.0480	0.0603	0.1414	0.1372	0.1324	0.1349	0.1324	0.1472	0.1220	0.2508
样本量	10078	10078	10078	10078	10078	10078	10078	10078	7308	7376

资料来源：笔者根据检验结果整理。

区间（2009～2020年），本章根据因变量的年份将2010年（青海玉树地震）和2020年（新冠疫情）的样本剔除，再次检验研究假设，以剔除地震和疫情对研究结论的影响。基于剔除极端年份的检验结果列于表4.15中的列（9），结果表明，董事会多样性对国有企业社会绩效有显著的促进作用。

4. 更换样本

剔除捐赠金额为0的样本重新检验董事会多样性对国有企业社会绩效的影响，具体的结果列于表4.15中的列（10），董事会多样性（BD）对国有企业社会绩效（$Donate_{t+1}$）的影响系数为正，并通过了1%的显著性水平检验。这表明，与董事会多样性水平较低的国有企业相比，董事会多样性水平较高的国有企业在慈善捐赠方面的投入力度更大，社会绩效更好。

上述四种稳健性检验均再次证实了董事会多样性与国有企业社会绩效之间的关系，即董事会多样性能够提高国有企业的社会绩效，说明本章的研究假设4.3是稳健成立的。

（四）董事会多样性对国有企业超额在职消费影响的稳健性检验

本章通过更换因变量、控制CEO学术经历和过度自信的影响两种方法对国有企业董事会多样性与超额在职消费之间的关系进行稳健性检验。

1. 更换因变量

使用管理费用扣除无形资产摊销、固定资产折旧、管理层货币薪酬、低值易耗品摊销等明显不属于在职消费支出项目后的金额作为在职消费总额的替代变量，根据模型（4.1）重新测度超额在职消费（New_Experk），基于更换因变量的检验结果列于表4.16中的列（1）。结果显示，董事会多样性（BD）对国有企业超额在职消费（New_Experk_{t+1}）的影响系数显著为负（系数为－0.0096，t值为－4.3014），表明董事会多样性能够显著抑制国有企业的超额在职消费，再次验证了本章的研究假设4.4。

2. 控制CEO学术经历和过度自信的影响

由高阶梯队理论可知，个人经历可以塑造认知模式和价值观念，而认知模式和价值观念又会影响个体的决策制定。就个人经历而言，学术经历十分重要。这是因为教师和学者是以教书育人和科研创新为使命的，教育工作要求学者严于律己、以身作则，科研事业要求学者淡泊明志，因此，学术职业的工作性质赋予学术型经理人以高尚的价值观，从而减少个体的超额在职消费活动。此外，经理人的个人心理特质并非完全相同，过度自信的经理人通常会高估自己的经营治理能力，这类经理人通常会持有本公司的股票。因此，在自身利益与股东利益保持一致的情况下，损害双方利益的超额在职消费行为自然也就得到抑制。

为了排除个体特质对本章结论的影响，本章控制了 CEO 的学术经历（$Academic$）以及过度自信（$Overconfident$）。本章梳理了 CEO 的个人经历，如果曾经在高校的教学科研岗位中任职或者在专业性的非营利科研机构或学术团体中从事科研工作，那么 CEO 的学术经历（$Academic$）便赋值为 1，否则为 0。此外，男性、年轻的、两职合一的、学历高的、有经营专业背景的 CEO 会更自信，因此，本章根据 CEO 的性别、年龄、两职合一情况、学历、专业这五个维度的"0－1"变量累加计算出 CEO 的过度自信（$Overconfident$）。

在控制 CEO 学术经历和过度自信影响的基础上再次检验董事会多样性与国有企业超额在职消费之间的关系，具体的检验结果列于表 4.16 中的列（2）到列（4），其中，列（2）控制了 CEO 的学术经历（$Academic$），列（3）控制了 CEO 的过度自信（$Overconfident$），列（4）则是对 CEO 的学术经历和过度自信同时予以控制。由表中列示的结果可知，在控制了 CEO 的学术经历和过度自信之后，董事会多样性（BD）对国有企业超额在职消费（$Experk_{t+1}$）的影响系数依然在 1% 的水平下显著为负，本章的研究假设 4.4 再次得到验证，即董事会多样性能够显著抑制国有企业超额在职消费，发挥良好的治理效应。

表 4.16 董事会多样性影响国有企业超额在职消费的稳健性检验

变量	（1） New_Experk_{t+1}	（2） $Experk_{t+1}$	（3） $Experk_{t+1}$	（4） $Experk_{t+1}$
BD	－ 0.0096 *** （－ 4.3014）	－ 0.0089 *** （－ 4.2042）	－ 0.0092 *** （－ 4.3616）	－ 0.0091 *** （－ 4.2898）
$Academic$		－ 0.0003 （－ 0.4402）		－ 0.0004 （－ 0.6331）

续表

变量	(1) New_Experk_{t+1}	(2) $Experk_{t+1}$	(3) $Experk_{t+1}$	(4) $Experk_{t+1}$
$Overconfident$			0.0011 ** (2.1173)	0.0011 ** (2.1655)
常数项	0.0349 *** (5.4450)	0.0344 *** (5.6471)	0.0345 *** (5.6724)	0.0345 *** (5.6591)
控制变量	Yes	Yes	Yes	Yes
年份/行业	Yes	Yes	Yes	Yes
R^2	0.1108	0.1183	0.1185	0.1186
样本量	10078	10078	10078	10078

资料来源：笔者根据检验结果整理。

（五）董事会多样性对国有企业股价崩盘风险影响的稳健性检验

本章通过双重聚类、延长预测窗口、排除股灾年份、排除非线性影响和更换因变量五种方法对国有企业董事会多样性与股价崩盘风险之间的关系进行稳健性检验。

1. 双重聚类

参照梁上坤等（2020b）的做法，对回归结果中的 t 值进行公司和年度层面的双重聚类调整，检验结果列于表4.17的列（1）和列（2）。从中可以看出，在经过公司和年度的双重聚类调整之后，董事会多样性（BD）对负收益偏态系数（$NCSKEW_{t+1}$）和收益上下波动率（$DUVOL_{t+1}$）的影响均在5%的水平下显著为负，表明董事会的多样性水平越高，国有企业股价面临的崩盘风险越低。

2. 延长预测窗口

前文考察了董事会多样性对未来一期股价崩盘风险的影响，为进一步证明董事会多样性能否缓解股价崩盘风险，本章借鉴 Kim 等（2016）、宋献中等（2017）的研究，将股价崩盘风险指标延长至未来两期。表4.17的列（3）和列（4）表明，国有企业董事会多样性（BD）对未来两期的负收益偏态系数（$NCSKEW_{t+2}$）的影响系数为 -0.2925，对未来两期的收益上下波动率（$DUVOL_{t+2}$）的影响系数为 -0.1899，对应的 t 值分别为

－3.5014 和 －3.5021，说明延长预测时间窗口之后，本章的研究结论依然成立，即国有企业董事会多样性能够抑制股价崩盘风险。

3. 排除股灾年份

2015 年，我国股票市场出现大幅波动，短期内累计出现 16 次历史罕见的"千股跌停"，为了排除极端市场环境对研究结论的影响，本章在剔除 2015 年数据（针对因变量）的基础上进行重新检验。表 4.17 的列（5）和列（6）表明，在排除 2015 年"股灾"影响之后，国有企业董事会多样性依然可以在 1% 的水平下抑制股价崩盘风险。

4. 排除非线性影响

考虑到董事会多样性对股价崩盘风险的影响可能是非线性的，本章在回归模型中纳入了董事会多样性的平方项（BD^2），相关的检验结果列于表 4.17 的列（7）和列（8）。从中可以看出，董事会多样性的平方项（BD^2）对股价崩盘风险的影响未通过显著性检验，但董事会多样性（BD）对负收益偏态系数（$NCSKEW_{t+1}$）和收益上下波动率（$DUVOL_{t+1}$）的影响系数均在 1% 的水平下显著为负，本章的研究结论未发生改变。

5. 更换因变量

借鉴权小锋等（2016）的研究，本章采用个股周收益极端值虚拟分布测度股价崩盘风险，并标记为 $Crash$，具体计算如下所示：

$$W_{i,t} < Average(W_t) - 3.09\sigma \qquad (4.11)$$

式（4.11）中，$Average(W_t)$ 为每个年度全部上市公司股票周收益的均值，σ 为对应的标准差。若 t 年 i 公司股票收益 $W_{i,t}$ 落入式（4.11）区间内的次数大于等于一次，则认为该公司股票面临崩盘风险，$Crash$ 赋值为 1，否则为 0。以此作为被解释变量，采用 Logit 回归的检验结果列于表 4.17 的列（9）。从中可以看出，国有企业董事会多样性（BD）对 $Crash_{t+1}$ 的影响系数为 －0.5191，并且通过了 5% 的显著性水平检验。

前文在计算股价崩盘风险时，$R_{m,t}$ 采用的是经过流通市值加权考虑现金红利再投资的综合周市场回报率，为确保研究结果的稳健性，本章分别采用等权平均法和总市值加权的综合周市场回报率（考虑现金红利再投资）重新计算负收益偏态系数（$NCSKEW_{t+1}$）和收益上下波动率（$DUVOL_{t+1}$），

表 4.17 董事会多样性影响国有企业股价崩盘风险的稳健性检验

变量	双重聚类		延长预测窗口		排除股灾年份		排除非线性影响			更换因变量			
										等权平均法		总市值加权	
	(1)	(2)	(3)	(4)	(5)	(6)	(7)	(8)	(9)	(10)	(11)	(12)	(13)
	$NCSKEW_{t+1}$	$DUVOL_{t+1}$	$NCSKEW_{t+2}$	$DUVOL_{t+2}$	$NCSKEW_{t+1}$	$DUVOL_{t+1}$	$NCSKEW_{t+1}$	$DUVOL_{t+1}$	$Crash_{t+1}$	$NCSKEW_{t+1}$	$DUVOL_{t+1}$	$NCSKEW_{t+1}$	$DUVOL_{t+1}$
BD	-0.2038**	-0.1419**	-0.2925***	-0.1899***	-0.2698***	-0.1778***	-0.2060***	-0.1451***	-0.5191**	-0.2132***	-0.1377***	-0.2302***	-0.1471***
	(-2.3322)	(-2.2106)	(-3.5014)	(-3.5021)	(-3.6050)	(-3.5584)	(-3.1933)	(-3.2955)	(-2.0128)	(-2.9857)	(-2.9926)	(-3.3460)	(-3.2416)
BD^2							0.3049	0.4440					
							(0.6791)	(1.4488)					
常数项	-0.5136	0.0212	0.1737	0.5316***	-0.6624***	0.0076	-0.3852**	0.1232	0.1019	-1.7575***	-0.9905***	-0.6040***	-0.0833
	(-0.7614)	(0.0467)	(0.9321)	(4.2356)	(-3.8165)	(0.0648)	(-2.4136)	(1.1248)	(0.1243)	(-10.0094)	(-8.6769)	(-3.5561)	(-0.7379)
控制变量	Yes	Yes	Yes	Yes	Yes	Yes	Yes	Yes	Yes	Yes	Yes	Yes	Yes
年份/行业	Yes	Yes	Yes	Yes	Yes	Yes	Yes	Yes	Yes	Yes	Yes	Yes	Yes
R^2	0.0505	0.0508	0.0465	0.0539	0.0499	0.0540	0.0506	0.0510	0.0249	0.0527	0.0556	0.0475	0.0447
样本量	10078	10078	9011	9011	9127	9127	10078	10078	10078	10078	10078	10078	10078

资料来源：笔者根据检验结果整理。

再次检验本章的研究假设，检验结果列于表 4.17 的列（10）到列（13）。由列示的内容可知，董事会多样性（BD）对股价崩盘风险（负收益偏态系数和收益上下波动率）的影响系数均在 1% 的水平下显著为负，本章的研究结论得到进一步验证。

综上所述，在采用不同的方法进行稳健性检验之后，本章的研究结论未发生改变，即国有企业董事会多样性能够显著抑制股价崩盘风险，国有企业董事会多样性对股价崩盘风险的影响表现为"监督有效"，本章的研究假设 4.5 – 1 再次得到验证。

第五节　董事会多样性影响国有企业高质量
发展的进一步分析

前文基于人口特征多样性（DD）、教育背景多样性（ED）、职业多样性（PD）、董事经验多样性（DED）和管理特质多样性（MTD）五个维度构建国有企业董事会多样性（BD）指标，并研究证实董事会多样性对国有企业资产保值增值、环境绩效、社会绩效、超额在职消费和股价崩盘风险都有显著的影响。为探究董事会多样性细分维度对国有企业的治理效应，确定在不同的情形中何种多样性在发挥作用，本章在进一步分析中将自变量分别设定为人口特征多样性、教育背景多样性、职业多样性、董事经验多样性和管理特质多样性，然后检验不同维度多样性的治理效应。其中，表 4.18 的 Panel A 的因变量为国有企业资产保值增值（EVA_P_{t+1}），Panel B 的因变量为环境绩效（Env_{t+1}），Panel C 的因变量为社会绩效（$Donate_{t+1}$），Panel D 的因变量为超额在职消费（$Experk_{t+1}$），Panel E 的因变量为负收益偏态系数（$NCSKEW_{t+1}$），Panel F 的因变量为收益上下波动率（$DUVOL_{t+1}$）。在 Panel A 中，人口特征多样性（DD）、教育背景多样性（ED）和董事经验多样性（DED）对国有企业资产保值增值（EVA_P_{t+1}）的影响系数至少在 5% 的水平下显著为正，这意味着人口特征、教育背景和经验方面的多样性是董事会多样性提升国有企业资产保值增值的重要维度。在 Panel B 中，人口特征多样性（DD）、职业多样性（PD）和管理特质多样性（MTD）均在 1% 的水平下对国有企业环境绩效（Env_{t+1}）有显著的正向影响，表明人口特征、职业和管理特质方面的多样性是促进国有企业环境绩效提升的重要因素。Panel C 显示，在国有企业社会绩效（Donate$_{t+1}$）提升过程中，人口特征多样性（DD）、教育背景多样性（ED）、职业多样性（PD）和管理特质多样性（MTD）均为重要的驱动因素。Panel D 的检验结果表明，董事会成员在人口特征和职业方面的多样性能够有效降低国有企业的超额在职消费水平，即人口特征多样性（DD）和职业多样性（PD）对超额在职消费（Experk$_{t+1}$）有显著的抑制作用。Pane E 和 Panel F 的回归结果表明，人口特征多样性（DD）、教育背景多样性（ED）和职业多样性（PD）是董事会多样性弱化国有企业股价崩盘风险（负收益偏态系数和收益上下波动率）的重要因素。

表 4.18　国有企业董事会多样性治理效应的进一步分析

变量	(1)	(2)	(3)	(4)	(5)
	DD	ED	PD	DED	MTD
Panel A 因变量为国有企业资产保值增值（EVA_P$_{t+1}$）					
BD	0.0010**	0.0003***	0.0005	0.0003**	0.0008
	(2.0762)	(3.3906)	(0.9368)	(2.0830)	(1.1415)
常数项	−1.3697***	−1.3472***	−1.3407***	−1.3434***	−1.3427***
	(−24.0827)	(−24.1072)	(−24.0129)	(−24.1360)	(−24.1167)
控制变量	Yes	Yes	Yes	Yes	Yes
年份/行业	Yes	Yes	Yes	Yes	Yes
R²	0.6890	0.6889	0.6889	0.6889	0.6889
样本量	10078	10078	10078	10078	10078
Panel B 因变量为环境绩效（Env$_{t+1}$）					
BD	0.0136***	0.0020	0.0119***	0.0016	0.0183***
	(4.2359)	(0.4099)	(3.3824)	(0.8175)	(3.9624)
常数项	−13.5663***	−13.8830***	−13.7922***	−13.8884***	−13.9529***
	(−36.1919)	(−37.6769)	(−37.4781)	(−37.8430)	(−38.0280)
控制变量	Yes	Yes	Yes	Yes	Yes
年份/行业	Yes	Yes	Yes	Yes	Yes

续表

变量	(1)	(2)	(3)	(4)	(5)
	DD	*ED*	*PD*	*DED*	*MTD*
R^2	0.2624	0.2615	0.2621	0.2615	0.2623
样本量	10078	10078	10078	10078	10078

Panel C 因变量为社会绩效（$Donate_{t+1}$）

变量	(1)	(2)	(3)	(4)	(5)
BD	0.0805***	0.1079***	0.0378***	0.0056	0.0459***
	(6.9906)	(6.0849)	(3.0005)	(0.7916)	(2.7694)
常数项	−26.6613***	−25.4607***	−25.0417***	−24.7390***	−24.8480***
	(−19.8900)	(−19.3267)	(−19.0056)	(−18.8291)	(−18.9112)
控制变量	Yes	Yes	Yes	Yes	Yes
年份/行业	Yes	Yes	Yes	Yes	Yes
R^2	0.1320	0.1313	0.1295	0.1290	0.1294
样本量	10078	10078	10078	10078	10078

Panel D 因变量为超额在职消费（$Experk_{t+1}$）

变量	(1)	(2)	(3)	(4)	(5)
BD	−0.0003***	−0.0001	−0.0002***	−0.0000	−0.0000
	(−4.9870)	(−1.0609)	(−4.2938)	(−0.8046)	(−0.3577)
常数项	0.0365***	0.0307***	0.0323***	0.0302***	0.0300***
	(5.9430)	(5.0869)	(5.3567)	(5.0308)	(4.9919)
控制变量	Yes	Yes	Yes	Yes	Yes
年份/行业	Yes	Yes	Yes	Yes	Yes
R^2	0.1187	0.1172	0.1183	0.1171	0.1171
样本量	10078	10078	10078	10078	10078

Panel E 因变量为负收益偏态系数（$NCSKEW_{t+1}$）

变量	(1)	(2)	(3)	(4)	(5)
BD	−0.1698**	−0.8125***	−0.4565***	−0.1102	−0.0905
	(−2.3269)	(−4.2562)	(−3.3227)	(−1.3842)	(−0.4832)
常数项	−0.4970***	−0.4710***	−0.4433***	−0.4430***	−0.4975***
	(−3.1723)	(−3.0076)	(−2.8191)	(−2.7606)	(−3.1669)
控制变量	Yes	Yes	Yes	Yes	Yes
年份/行业	Yes	Yes	Yes	Yes	Yes
R^2	0.0568	0.0578	0.0574	0.0568	0.0567

续表

变量	(1)	(2)	(3)	(4)	(5)
	DD	*ED*	*PD*	*DED*	*MTD*
样本量	10078	10078	10078	10078	10078

Panel F 因变量为收益上下波动率（$DUVOL_{t+1}$）

BD	-0.0982 **	-0.5329 ***	-0.2748 ***	-0.0841	-0.0890
	(-2.1190)	(-4.0682)	(-2.9151)	(-1.5400)	(-0.6920)
常数项	0.0460	0.0626	0.0782	0.0862	0.0548
	(0.4279)	(0.5827)	(0.7247)	(0.7825)	(0.5088)
控制变量	Yes	Yes	Yes	Yes	Yes
年份/行业	Yes	Yes	Yes	Yes	Yes
R^2	0.0585	0.0595	0.0590	0.0586	0.0585
样本量	10078	10078	10078	10078	10078

资料来源：笔者根据检验结果整理。

上述检验结果说明，针对不同的因变量，董事会多样性在不同维度发挥着有效的治理效应，这在一定程度上说明了本章构建的董事会多样性综合指标的合理性，进而探究其对国有企业治理效应的必要性和合理性。

第六节　本章小结

我国经济发展已经迈向高质量发展阶段，经济高质量的发展映射在微观组织层面就是要实现企业的高质量发展，企业的高质量发展意味着企业要兼顾"质量"和"发展"，"质量"体现在企业价值的增长，"发展"体现为企业的可持续发展，即对社会绩效的追求。基于此，本章从国有企业的资产保值增值和 ESG 表现两大维度测度国有企业高质量发展，其中，环境绩效通过国有企业参与环境管理事项的情况测度，社会绩效通过国有企业的慈善捐赠水平测度。公司治理从内部和外部两个视角展开，内部视角聚焦于国有企业超额在职消费，外部视角聚焦于国有企业的股价崩盘风险。

基于董事会的咨询和监督两大职能，本章基于理论分析，实证检验了董事会多样性对国有企业资产保值增值和 ESG 表现的影响，检验结果表明，董事会多样性能够显著促进国有企业资产保值增值，提高国有企业的环境绩效和社会绩效，可以有效抑制国有企业的超额在职消费，缓解国有企业的股价崩盘风险，本章提出的五个研究假设全部得到验证，在混合所有制改革背景之下，董事会多样性在国有企业中发挥着良好的治理效应。

为了确保研究结论的准确性，本章进行了一系列的内生性控制和稳健性检验。在内生性控制方面，本章采取了 Heckman 两阶段模型、工具变量回归、倾向得分匹配、熵平衡、固定效应模型和安慰剂检验共计 6 种方法进行内生性控制。其中，结合本书第三章的研究结论，本章在 Heckman 两阶段模型和工具变量回归中，选取企业所在地的女性占比和高校数量作为国有企业董事会多样性的外生变量。在稳健性检验方面，本章通过更换变量测度检验董事会多样性对国有企业资产保值增值的影响，通过泊松回归和因变量细分检验董事会多样性对国有企业环境绩效的影响，通过更换变量测度、排除宗教影响、剔除极端年份、更换样本四种方法检验董事会多样性对国有企业社会绩效的影响，通过更换因变量和控制 CEO 特质两种方法检验董事会多样性对国有企业超额在职消费的影响，通过双重聚类、延长预测窗口、排除股灾年份、排除非线性影响和更换因变量五种方法检验董事会多样性对国有企业股价崩盘风险的影响。经过上述检验之后，本章的研究结论稳健成立。

在进一步分析中，本章检验了董事会细分维度多样性在国有企业中的治理效应，结果表明，人口特征多样性、教育背景多样性和董事经验多样性对国有企业资产保值增值有显著的促进作用；人口特征多样性、职业多样性和管理特质多样性可以显著提升国有企业环境绩效；人口特征多样性、教育背景多样性、职业多样性和管理特质多样性是提升国有企业社会绩效的重要驱动因素；人口特征多样性和职业多样性对超额在职消费有显著的抑制作用；人口特征多样性、教育背景多样性和职业多样性则能够有效缓解国有企业的股价崩盘风险。

本章研究假设的实证检验结果汇总于表 4.19。

表 4.19   第四章检验结果汇总

序号	研究假设	检验结果
假设 4.1	董事会多样性能够促进国有企业资产保值增值	支持
假设 4.2	董事会多样性能够提升国有企业环境绩效	支持
假设 4.3	董事会多样性能够提升国有企业慈善捐赠水平，提高国有企业的社会绩效	支持
假设 4.4	董事会多样性能够抑制国有企业超额在职消费	支持
假设 4.5 – 1	董事会多样性水平与国有企业股价崩盘风险负相关，即董事会多样性对国企股价崩盘风险的影响表现为"监督有效"	支持
假设 4.5 – 2	董事会多样性水平与国有企业股价崩盘风险正相关，即董事会多样性对国企股价崩盘风险的影响表现为"监督无效"	不支持

资料来源：笔者归纳整理。

第五章　国有企业董事会多样性治理效应的影响机制分析

第四章研究已经证明董事会多样性能够提高国有企业资产保值增值、环境绩效和社会绩效，并且能够有效抑制国有企业超额在职消费，缓解股价崩盘风险，本章主要着力于探究董事会多样性通过何种机制对国有企业的资产保值增值、环境绩效、社会绩效、超额在职消费和股价崩盘风险产生影响。

第一节　董事会多样性影响国有企业高质量发展的作用机制分析

一　董事会多样性影响国有企业资产保值增值的机制分析

创新是企业获得竞争优势、扩大市场份额和提高企业绩效的关键战略之一（Porter，1992）。创新是国民经济增长和可持续发展的重要推动力。当前，我国正处于经济升级转型的关键时期，积极推动创新驱动发展战略，是实现我国经济由快速增长向高质量发展转型的重要渠道。面对当今竞争激烈的商业环境，为了保持领先和竞争地位，企业必须在资源、流程和技术等方面从内部和外部寻找机会进行创新，以适应市场发展的需求。创新能够使企业通过与竞争对手区分开来获得可持续竞争优势，并维持业绩增长，提升企业价值（Tebourbi et al.，2020）。企业创新需要具有不同知识、技能、观点和解决问题风格的个体之间的动态互动，多样性能够使个体从多个角度看待组织实践，进行创新，并评估战略选择，激发建设性的辩论，减弱群体思维，并加快新的、创造性的想法产生，从而最大限度地提高企业的创新能力（Luo et al.，2021）。

董事会在制定企业创新战略方面发挥着重要的作用，董事会成员承担着分配资源、提供资源和建立联系以提高公司创新能力的任务，多元化的董事会可以为企业带来战略性的人力资本和社会资本资源。基于资源的观点认为，具有不同背景的董事所带来的战略资源有利于企业创新，多样性的董事会能够带来各种各样的经验、专业知识和观点，这有助于公司高管发现机会、产生想法并克服知识盲点。整体而言，多元化的董事会表现出卓越的咨询能力，能够促使公司在不熟悉的领域进行更多的探索性创新和新技术的开发（An et al.，2021）。

人力资本理论突出个人技能、知识和专长的组合对公司的重要性，多样性是影响董事会战略决策的重要基础（Bear et al.，2010）。董事会的多样性是创造和创新的重要前提，而创造和创新最终会形成更高的决策绩效（Torchia et al.，2011）。董事会多元化是公司进行资源配置和战略变革的重要驱动因素（Padilla-Angulo，2020；Tang et al.，2021）。多元化的董事会能够为发明家的成功创造有利的环境，尤其是少数族裔的董事进入董事会之后会吸引更多的少数族裔发明家进入公司任职，并且能够促进不同种族发明家之间更广泛的合作，产出更多的专利。多样化的经验为管理者提供了更好的信息资源和技能集合（Tang et al.，2021），引发公司的冒险行为，促进企业创新（Bernile et al.，2018）。整体而言，董事会多样性能够促进企业创新。具体而言，在由男性主导的行业中，董事会性别多样性对企业创新的影响更大，在高技术或者专利密集型行业中，董事会经验多样性对企业创新的促进作用更显著（Cumming and Leung，2021）。与此同时，董事会多样性能够提高内部治理的有效性，有助于缓解代理问题，并通过提供有效的监督来鼓励公司创新（Chen et al.，2018）。

创新决定比较优势、投资回报和市场价值，创新是保持企业在行业中竞争优势和生存的关键性因素（Cao et al.，2022）。企业创新在创造优势和探索增长机会方面发挥着重要的作用，对企业价值有很强的促进作用（Lee，2020）。企业创新可以带来产品或服务的差异化，如降低成本、提高产品质量，以使企业获得市场竞争优势，最终提升企业价值。具有高创新水平的企业可以灵活地适应不断变化的市场，保持稳定的市场竞争力，使企业价值不断提高（Li et al.，2019）。

混合所有制改革通过对国有企业董事会的重构，能够有效改善公司治理，减少管理者的道德风险，鼓励企业积极开展创新活动（Zhang et al.，2020b）。与国有股东相比，非国有股东更关注企业如何获得稳定和持久的竞争优势，而竞争优势取决于企业的创新能力（Choi et al.，2011）。混合所有制改革过程中，非国有股东委派董事进入国有企业，使其成为创新战略的制定者与参与者，能够使非国有股东更加了解创新项目的相关信息，降低信息不对称程度，更好地了解国有企业高管对创新活动的承诺，提高国有企业开展创新活动的能力。多样性董事之间的"互补"能够在董事会的战略决策过程中充分发挥不同性质资本的优势，提高国有企业的创新能力（冯璐等，2021）。也就是说，董事会多样性能够提高公司的创造力和创新能力，并且能够改善决策过程，进而提升企业绩效（Carter et al.，2003；Ali et al.，2021）。

基于上述分析，本章提出如下研究假设。

假设 5.1　董事会多样性通过提升企业创新水平促进国有企业资产保值增值。

内部控制作为一种正式的制度安排，可以帮助企业降低代理成本（Bozzolan and Beretta，2015），能够提高企业经营决策质量，提高资源分配效率，并且降低企业风险承担水平和特质风险（Wang et al.，2018）。首先，有效的内部控制改善了企业的风险管理。根据内部控制准则的要求，内部控制应该围绕重要业务事项和高风险领域进行全面控制，进而制定企业风险应对策略。其次，有效的内部控制也预示着更好的"保险"作用。内部控制旨在为实现与运营和合规相关的目标提供合理保证。企业内部控制质量已经成为关系到企业长远发展和整个资本市场健康发展的重要工具。根据内部控制的相关理论，企业内部控制体系的有效运行主要取决于五个要素的合理安排，其中内部环境和内部监督分别是整个内部控制体系的基础和保证（Zhang et al.，2020a）。

高质量的内部控制是企业获取竞争优势的重要驱动力（Al-Sharif and Al-Slehat，2021）。董事会在塑造公司的内部控制体系方面发挥着重要作用，董事会对内部控制系统的建设与实施进行监督，以提高内部控制的有效性，独立性更高的董事会所在公司的内部控制质量更高（Chalmers et al.，2019）。低效率的内部控制会导致低质量的财务报告，引发非效率投资，甚至产生严重的内部交易（Chen et al.，2016）。在一个多元化的董事会中，董事之间更可能批判性地审视他人的观点，并通过讨论解决分歧，进而完善公司内控控制体系的建设，弥补内部控制缺陷（Chen et al.，2016）。内部控制缺陷通过提高公司的资本成本损害了公司价值（Jacoby et al.，2018）。与不存在内部控制缺陷的企业相比，存在内部控制缺陷企业的运营效率水平更低，这意味着高质量的内部控制能有效提升公司效率（Cheng et al.，2018）。无效的内部控制会对企业并购等战略决策行为产生负向影响，进而损害公司价值（Harp and Barnes，2018）。

与同质性高的董事会相比，多样性程度高的董事会能够批判性地、彻底地评估和完善公司的内部控制系统，提高公司的内部控制质量（Parker et al.，2017）。董事会中董事之间不同的背景和人口统计特征降低了财务重述的概率（Ud Din et al.，2021）。内部控制能够通过盈余管理和管理层预测的准确性影响上市公司管理层行为，较高的内部控制质量可以提高管理者的决策效率和决策质量（Chalmers et al.，2019）。高质量的内部控制是一种重要资源，董事会可以利用它来限制管理者构建个人"商业帝国"（Harp and Barnes，2018）。

混合所有制改革有助于缓解国有企业内部治理问题和控制缺陷（Guan et al.，2021），更好的内部控制治理与更高的信息质量相关，会产生更低的资本成本，帮助企业获取更多的财务资源（Gordon and Wilford，2012），可以通过提高财务报告质量和提高公司透明度来缓解融资约束，具有高质量内部控制的企业将创新投资从探索性创新转向常规创新（Li et al.，2019），进而有效提升企业竞争力。

基于上述分析，本章提出如下研究假设。

假设5.2 董事会多样性通过加强内部控制促进国有企业资产保值增值。

二 董事会多样性影响国有企业环境绩效的机制分析

从新的社会目标来看，越来越多的利益相关者要求企业改变经营方式，积极参与解决社会、文化和环境问题。学术界开始关注现代企业如何采取可持续性行动来改善环境。在这方面，有效的董事会治理在促进良好的企业社会责任实践和制定可持续发展战略以更有效地管理可持续发展问题方面发挥着关键作用（Orazalin and Baydauletov，2020）。

董事会负责制定可持续发展战略，并通过监督这些战略的实施来处理敏感的环境问题，在此过程中，董事会多样性是一种有效的公司治理机制，可以塑造企业的可持续发展理念（Orazalin and Baydauletov，2020）。具有广泛异质性视角的多元化董事会有助于公司了解参与环境治理的重要性，提高公司的合法性，进而改善公司在环境责任等方面的决策（Wang et al.，2021c）。多元化的董事会能够为公司提供技术和管理方面的专业知识和专业帮助，并将职业道德和社会规范嵌入公司的战略决策行为中，优化企业在环境治理方面的表现（Zou et al.，2019）。Atif 等（2021）的研究也证实，董事会多样性的提升能够促使企业使用更多的可再生能源，以应对目前的全球气候变暖问题，塑造企业的"亲社会"行为，优化企业在环境治理方面的表现。

在企业管理实践过程中，董事会负责企业战略的审批，而企业战略的具体实施及落地则是由高管负责，因此，高管配置是董事会多样性影响企业环境绩效的重要中间环节。学者通过自我分类理论解释人口相似性的社会心理效应，个体从感知的群体成员资格中获得自尊和自我认同，因为人口相似性是群体成员之间建立联系的基础，个体更加偏爱与其人口特征相似的个人（Zajac and Westphal，1996）。当董事会成员和管理层之间具有相似的人口特征时，他们之间存在良性互动和高效沟通，拥有相同背景特征的高管和董事被认为会形成与战略决策相关的共同模式或信念结构，促使他们拥有相似的决策行为模式，并提供类似的解决方案。

信息假说认为，多元化的董事会可以通过帮助确定和评估某个特定职位的外部和内部候选人来影响高管的聘任。董事会的多样性在一定程度上代表了公司文化的多样性，在多元文化的影响之下，高管团队的构成也会呈现出一种多元化的态势（Gupta and Raman，2014）。对董事会多样性的研究发现，高层的多样性可能有助于打破玻璃"天花板"，因为董事会的性别多样性具有涓滴效应，董事会中的女性会通过吸纳更多的女性进入公司任职，以扩大自身所处的网络，弥补她们在公司内部缺少强大支持的不足，并获得履职过程中需要的更多信息和资源，这意味着董事会多样性与管理层的性别多样性有关（Gould et al.，2018）。女性董事也往往会帮助公司吸引和留住女性雇员（Jin et al.，2023），这能够在一定程度上提高高管团队的性别多样性。

管理者的性别在公司治理行为方面存在差异，高管的性别是影响企业社会责任的重要因素之一（Landry et al.，2016）。根据社会学和心理学的研究，与男性相比，女性拥有更强的风险规避偏好，积极参与环境治理能够通过创造商业信誉、提高信息透明度和减小融资约束来降低公司的风险，这也是女性高管积极履行企业社会责任的重要原因之一（Zou et al.，2018）。女性高管反映出对生态环境的积极态度，以提升公司的社会形象，这是因为女性对于解决社会问题有着独特的视角，女性更倾向于考虑具体的道德问题和环境，表现出更强的利他主义倾向。与性别多样性较低的高管团队相比，性别多样性较高的高管团队更加关注社会问题，会进行更多的社会投资（Campbell and Mínguez-Vera，2008）。

社会角色理论认为，性别差异主要源于男女在社会上分配的角色。与男性社会角色相比，女性的伦理要求和社会价值得到了更大程度的内化，这就导致了商界女性被认为更加关注社会价值目标而不是经济目标（Ardito et al.，2021）。女性关怀理论认为，女性比男性更倾向于关怀他人和做出合乎道德的行为，女性的道德发展使其比男性更能满足他人的需求（Harjoto and Rossi，2019）。性别社会化理论认为，女性和男性对道德和伦理行为持有差异性的观点，这是由个体早期的经历所决定的，女性在成长过程中会更加意识到和关心他人的需求，并对社会伦理问题表现出更强的敏感性。这意味着女性更关心利益相关者的福利，会采取具体的行动，预先防范环境污染行为的发生。

从参与环境治理的角度来看，性别差异化的观点突出了高管团队中女性的重要性，因为女性对环境的关注程度更高，更积极地参与环保行为，并且对环境风险有更高水平的认知（Birindelli et al.，2019）。此外，既有研究表明，女性高管比男性高管更容易接受道德准则，这些个人层面的差异会直接反映到企业的决策当中。对于高管性别多样性高的企业，环境不当行为更少，因违反环境法规而被起诉的风险和可能性更低，即高管的性别多样性能够有效提升企业的环境治理水平（Liu，2018）。

基于上述分析，本章提出如下研究假设。

假设5.3　董事会多样性通过提高高管性别多样性提高国有企业环境绩效。

加强环境保护已经成为我国政府的一项重要任务。自1978年以来，我国经济高速发展，工业化、城镇化和现代化水平大幅度提高，但是，长期以来的高经济增长依赖于高资源投入、高消耗、高污染的发展模式，产生了大量的二氧化硫、二氧化碳等污染排放物。党的十九大提出要一如既往地坚持节约资源、保护环境的基本国策，实行最严格的环境保护制度，支持绿色发展模式和绿色生活方式，建设"美丽中国"。

在实践过程中，中央政府对地方政府的绩效考核也一改以往只关注GDP的模式，选择将环境管理和保护作为评价地方政府工作质量的重要指标（Zhang et al.，2019）。随着全球资源短缺、环境恶化和环境污染，可持续发展越来越受到重视，我国也出台相关政策指导微观企业进行环境治理，这种外部制度压力和社会公众的预期能够有效提升管理者的环保意识，并主动将环境治理问题提到企业战略决策的高度，以减少企业行为对社会和环境的危害（Zhang et al.，2015a）。日益严重的自然环境问题对人类和地球的可持续发展构成了巨大威胁。在政府和社会舆论的压力下，企业必须积极承担环境责任，参与环境治理。企业作为经济社会的重要组成部分，也是公众要求承担社会责任的主体对象。新《环境保护法》实施后，我国政府实施了一系列措施来调整和升级产业结构（Fang et al.，2021）。作为产业结构的微观主体，各类企业，尤其是国有企业在此过程中发挥着举足轻重的作用。

企业如何应对环境问题取决于管理者如何解读环境问题，管理者对环境问题的认识在有关环境战略决策中发挥着关键作用。注意力基础观认为，高管的认知方式、结构和水平都会在一定程度上影响企业决策行为，管理者的注意力是组织内部的一种重要资源，在管理者有限理性的情况下，管理者的战略决策取决于其将注意力集中在哪些方面（Kleinknecht et al.，2020）。管理认知理论（Kaplan，2011）认为，环境不是纯粹的外生因素，高管如何解释他们所面临环境问题的不确定性和复杂性对于企业应对这些问题至关重要。高管的认知或心理模型决定了其注意力分配和对环境问题的解释范式，进而影响着其对外部环境变化的反应。从这一角度看，管理者的环境保护意识是管理认知的一种具体表现（Peng and Liu，2016），是企业参与环境治理的重要驱动因素之一。

环保意识弥合了企业与利益相关者之间的沟通差距（Rustam et al.，2020），反映了个人对环境问题的感知和行为倾向（Fransson and Gärling，1999），高管的环保意识是高管认知的具体体现。当高管持续地将其有限的时间和注意力投入与环境有关的问题上时，环保意识使其能够敏锐地洞察环境问题，这有助于高管及时意识到环境问题并做出积极响应（Tseng et al.，2013）。管理环境意识（管理环境风险意识和管理环境成本收益意识）反映了管理者的环境道德或者环境伦理，管理环境意识较高的高管更关注环境问题，也就是说，环境问题更容易被环保意识更高的高管注意到。具有环保意识的高管更加重视公司的环境治理，会通过引入制造工艺、改进现有产品或引入新产品以减小公司的生产经营行为对环境的影响（Peng and Liu，2016）。

环保意识较高的高管会选择采取积极的措施参与环境治理，重要的不是环境本身，而是高管如何解读环境问题。具有较高环保意识的高管在解释环境问题时更加积极主动，将其视为机会而不是威胁。环保意识是高管对环境保护重要性的认知反映。相对于环保意识水平较低的高管，高环保意识的高管更加关注环境问题或行业中的问题。从这一角度来看，环境问题更有可能被具有较强环境保护意识的高管注意到（Peng and Liu，2016），具有强烈环保意识的高管会激励企业采取积极主动的环境策略（Chang，2011）。

管理者可以通过要求组织成为环境的支持者来为组织的发展设定方向，这种对环境的关注能够渗透至组织的战略决策过程中，导致组织将环境因素视为其决策的关键组成部分（Cong et al.，2014）。混合所有制改革过程中国有企业股权的混合减少了政府干预和机构冲突，推进了政府环保补贴的合理配置和高效使用，提高了高管的环保意识，释放了国有企业在获得政府和战略投资者支持后进行绿色转型的动力和能力，推动了企业环境社会责任的积极履行，在国有企业绿色转型中发挥了治理作用。整体而言，混合所有制改革改善了国有企业的环境表现，实现了国企在环境治理方面的持续发展（Yuan et al.，2021）。混合所有制改革背景下国有企业董事会的重构，使得董事会多样性程度提高，促使企业更加关注利益相关者的诉求，关注环境等社会问题，在强化非国有股东话语权的同时，可以对管理层进行有效监督，提高高管环保意识（Yuan et al.，2021），促使其积极承担环境责任，参与环境治理。

基于上述分析，本章提出如下研究假设。

假设 5.4　董事会多样性通过提高环保意识提高国有企业环境绩效。

三　董事会多样性影响国有企业社会绩效的机制分析

在我国，国家力量通常被视作企业社会责任的主要驱动力（McGuinness et al.，2017），慈善捐赠等企业社会责任活动是现代商业体系的重要组成要素。慈善捐赠是企业履行社会责任的具体形式和重要手段，企业是我国慈善事业发展的重要参与者和驱动力，积极参与慈善事业的企业不仅规范了社会财富的分配，还可使公司获得许多潜在的利益，如改善公司形象、提高客户忠诚度（Wu et al.，2019）。慈善捐赠是企业彰显社会身份的特定形式和重要手段。国有企业在我国慈善事业发展过程中发挥了重要作用，从 2008 年的汶川大地震，再到 2020 年初蔓延至全球的新冠疫情，国有企业始终活跃在慈善捐赠一线。

董事会是执行多项任务的决策团体，由于董事会中有不同类型的董事，董事会不仅会关注其他代理人对自身利益目标的追求，还会要求更多的慈善捐赠或者其他类型的企业社会责任活动，进而使公司能够从长远的角度追求股东财富。董事会的多样性还有助于与重要的外部利益相关者建立联系，这表明公司对多元化的承诺，在一定程度上能够为公司吸引和留下拥有不同人口背景特征的个人（Spence，1973）。相似吸引理论认为，人们更容易被那些在人口特征、态度和价值观等方面与自身相似的人所吸引（Bryne et al.，1966），也就是说彼此特征相似的人更容易相互吸引（Zou et al.，2021）。公司董事会的核心作用是任命和监督公司的管理层，董事会多样性的提升会改善公司文化，吸引更多的女性获得高级管理人员席位，这意味着董事会多样性是高管性别多样性的重要驱动因素（Matsa and Miller，2011）。

更加多元化的董事会预示着对女性更加友好的环境，这在一定程度上增大了对女性候选人的吸引力，提高了女性职位的供给。董事会多样性程度高的公司，企业文化将体现出更高的包容性，聘请女性高管的可能性更高（Matsa and Miller，2011；Gupta and Raman，2014）。资源依赖理论认为，团队中男女互动的协同效应是获取竞争优势的源泉，团队中拥有更多的女性会使得组织对企业社会责任行为和活动更加敏感（Katmon et al.，2019），因为女性具有合作、礼貌、同情和移情等特殊特征。

同男性相比，女性往往更具有同情心，对社会和环境等问题的关注程度更高（Birindelli et al.，2019；Pucheta-Martínez and Gallego-Álvarez，2020）。以男性为导向的文化倾向于自信，注重物质上的成功，更加关注个体的职业生涯发展和商业成功；而以女性为导向的文化倾向于谦虚，注重精神质量。女性高管不像男性高管那样以权力为导向，她们具有强烈的仁爱和普世主义特征，包括理解、欣赏、宽容和保护所有人的福祉。相关研究也证实性别多样性的提高能够显著提升企业的慈善捐赠水平（Jia and Zhang，2013）。

担任管理职位的女性比男性更加勤奋，表现出更高水平的独立性，会更加关心利益相关者利益（Pucheta-Martínez et al.，2021）。女性在慈善事业方面的表现在很大程度上是由她们不断变化的经济地位和社会角色塑造的。从劳动力供给的角度来看，女性正在以创纪录的数量进入全球劳动力市场（Mesch et al.，2011），女性具有更强的利他主义、移情关怀和亲社会价值观，这些因素使得女性在慈善捐赠方面的表现优于男性。

我国企业高管团队中的女性比例正在逐年上升。《国际商业调查报告》显示，我国企业高管的女性平均占比为30%，高于国际平均水平5个百分点。女性高管在决策和治理方面表现出与男性高管大相径庭的特点，女性比男性更具有伦理敏感性和同理心，这种行为特征使得女性在道德上不同于男性，并采取不同的管理和领导模式，女性在做决定时可能会表现出对他人和弱势群体的关心，因为她们天生具有母性特征。性别多样性有助于改善公司治理机制，高管团队中女性的存在意味着公司更有可能做出旨在提高企业社会责任信息透明度和满足利益相关者需求的战略决定（Amorelli and García-Sánchez，2021），高管中更高水平的性别平衡能够引发更高的企业社会责任绩效（McGuinness et al.，2017），女性在决策过程中更加容易关心他人。因此，与男性高管相比，女性高管在企业慈善捐赠方面的贡献度更高，性别多样性与公司的慈善行为正相关（Zhu et al.，2021）。

基于上述分析，本章提出如下研究假设。

假设5.5　董事会多样性通过提高高管性别多样性促进国有企业慈善捐赠，提高国有企业社会绩效。

四　董事会多样性影响国有企业超额在职消费的机制分析

代理理论表明，由于所有权和经营权的分离，管理层倾向于通过挪用公司资源来谋取额外利益，超额在职消费是高管通过个人权力榨取公司利润的一种代理行为，会削弱财务报告质量、降低运营效率、降低企业生产率，并且会引发股价崩盘风险，从这一角度看，有效抑制超额在职消费是一个至关重要的问题。近年来，我国上市公司尤其是国有上市公司的管理者为了自身利益滥用管理权力，损害企业利益的事件时有发生。在国民经济发展过程中，大多数的国有企业承担着战略性政策负担和社会性政策负担，这些因素在一定程度上增加了企业的代理成本，国企高管的超额在职消费就是其中的具体表现之一（Jian et al.，2020）。受"限薪令"的影响，国有企业高管的薪酬全面下降，与非国有企业相比，国企高管的平均工资水平更低，在这种情况下，国有企业高管为了获取私人利益会选择进行更多的超额在职消费（Chen et al.，2022）。高管会利用自身权力来获取更多的在职消费，以巩固其在公司中的地位，这种情况在高管权力水平较高的情况下更为明显（Ting and Huang，2018）。有效的监督机制可以抑制管理者的机会主义行为，从而抑制超额在职消费（Chen et al.，2022）。

高管的控制权是其影响公司决策的话语权，如果高管对公司拥有更大的控制权，即拥有影响公司决策行为的权力，其个人的管理特征、行为偏好能够有效反映在公司的战略决策过程和战略决策结果之中（Schopohl et al.，2021）。混合所有制企业拥有更加合理的股权制衡机制和公司治理结构，通过分解高管的控制权进而抑制国企高管的超额在职消费行为。

管理层权力理论认为，高管作为企业的实际经营者，负责维护企业日常运营以及制定战略决策，享有一定的控制权，然而控制权过大的高管会更多地考虑个人利益、忽略股东利益，从而加剧了委托代理冲突。为了进一步释放市场活力、增添发展动力，政府一直在简政放权，将更多的控制权下放给企业，导致国有企业内部人控制问题越发严重。混合所有制改革形成的多元股权结构有助于解决国有企业内部人控制的问题。为了索取更多的剩余利润，非国有股东开始争夺国企高管的绝对控制权，被分解控制权的国企高管难以进行个人私利行为。众多研究也验证了多元股权的制衡效果。例如，李增泉等（2004）发现，股权制衡是一种有效的公司治理机制，公司被大股东掏空的可能性更低。Maury和Pajuste（2005）研究发现，第二大股东与第一大股东相互制衡，有利于优化公司治理结构。刘星和刘伟（2007）研究发现，第一大股东和第二大股东分别在国有企业和非国有企业时，股权制衡效果明显。郝云宏和汪茜（2015）认为，通过混合所有制改革，非国有股东可以在国企高层决策层面起到制衡协调作用。

股东会通过构建一个多样性程度高的董事会以限制高管的权力（Baldenius et al.，2014），这在混合所有制改革国有企业拥有异质性股东的情况下更明显。高管控制权的大小取决于董事会的构成，当董事会的监督能力较弱时，高管的权力较大（Usman et al.，2018），也就是说，高监督能力的董事会能够有效抑制管理层的权力。在多元化程度高的董事会中，董事长和总经理的分离强化了对高层管理者的制衡（Chen et al.，2006），独立董事也在一定程度上控制着管理层的自由裁量权，可以有效抑制超额在职消费（Jian et al.，2020）。

在混合所有制改革中，国有企业引入了具有多元化特征的非国有股东，异质性股东群体的目标是获得一定程度的企业控制权，同时约束和监督管理层和大股东行为。在这种情况下，作为异质性股东的代表，多样性的董事为了满足各自所代表股东的利益，会积极参与国有企业公司治理，这会在一定程度上限制管理层的自由裁量权（Guan et al.，2021）。由此可知，混合所有制有助于国有企业形成多元制衡的股权结构，并在此基础上形成了多元化程度较高的董事会，多元化程度高的董事会能够有效制约和监督管理层，分解高管的绝对控制权，进而有效抑制国有企业高管的超额在职消费。

基于上述分析，本章提出如下假设。

假设 5.6　董事会多样性通过弱化高管控制权抑制国有企业超额在职消费。

混合所有制企业拥有更加完善的股东监督机制，通过明确股东的监督权抑制国企高管的超额在职消费行为。团队生产理论认为，企业是一个生产团队，企业主作为"中心签约人"负责监督团队中的其他成员，拥有监督权，权责配位是确保内部监督有效性的关键。然而，全体公民共同所有的现实制度导致国有企业缺乏真实的企业主和监督责任人，因此难以对高管等成员进行有效监督。混合所有制改革可以较好地解决国有企业所有者缺位这一难题，在国有企业中引入民营股东、外资股东、自然人股东、机构持股股东以及其他非国有股东，出于维护各方主体利益的动机，董事会中不同类型股东的代表会认真履行自己作为"中心签约人"的职责，行使监督权去抑制高管的私利行为。例如，Bennedsen 和 Wolfenzon（2000）认为，不同类型的股东有利于相互之间进行监督。Chen 等（2006）发现，外资股东会更积极地履行监督权，可以及时阻止公司违规行为的发生。杨兴全和尹兴强（2018）发现，混合所有制改革可以有效抑制国企高管的过度投资行为。蔡贵龙等（2018a）发现，混合所有制企业的股东可以约束高管投机行为并完善国企高管薪酬激励契约。

在企业管理实践过程中，股东作为企业的所有者，通过向董事会派驻董事参与公司治理。Fama 和 Jensen（1983）认为，董事会应该代表股东监督和指导管理人员，以缓解由公司所有权和控制权分离引起的代理问题。董事会流程包括确立明确的董事会目标、向其他董事会成员分发会议文件、合作制定会议议程以及跟进各项决策任务，这会对董事的表现产生重大影响。董事的个人责任是在出席董事会会议时尽职尽责，包括审查会议材料、提出问题和寻求对问题的解释、监督沟通以及行使独立判断，因此，董事主要通过董事会会议行使股东赋予其的职能（Lin et al.，2014）。当公司由异质性股东共同控制时，股东之间的相互监督可以有效提升公司的效率（Wan et al.，2015），股东利用其自身所拥有的投票权来监督公司，并与现任董事会和管理层保持沟通（Brav et al.，2022），董事会的多样性使股东能够更密切地监督管理层（Upadhyay and Zeng，2014），改善股东的监督质量（Sun and Zhang，2021）。

　　董事被任命为董事会成员代表了股东对董事个人的信任和满意度，董事作为股东在公司的代表，以董事会会议为平台，在做出战略决策和监督管理实践活动时获取公司的具体信息，有关公司完备的信息是董事履行职能的重要基础。通过接受股东任命，董事选择认同并致力于帮助公司实现其战略目标，其途径是出席有关公司讨论和决策的会议，即董事会会议（Min and Chizema，2018），出席董事会会议是董事作为股东代表对公司目标和价值观的承诺。董事会成员通过参与董事会会议的频率来监督管理层行为，以更好地协调股东和管理层之间的关系，从而提高公司治理的质量（Barros and Sarmento，2020）。

　　高频率的董事会会议是公司高级管理人员提高警惕和加强监督的信号（Chen et al.，2006），具体而言，频繁的董事会会议会导致更高质量的决策（Guest，2019），更高频率的董事会会议通过对内部董事更加紧密的控制和外部董事更大的咨询作用，导致监督能力和监督质量的提高（Hossain and Oon，2022）。在多元化程度高的董事会中，女性董事是更为积极的监督者，与男性相比，女性对机会主义行为的容忍度较低，因此，女性董事更有可能鼓励进行更加频繁的董事会会议，以便为其履行监督职责创造更多的机会和更大的空间，也就是说，董事会性别多样性能够提高董事会会议的召开频率，进而提高董事会的监督有效性（Hossain and Oon，2022）。董事会成员的席位多样性能够有效提升董事会会议召开频率，以使董事有更多的机会与其他董事会成员进行协调合作，并降低获取信息的成本，促进知识和信息的共享，以提升董事会履职有效性（Baccouche et al.，2014）。

　　在公司治理实践过程中，董事是股东在董事会中的代表，董事会会议是股东参与监督管理层行为的重要载体与机制，会议召开的频率与质量在一定程度上代表了股东监督权的大小。混合所有制改革明确了股东在国有企业中"中心签约人"的地位，赋予了异质性股东通过多样性的董事会进而通过董事会会议对管理层进行监督的权力，从而可以抑制高管的超额在职消费。

　　基于上述分析，本章提出如下研究假设。

假设 5.7 董事会多样性通过提升股东监督权抑制国有企业超额在职消费。

五　董事会多样性影响国有企业股价崩盘风险的机制分析

参考既有研究并结合本章具体的研究内容，本章认为董事会多样性会通过代理路径、投资路径和信息路径三条路径影响国有企业股价崩盘风险，具体分析如下。

代理理论将代理关系描述为一种契约关系，委托人（股东）将决策权委托给代理人（管理者），双方的利益分歧导致委托代理冲突和代理成本（Jensen and Meckling，1976）。该理论将代理成本定义为委托人的监督成本、代理人的担保支出和剩余损失的总和。从这一角度看，管理者并不总是会做出符合股东利益的决策，在某些情况下会导致股东财富的损失。公司治理最核心的问题之一是缓解源于公司内部人和外部股东之间利益冲突的代理问题（Fama and Jensen，1983）。代理问题的解决方案在于对公司管理层的监督和控制，在此过程中，董事会被视为一种重要的公司治理机制，通过协调委托人和代理人之间的利益缓解代理冲突，最大限度地降低代理成本。

董事会作为公司股东的代理人，是解决现代企业制度下所有权与控制权分离所引发代理问题的重要公司治理机制。从代理理论的角度来看，管理者倾向于以牺牲股东利益来满足个人职业晋升、构建"商业帝国"等，多元化的董事会能够对管理层形成有效监督（Carter et al.，2003）。随着监督效率的提升，股东与管理层之间的代理问题得到缓解，管理层发生自利行为的可能性较小，在这种环境中，管理层操纵信息的可能性较低，股价崩盘发生的概率也随之降低。

与非国有企业相比，国有企业拥有更复杂的代理关系和更高的代理成本（刘行、叶康涛，2013），混合所有制改革能够有效缓解国有企业的代理问题，降低代理成本（方明月、孙鲲鹏，2019；祁怀锦等，2021）。国有企业混合所有制改革从非国有股权中引入战略投资者，其目的是形成有效的监督治理机制（Guan et al.，2021）。非国有股东被引入国有企业后，代表其利益的董事有强烈的动机来改善监管和治理效果，缓解代理冲突，降低代理成本（Wang et al. ，2021a）。

代理理论认为，董事会成员代表股东监督管理层，以使经理人的利益与股东利益保持一致。任命具有不同背景特征的人进入公司董事会可以提高董事会的多样性，在为董事会带来不同专业知识、想法、才能、技能、职业道德、背景和经验的同时，也能增强董事会的独立性、监督能力与监督有效性（Sarhan et al. ，2019）。在多样性水平较高的情况下，董事会能够有效监督管理层，降低代理成本，缓解股东与管理层之间的代理问题。相关研究也显示，董事会中的性别多样性能够显著降低代理成本，有效缓解委托代理问题（Amin et al. ，2021）。

有关股价崩盘风险的研究基本围绕 Jin 和 Myers（2006）提出的代理理论框架展开。该理论认为，公司内部人和外部利益相关者之间的信息不对称允许管理者长时间隐藏坏消息，以便最大限度地提高报酬，保护其职业生涯。一旦坏消息突破阈值，就会在资本市场引起股价的持续下跌，最终导致股价崩盘。

与民营企业相比，国有企业面临所有者缺位问题，代理成本较高。具体表现为，国有企业高管为了自身利益转移公司资源进而享受更高的超额在职消费。在这种情况下，为了确保享受超额在职消费的持续性，国有企业高管有动机长时间隐藏坏消息，从而导致股价面临较高的崩盘风险（Xu et al. ，2014）。董事会的构成会直接影响董事会的监督和咨询能力，董事会的改革则会有效提升董事会的监督能力并显著缓解公司代理问题。具体而言，董事会改革通过改善董事会的监督能力，降低了经理人隐藏坏消息的可能性，并缩小了空间，进而有效抑制了股价崩盘风险（Hu et al. ，2020）。延续该逻辑，可以预期，混合所有制改革使得国有企业董事会发生重构，董事会的履职有效性得以提升，能够有效监督管理层行为，缓解代理问题，降低代理成本，进而降低国有企业面临的股价崩盘风险。

基于前述分析，本章认为董事会多样性影响国有企业股价崩盘风险的代理路径是董事会多样性—降低国有企业代理成本—抑制股价崩盘风险，并提出如下研究假设。

假设 5.8　董事会多样性通过降低代理成本抑制国有企业股价崩盘风险。

投资决定企业的市场地位，一方面可以确保公司的可持续发展，另一方面可以确保股东的价值。非投资效率（过度投资和投资不足）是由委托人和代理人之间的代理冲突和信息不对称引发的结果（Biddle et al.，2009）。其中，过度投资是由代理冲突造成的，而投资不足是由信息不对称导致的。

在我国，国有企业在投资和资本配置方面的效率低于非国有企业，一方面，政府所有权在资本资源配置方面给予国有企业更多的优先权，并保护其免受市场竞争和市场约束的影响；另一方面，国有企业高管通常由各级政府任命，高管在实现某些社会和财政目标时往往遵循政府建议，而不是为所有股东及利益相关者实现价值最大化（Opie et al.，2019）。过去一段时间，国有企业的非效率投资不可避免地导致了行业效率低下和产能过剩的激增，2009~2013年，我国在非效率投资上浪费了42万亿元，这种非效率投资在由国有企业主导的行业中尤其普遍（Opie et al.，2019）。

代理理论认为，管理者的自利可能会产生次优投资决策，导致过度投资或投资不足，非效率投资会引发股价崩盘（Habib et al.，2018）。这也就意味着高效率的投资能够有效缓解股价崩盘风险，而低效率的投资则会加剧股价崩盘风险。其内在原因在于，来自非效率投资的坏消息会随着时间的推移而积累，当有关非效率投资的坏消息超过一定阈值时，它会在资本市场集中爆发，导致股价崩盘的发生（Habib and Hasan，2017）。

企业的投资行为具有不可逆性，投资完成，就会形成沉没成本，包括过度投资和投资不足在内的非效率投资是一种损害公司价值和股东利益的代理行为。非效率投资的形成往往伴随项目投资失败、经营状况恶化等负面消息，在这种情况下，管理层为避免因经营不善而使个人声誉和职业生涯发展受损，有强烈的动机去操纵公司信息，进而加剧公司股价崩盘风险（江轩宇、许年行，2015）。

如代理理论所述，非效率投资主要是由代理问题引发的，而多样性程度高的董事会能够缓解信息不对称问题，抑制代理成本（Gul et al.，2011；Upadhyay and Zeng，2014）。既有研究也认为，董事会改革提高了董事会的履职能力，可以有效提升公司的投资效率（Hu et al.，2020），包括抑制过度投资和缓解投资不足问题（Ullah et al.，2020）。由此可以推断，对于混合所有制改革的国有企业而言，当董事会多样性伴随股东异质性的提升而不断提高时，董事会整体的履职有效性得以提高，可以充分优化企业的投资效率，弱化管理层信息操纵动机，降低股价崩盘风险。

基于前述分析，本章认为董事会多样性影响国有企业股价崩盘风险的投资路径是董事会多样性—降低非效率投资（提高投资效率）—抑制股价崩盘风险，并提出如下研究假设。

假设 5.9　董事会多样性通过降低非效率投资抑制国有企业股价崩盘风险。

董事会负责年度报告中的信息披露，并且必须意识到为资本市场参与者披露相关信息的必要性，多样性的董事会可能对利益相关者的信息需求更加敏感，更有可能为这些利益相关者披露相关信息，以满足其信息使用需求（Reguera-Alvarado and Bravo-Urquiza，2020）。多样性的董事会有利于在企业和外部利益相关者的不同群体之间建立良好的沟通和更好的联系，促进董事会内部以及董事会成员和其他利益相关者之间更多的信息交流，这会导致更为丰富的信息环境，进而可以有效降低信息不对称程度。董事会多样性能够提高公司信息披露的数量和质量，降低出于机会主义动机参与盈余管理的可能性，提高财务报告质量，降低公司内外部信息使用者之间的信息不对称程度（Abad et al.，2017）。

董事会的履职有效性随着董事会成员多样性的提高而提升，董事会的多样性提高了董事会理解利益相关者利益的能力（Harjoto et al.，2015）。特别地，利益相关者通常要求披露对其决策过程有用的信息，由于董事会对信息披露行为负责，并且能够意识到信息的真实披露对于信息使用者判断投资机会和风险至关重要，因此，可以预期，董事会多样性对风险信息的披露有积极影响，能够为利益相关者披露有价值的信息，以改善其决策过程（Bravo，2018）。

不同背景的董事可以向董事会提供异质性的经验和知识，这有助于公司实施更好的信息披露战略，因为董事会负责制定和监督公司报告中所涉及的战略和信息。不同的董事拥有不同的人力资本，其对利益相关者的关注更加敏感，使得董事会能够了解利益相关者对风险信息披露的影响，认识到披露风险信息的必要性，并将这种信息的披露作为一种有价值的公司战略，进而导致相关信息披露的增加，促使公司披露更多的风险信息

（Bravo，2018）。

信息不透明是引发股价崩盘的重要因素，因此，信息环境的改善，可以有效降低股价崩盘风险。既有研究也证明，随着信息透明度的提升，公司股价面临的崩盘风险降低（Hutton et al.，2009；潘越等，2011）。董事会多样性程度高的企业倾向于传播更多的信息，企业信息的广泛传播，可以降低资本市场中的信息不对称程度（Abad et al.，2017），并提高信息透明度（Gul et al.，2011）。

信息经济学理论认为，企业高质量的信息披露降低了企业与其他股东之间或股票市场交易者之间的信息不对称程度，较高的信息披露质量通过抑制私有信息的空间来缓解信息不对称程度。2005 年，经济合作与发展组织（OECD）发布了《国有企业公司治理准则》，建议国有企业披露面临的任何重大风险以及为管理这些风险而采取的相应措施。风险评估是内部控制体系的重要构成，尽管风险信息的存在可能增加股价崩盘风险，但公开披露风险信息本身可以立即提高公司信息透明度。此外，面对公开披露风险信息所造成的不良后果，管理人员可能有更强烈的动机做出更大的努力来减小风险信息披露所造成的负面影响，管理者可能在坏消息披露方面变得更为坦率。从这一角度来看，风险信息披露能够有效降低公司股价面临的崩盘风险。

遭受宏观层面、行业层面和企业特定风险的企业应该识别和管理潜在和已有的风险，在经过风险评估之后，企业能够有效识别和分析企业所面临的相关风险，这些风险构成了风险管理的基础，在风险评估之后对外发布相应的风险信息和对应的应对措施，风险信息披露是一种降低信息不对称程度、增加信息透明度的方法。风险信息评估有助于管理人员准确评估风险，防止其承担风险所带来的后果。尽管风险信息的披露本身就预示着坏消息，但信息披露后股价崩盘的风险显著降低（Chen et al.，2017a；Kim et al.，2019a）。从代理理论的角度来看，企业风险信息披露是降低管理者和投资者之间信息不对称程度的一种手段，治理良好的企业必然会通过详细的、高质量的企业风险信息披露向投资者表明其治理水平，从而减少投资者对企业风险的担忧（Khandelwal et al.，2020）。

良好的公司治理是企业风险信息披露的重要驱动力，提高了为利益相关者披露信息的质量，推动了风险信息的披露，多样性的董事会对不同利益相关者的信息需求更加敏感（Radu and Smaili，2022）。董事会多样性能够提升董事之间的相互监督水平，提高董事会整体的监督有效性，并与外部利益相关者建立良好的沟通，由此可以改善公司信息环境，提高公司信息透明度（Upadhyay and Zeng，2014），进而有效缓解企业面临的股价崩盘风险。

基于前述分析，本章认为董事会多样性影响国有企业股价崩盘风险的信息路径是董事会多样性—提高风险信息披露水平—抑制股价崩盘风险，并提出如下研究假设。

假设 5.10　董事会多样性通过提高风险信息披露水平抑制国有企业股价崩盘风险。

基于此，董事会多样性影响国有企业资产保值增值、环境绩效、社会绩效、超额在职消费、股价崩盘风险的影响路径分析框架如图 5.1 所示。

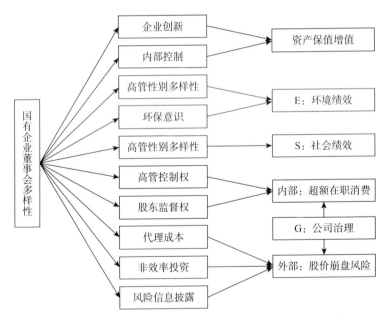

图 5.1　国有企业董事会多样性治理效应中介影响机制的研究框架

第二节 董事会多样性影响国有企业高质量 发展作用机制的研究设计

一 变量定义

（一）企业创新

企业创新包括创新投资、创新产出和创新效率，本小节重点关注创新投资的影响。已有研究多采用企业研发投入金额与主营业务收入或总资产的比值来度量，考虑到主营业务收入容易被"操纵"，故本章采用研发投入金额占总资产的比例来度量创新投资（R&D）。

（二）内部控制

在有关内部控制的实证研究中，学者基于公司在年度报告中披露的内部控制重大缺陷信息来刻画公司的内部控制水平。随着资本市场的不断发展与完善，按照相关法律法规，我国上市公司被要求每年都要披露内部控制评价报告。此外，《企业内部控制基本规范》也要求注册会计师披露在内部控制审计中发现的重大缺陷。本章采用深圳市迪博企业风险管理技术有限公司（以下简称"迪博"）构建的内部控制指标体系来测度上市公司的内部控制水平。迪博内部控制指数是以《企业内部控制基本规范》及其实施指南为框架而开发的，该指数为一个综合性指数，能够较为权威地反映上市公司的内部控制披露、内部控制评估和内部控制质量。迪博内部控制指数由独立性较高、数据可靠性较高和客观性较强的第三方专业评级机构开发，目前已被广泛应用于学术研究。在使用过程中，本章对内部控制指数（Internal Control，IC）进行取对数处理，该值越大，意味着企业的内部控制体系越完善，内部控制质量水平越高。

（三）高管性别多样性

与既有研究保持一致，本章采用高管团队中的女性高管人数占高管总人数的比例来测度高管性别多样性（Gender Diversity，GD），该值越大，意味着上市公司高管团队的性别多样性水平越高（Abad et al.，2017；Amorelli and García-Sánchez，2021）。

（四）环保意识

本章利用文本挖掘技术构建环保意识这一指标。首先，通过 Python 编程软件在巨潮资讯网抓取上市公司年度报告，将其转化为 txt 文本形式，在获得文本信息之后，根据 Python 中的 jieba 分词模块进行分词处理。其次，按照年度分别统计每一家上市公司年度报告中以下 8 个关键词出现的累计次数，这 8 个关键词分别是节能减排、环保战略、环保理念、环境管理机构、环保教育、环保培训、环境技术开发和环境审计。最后，将前述 8 个关键词在上市公司年度报告中出现的总次数进行取对数处理，并以此刻画上市公司的环保意识（Environmental Awareness，EA），该值越大，代表上市公司的环保意识越强。

（五）高管控制权

根据 Finkelstein（1992）对高管权力的划分维度并借鉴周建等（2015）的研究，本章从领导权结构、任期、执行董事比例和所有权四个维度构建 CEO 权力综合指标。具体而言，①领导权结构，若董事长和总经理两职合一，记为 1，否则为 0；②任期，若 CEO 的任期超过样本年度所有公司的均值，记为 1，否则为 0；③执行董事比例，类似于任期的度量，若执行董事占董事会规模的比例超过样本年度所有公司的均值，记为 1，否则为 0；④所有权，若 CEO 当年持有公司股票，记为 1，否则为 0。将这四个指标进行加总，得到 CEO 权力综合指标（Control Power，Con_P），取值介于 0 和 4 之间，取值越大，代表高管控制权越大。

（六）股东监督权

本章的非国有股东具体指的是自然人或家族股东、外资股东、民营企业股东、机构持股股东以及其他非国有股东。非国有股东参股成为国有企业的所有者，所以非国有股东具有一定的监督权。本章借鉴薛有志等（2010）的做法，使用国有企业年度内以各种形式召开的董事会会议次数（取自然对数）作为股东行使监督权（Supervisory Power，Sup_P）的代理变量。

（七）代理成本

参照罗进辉等（2017）、李燕等（2021）的研究，本章使用上市公司的年度管理费用与年度销售费用之和占年度主营业务收入的比例来测度企业的代理成本（Agency Cost，AC），该值越大，意味着代理成本越高，企业面临着越严重的代理问题。

（八）非效率投资

参照 Richardson（2006）的研究，通过如下模型测度企业的非效率投资（Inefficient Investment，Inveff）：

$$Inv_{i,t} = \alpha_0 + \alpha_1 Size_{i,t-1} + \alpha_2 Lev_{i,t-1} + \alpha_3 Growth_{i,t-1} + \alpha_4 Cash_{i,t-1} +$$
$$\alpha_5 Age_{i,t-1} + \alpha_6 Ret_{i,t-1} + \alpha_7 Inv_{i,t-1} + \sum Industry + \sum Year + \varepsilon_{i,t} \tag{5.1}$$

上述模型中，Inv 代表新增投资，Inv =（为固定资产、无形资产和其他长期资产支付的现金 + 取得子公司及其他营业单位支付的现金净额 – 处置子公司及其他营业单位收到的现金净额）/总资产；Size 为总资产，取自然对数；Lev 为总负债占总资产的比例；Growth 为营业收入增长率；Cash 代表货币资金和短期投资净额之和占总资产的比例；Age 代表样本年份减去上市年份并取自然对数；Ret 表示经过市场收益调整、考虑现金红利再投资的年度个股回报率；Industry 和 Year 分别代表行业效应和年份效应。模型（5.1）回归所得残差的绝对值即为非效率投资（Inveff），该值越大，代表非效率投资程度越严重，企业投资效率越低。

（九）风险信息披露

风险信息披露（Risk Information Disclosure，RID）通过上市公司披露的风险信息数量来度量，披露的风险信息数量越多，意味着上市公司的信息披露水平越高，信息不对称程度越低，该数据来源于 DIB 内部控制与风险管理数据库。为了排除数据量纲对研究结果的影响，本章对上市公司披露的风险信息数量加 1 然后进行取对数处理。

本章各主要变量的定义如表 5.1 所示。

表 5.1　主要变量定义

变量名称	变量符号	变量定义
企业创新	R&D	研发投入金额占总资产的比例
内部控制	IC	迪博内部控制指数取自然对数
高管性别多样性	GD	高管团队中的女性高管占比

续表

变量名称	变量符号	变量定义
环保意识	EA	"节能减排"等8个关键词在上市公司年度报告中出现的总次数并取自然对数
高管控制权	Con_P	根据领导权结构、任期、执行董事比例和所有权分别设置虚拟变量，然后进行加总
股东监督权	Sup_P	年度董事会会议次数取自然对数
代理成本	AC	管理费用与销售费用之和占主营业务收入的比例
非效率投资	Inveff	根据 Richardson（2006）模型计算所得
风险信息披露	RID	上市公司披露的风险信息数量加1然后取自然对数

资料来源：笔者归纳整理。

二 回归模型设定

根据研究内容，本章是对国有企业董事会多样性治理效应中介影响机制的检验。本章需要检验的内容共计5个部分：①董事会多样性影响国有企业资产保值增值的中介机制检验，具体的中介影响机制包括企业创新和内部控制；②董事会多样性影响国有企业环境绩效的中介机制检验，具体的中介影响机制包括高管性别多样性和环保意识；③董事会多样性影响国有企业社会绩效的中介机制检验，具体的中介影响机制包括高管性别多样性；④董事会多样性影响国有企业超额在职消费的中介机制检验，具体的中介影响机制包括高管控制权和股东监督权；⑤董事会多样性影响国有企业股价崩盘风险的中介机制检验，具体的中介影响机制包括代理成本、非效率投资和风险信息披露。基于上述研究内容，本章设定了如下待检验的中介效应模型。

（一）董事会多样性影响国有企业资产保值增值的机制检验模型

模型（5.2）和模型（5.3）用于检验董事会多样性影响国有企业资产保值增值的中介机制。其中，中介变量包括 $R\&D_{i,t}$ 和 $IC_{i,t}$，$R\&D_{i,t}$ 代表国有企业 i 在第 t 年的企业创新投资水平，$IC_{i,t}$ 代表国有企业 i 在第 t 年的内部控制水平。其余变量与前文保持一致，此处不再赘述。

$$R\&D_{i,t}/IC_{i,t} = \alpha_0 + \alpha_1 BD_{i,t} + Controls + \sum Year_{i,t} + \sum Industry_{i,t} + \varepsilon_{i,t} \quad (5.2)$$

$$EVA\_P_{i,t+1} = \beta_0 + \beta_1 BD_{i,t} + \beta_2 R\&D_{i,t}/IC_{i,t} + Controls +$$
$$\sum Year_{i,t} + \sum Industry_{i,t} + \varepsilon_{i,t} \tag{5.3}$$

（二）董事会多样性影响国有企业环境绩效的机制检验模型

模型（5.4）和模型（5.5）用于检验董事会多样性影响国有企业环境绩效的中介机制。其中，中介变量包括 $GD_{i,t}$ 和 $EA_{i,t}$，$GD_{i,t}$ 代表国有企业 i 在第 t 年的高管性别多样性水平，$EA_{i,t}$ 代表国有企业 i 在第 t 年的环保意识水平。其余变量与前文保持一致，此处不再赘述。

$$GD_{i,t}/EA_{i,t} = a_0 + \alpha_1 BD_{i,t} + Controls + \sum Year_{i,t} + \sum Industry_{i,t} + \varepsilon_{i,t} \tag{5.4}$$

$$Env_{i,t+1} = \beta_0 + \beta_1 BD_{i,t} + \beta_2 GD_{i,t}/EA_{i,t} + Controls +$$
$$\sum Year_{i,t} + \sum Industry_{i,t} + \varepsilon_{i,t} \tag{5.5}$$

（三）董事会多样性影响国有企业社会绩效的机制检验模型

模型（5.6）和模型（5.7）用于检验董事会多样性影响国有企业社会绩效的中介机制。中介变量为 $GD_{i,t}$，与检验董事会多样性对国有企业环境绩效的中介影响机制保持一致，$GD_{i,t}$ 代表国有企业 i 在第 t 年的高管性别多样性水平。其余变量与前文保持一致，此处不再赘述。

$$GD_{i,t} = \alpha_0 + \alpha_1 BD_{i,t} + Controls + \sum Year_{i,t} + \sum Industry_{i,t} + \varepsilon_{i,t} \tag{5.6}$$

$$Donate_{i,t+1} = \beta_0 + \beta_1 BD_{i,t} + \beta_2 GD_{i,t} + Controls +$$
$$\sum Year_{i,t} + \sum Industry_{i,t} + \varepsilon_{i,t} \tag{5.7}$$

（四）董事会多样性影响国有企业超额在职消费的机制检验模型

模型（5.8）和模型（5.9）用于检验董事会多样性影响国有企业超额在职消费的中介机制。其中，中介变量包括 $Con\_P_{i,t}$ 和 $Sup\_P_{i,t}$，$Con\_P_{i,t}$ 代表国有企业 i 在第 t 年的高管控制权，$Sup\_P_{i,t}$ 代表国有企业 i 在第 t 年的股东监督权。其余变量与前文保持一致，此处不再赘述。

$$Con\_P_{i,t}/Sup\_P_{i,t} = \alpha_0 + \alpha_1 BD_{i,t} + Controls +$$
$$\sum Year_{i,t} + \sum Industry_{i,t} + \varepsilon_{i,t} \tag{5.8}$$

$$Experk_{i,t+1} = \beta_0 + \beta_1 BD_{i,t} + \beta_2 Con\_P_{i,t}/Sup\_P_{i,t} +$$
$$Controls + \sum Year_{i,t} + \sum Industry_{i,t} + \varepsilon_{i,t} \tag{5.9}$$

（五）董事会多样性影响国有企业股价崩盘风险的机制检验模型

模型（5.10）和模型（5.11）用于检验国有企业董事会多样性影响国有企业股价崩盘风险的中介机制。其中，中介变量包括 $AC_{i,t}$、$Inveff_{i,t}$ 和 $RID_{i,t}$，$AC_{i,t}$ 代表国有企业 i 在第 t 年的代理成本，$Inveff_{i,t}$ 代表国有企业 i 在第 t 年的非效率投资水平，$RID_{i,t}$ 代表国有企业 i 在第 t 年的风险信息披露水平。其余变量与前文保持一致，此处不再赘述。

$$AC_{i,t}/Inveff_{i,t}/RID_{i,t} = \alpha_0 + \alpha_1 BD_{i,t} + Controls +$$
$$\sum Year_{i,t} + \sum Industry_{i,t} + \varepsilon_{i,t} \tag{5.10}$$

$$NCSKEW_{i,t+1}/DUVOL_{i,t+1} = \beta_0 + \beta_1 BD_{i,t} + \beta_2 AC_{i,t}/Inveff_{i,t}/RID_{i,t} +$$
$$Controls + \sum Year_{i,t} + \sum Industry_{i,t} + \varepsilon_{i,t} \tag{5.11}$$

第三节 董事会多样性影响国有企业高质量发展作用机制的实证结果分析

一 描述性统计

国有企业董事会多样性治理效应中介影响机制主要变量的描述性统计结果如表 5.2 所示（董事会多样性和控制变量的描述性统计结果已在第三章进行分析，此处不再赘述）。由表 5.2 可知，企业创新（$R\&D$）的平均值和中位数分别为 0.0313 和 0.0234，这表明，整体而言，我国国有企业的创新投资水平较低，还有待提高。内部控制（IC）的平均值、最小值、中位数和最大值分别为 6.1636、0.0000、6.5036 和 6.8904，标准差为 1.4064，这意味着我国国有企业之间的内部控制水平存在较大的差异。高管性别多样性（GD）的平均值为 0.1774，这意味着在我国国有企业的高管团队成员中有 17.74% 的成员为女性，性别多样性的最小值和最大值分别为 0.0000 和 0.6429，存在较大的差异，本章认为这可能是由国有企业所在行业的差异性造成的。环保意识（EA）的平均值、标准差、最小值、中位数和最大值分别为 1.1325、1.3072、0.0000、0.6931 和 3.9120，不同统计指标之间的差异较大，说明我国国有企业在环保意识方面存在一定的差异，部分国有企业的环保意识还有待提高。高管控制权（Con_P）的取值范围在 0 和 4 之间，但平均值和中位数分别为 1.2045 和 1.0000，最小值为 0.0000，这意味着我国国有企业的高管控制水平较低。股东监督权（Sup_P）的平均值和标准差分别为 2.2993 和 0.3109，最小值、中位数和最大值分别为 1.6094、2.3026 和 2.7726。代理成本（AC）的最小值和最大值分别为 0.0156 和 0.6669，说明我国国有企业之间的代理成本存在较大差异，平均值、标准差和中位数分别为 0.1745、0.1287 和 0.1411。非效率投资（$Inveff$）的平均值为 0.0422，标准差为 0.0432，最小值为 0.0011，中位数为 0.0299，最大值为 0.2187。企业风险信息披露（RID）的最小值、中位数和最大值分别为 0.0000、2.9444 和 3.3322，平均值和标准差分别为 2.9437 和 0.1689，整体来看，我国国有企业的风险信息披露水平之间存在较小差异。

表 5.2 主要变量描述性统计

变量	平均值	标准差	最小值	中位数	最大值
$R\&D$	0.0313	0.0409	0.0000	0.0234	0.2239
IC	6.1636	1.4064	0.0000	6.5036	6.8904
GD	0.1774	0.1114	0.0000	0.1600	0.6429
EA	1.1325	1.3072	0.0000	0.6931	3.9120
Con_P	1.2045	0.9695	0.0000	1.0000	4.0000
Sup_P	2.2993	0.3109	1.6094	2.3026	2.7726
AC	0.1745	0.1287	0.0156	0.1411	0.6669
$Inveff$	0.0422	0.0432	0.0011	0.0299	0.2187
RID	2.9437	0.1689	0.0000	2.9444	3.3322

资料来源：笔者根据检验结果整理。

二 相关性分析

表 5.3 列示了国有企业董事会多样性治理效应中介影响机制各主要变量之间的相关性分析结果，有关国有企业董事会多样性（BD）与国有企

业资产保值增值（EVA_P_{t+1}）、环境绩效（Env_{t+1}）、社会绩效（$Dona\-te_{t+1}$）、超额在职消费（$Experk_{t+1}$）和股价崩盘风险（$NCSKEW_{t+1}$ 和 $DU\-VOL_{t+1}$）之间的相关性分析已在第四章完成，本章不再赘述。

Panel A 是董事会多样性影响国有企业资产保值增值中介机制的相关性分析结果。国有企业董事会多样性（BD）与企业创新（$R\&D$）和内部控制（IC）之间的相关系数至少在 5% 的水平下显著为正，说明董事会多样性水平越高，国有企业的创新水平越高，内部控制体系越完善，内部控制质量越高。企业创新（$R\&D$）、内部控制（IC）与国有企业资产保值增值（EVA_P_{t+1}）之间的相关系数分别为 0.0388 和 0.0150，对应的显著性水平分别为 1% 和 10%，这表明在不控制其他影响因素的情况下，企业创新水平越高、内部控制水平越高，国有企业的资产保值增值水平越高。

Panel B 为董事会多样性影响国有企业环境绩效中介机制的相关性分析结果。国有企业董事会多样性（BD）与高管性别多样性（GD）之间的相关系数为 0.2359，并且通过了 1% 的显著性水平检验，与环保意识（EA）的相关系数为 0.0423，同样通过了 1% 的显著性水平检验，这意味着董事会多样性水平越高，国有企业的高管性别多样性和环保意识水平越高。高管性别多样性（GD）、环保意识（EA）与环境绩效（Env_{t+1}）之间的相关系数分别为 0.1394 和 0.1627，二者均在 1% 的水平下显著，这意味着在不控制其他影响因素的情况下，高管性别多样性和环保意识均为提升国有企业环境绩效的重要驱动力。

Panel C 为国有企业董事会多样性影响社会绩效中介机制的相关性分析结果。国有企业董事会多样性（BD）与高管性别多样性（GD）之间的相关系数显著为正，表明董事会多样性是提升高管性别多样性的重要因素。高管性别多样性（GD）与社会绩效（$Donate_{t+1}$）之间的相关系数为 0.0078，且通过了 5% 的显著性水平检验，说明高管性别多样性与社会绩效之间存在显著的正相关关系。

Panel D 为董事会多样性影响国有企业超额在职消费中介机制的相关性分析结果。国有企业董事会多样性（BD）与高管控制权（Con_P）和股东监督权（Sup_P）之间的相关系数分别为 -0.2023 和 0.0666，并且均通过了 1% 的显著性水平检验，这表明董事会多样性水平越高，国有企业的高

表 5.3　主要变量相关性分析

Panel A 董事会多样性影响国有企业资产保值增值中介机制

变量	EVA_P_{t+1}	BD	R&D	IC
EVA_P_{t+1}	1			
BD	0.0159***	1		
R&D	0.0388***	0.0720***	1	
IC	0.0150*	0.0128**	0.007	1

Panel B 董事会多样性影响国有企业环境绩效中介机制

变量	Env_{t+1}	BD	GD	EA
Env_{t+1}	1			
BD	0.0633***	1		
GD	0.1394***	0.2359***	1	
EA	0.1627***	0.0423***	-0.0897***	1

Panel C 董事会多样性影响国有企业社会绩效中介机制

变量	$Donate_{t+1}$	BD	GD
$Donate_{t+1}$	1		
BD	0.0750***	1	
GD	0.0078**	0.2359***	1

Panel D 董事会多样性影响国有企业超额在职消费中介机制

变量	$Experk_{t+1}$	BD	Con_P	Sup_P
$Experk_{t+1}$	1			
BD	-0.0011**	1		
Con_P	0.0401***	-0.2023***	1	
Sup_P	-0.0299***	0.0666***	-0.0528***	1

Panel E 董事会多样性影响国有企业股价崩盘风险中介机制

变量	$NCSKEW_{t+1}$	$DUVOL_{t+1}$	BD	AC	Inveff	RID
$NCSKEW_{t+1}$	1					
$DUVOL_{t+1}$	0.8680***	1				
BD	-0.0505***	-0.0522***	1			
AC	0.0633***	0.0774***	-0.0906***	1		
Inveff	0.0541***	0.0510***	-0.0782***	0.0781***	1	
RID	-0.0246**	-0.0212**	0.0468***	-0.0147	-0.0624***	1

资料来源：笔者根据检验结果整理。

管控制权越小，股东监督权越大。高管控制权（Con_P）与国有企业超额在职消费（$Experk_{t+1}$）之间的相关系数为 0.0401，在 1% 的水平下显著；股东监督权（Sup_P）与国有企业超额在职消费（$Experk_{t+1}$）之间的相关系数为 −0.0299，在 1% 的水平下显著，这说明，在其他情况保持一致的情况下，高管控制权会加剧国有企业超额在职消费，股东监督权会弱化国有企业超额在职消费。

Panel E 为董事会多样性影响国有企业股价崩盘风险中介机制的相关性分析结果。国有企业董事会多样性（BD）与代理成本（AC）、非效率投资（$Inveff$）和风险信息披露（RID）之间的相关系数分别为 −0.0906、−0.0782 和 0.0468，均通过了 1% 的显著性水平检验，说明董事会多样性水平越高，国有企业代理成本和非效率投资水平越低，风险信息披露水平越高。代理成本（AC）、非效率投资（$Inveff$）与负收益偏态系数（$NCSKEW_{t+1}$）和收益上下波动率（$DUVOL_{t+1}$）之间的相关系数均在 1% 的水平下显著为正，风险信息披露（RID）与负收益偏态系数（$NCSKEW_{t+1}$）和收益上下波动率（$DUVOL_{t+1}$）之间的相关系数均在 5% 的水平下显著为负，说明代理成本和非效率投资会加剧国有企业的股价崩盘风险，风险信息披露则会弱化国有企业的股价崩盘风险，该结论与既有研究结论保持一致。

三 多元回归

本部分的多元回归检验一共包括五部分：第一，董事会多样性影响国有企业资产保值增值的中介机制检验，中介变量包括企业创新和内部控制；第二，董事会多样性影响国有企业环境绩效的中介机制检验，中介变量包括高管性别多样性和环保意识；第三，董事会多样性影响国有企业社会绩效的中介机制检验，中介变量为高管性别多样性；第四，董事会多样性影响国有企业超额在职消费的中介机制检验，中介变量包括高管控制权和股东监督权；第五，董事会多样性影响国有企业股价崩盘风险的中介机制检验，中介变量包括代理成本、非效率投资和风险信息披露。在所有回归中，均对控制变量、年份效应和行业效应加以控制。

（一）董事会多样性影响国有企业资产保值增值的中介机制检验

表5.4列示了董事会多样性影响国有企业资产保值增值的中介机制检验结果，列（1）是董事会多样性（BD）影响国有企业资产保值增值（EVA_P_{t+1}）的回归结果，与第四章表4.5列（1）的结果保持一致。

列（2）和列（3）是基于模型（5.2）和模型（5.3）判断企业创新是否为董事会多样性影响国有企业资产保值增值中介机制的回归检验结果，结果显示，国有企业董事会多样性（BD）对企业创新（$R\&D$）的影响系数在5%的水平下显著为正（系数为0.0226，t值为2.0952），说明国有企业董事会多样性水平越高，企业创新水平越高，与既有研究结论保持一致。在列（1）的基础上加入中介变量企业创新（$R\&D$）进行回归检验，结果显示，董事会多样性（BD）对国有企业资产保值增值（EVA_P_{t+1}）的影响系数依然显著为正，但企业创新（$R\&D$）的影响系数并未通过显著性检验，这意味着企业创新并非董事会多样性提升国有企业资产保值增值的中介机制。列（2）和列（3）回归中采用创新投资来测度企业创新，考虑到企业创新投资回报周期较长，即从创新投入到创新产出需要较长时间，大量的研发投资还可能在一定程度上"挤占"国有企业利润，而企业创新产出则可以直接衡量企业竞争能力。基于此，本章拟通过创新产出来测度企业创新水平，重新检验企业创新的中介效应，具体而言，本章引入了国有企业专利申请（$Patent1$）和专利授权（$Patent2$），分别通过同一会计年度专利申请数量加1取自然对数和专利授权数量加1取自然对数测量。

列（4）和列（5）是基于专利申请（$Patent1$）的中介效应检验结果。列（4）数据显示，董事会多样性（BD）对国有企业专利申请（$Patent1$）的影响系数为0.8618，通过了5%的显著性水平检验（t值为2.2148），说明董事会多样性能够有效提升国有企业的专利申请数量。在回归模型中同时纳入国有企业董事会多样性和专利申请之后，董事会多样性（BD）对国有企业资产保值增值（EVA_P_{t+1}）的影响系数依然在1%的水平下显著为正，但影响系数由0.1654下降到0.1622，专利申请（$Patent1$）对国有企业资产保值增值（EVA_P_{t+1}）的影响系数也在1%的水平下显著为正（系为0.0037，t值为2.7010），这意味着专利申请数量是董事会多样性提升国有企业资产保值增值的中介机制。

列（6）和列（7）是基于专利授权（Patent2）的中介效应检验结果。列（6）显示，董事会多样性（BD）对国有企业专利授权（Patent2）的影响系数在5%的水平下显著为正（系数为0.9248，t值为2.5624），表明国有企业董事会多样性与专利授权数量之间具有显著的正相关关系，董事会多样性程度越高，国有企业专利授权数量越多。列（7）显示，在加入专利授权（Patent2）之后，国有企业董事会多样性（BD）对国有企业资产保值增值（EVA_P_{t+1}）的影响系数在5%的水平下显著为正（系数为0.1609，t值为2.5595）。结合列（1）、列（6）和列（7）的结果，可以判断专利授权数量是董事会多样性影响国有企业资产保值增值的中介机制。综上可以判断，本章的研究假设5.1得到部分验证，国有企业董事会多样性通过企业创新产出（包括专利申请数量和专利授权数量）而非创新投入促进国有企业资产保值增值。

列（8）和列（9）是判断内部控制（IC）是否为董事会多样性影响国有企业资产保值增值中介机制的检验结果。列（8）显示，董事会多样性（BD）对国有企业内部控制（IC）的影响系数为0.1047，通过了1%的显著性水平检验（t值为2.7844），表明董事会多样性水平越高，企业内部控制体系越完善，内部控制水平越高。列（9）是在列（1）的基础上纳入了内部控制，以检验中介效应是否成立。由表中列示的结果可知，中介变量内部控制（IC）对国有企业资产保值增值（EVA_P_{t+1}）的影响系数在1%的水平下显著为正（系数为0.0512，t值为3.5974），而董事会多样性（BD）的影响系数依然显著，但影响系数由0.1654下降到0.1601，这表明内部控制是董事会多样性影响国有企业资产保值增值的中介机制，国有企业董事会多样性通过提升内部控制水平，进而提升国有企业资产保值增值，本章的研究假设5.2得到验证。

综上所述，董事会多样性通过提高企业创新（专利申请和专利授权）水平、提高内部控制水平，进而促进国有企业资产保值增值水平的提升，即企业创新（专利申请和专利授权）和内部控制是董事会多样性影响国有企业资产保值增值的两条中介作用路径。

表 5.4　董事会多样性影响国有企业资产保值增值的中介机制检验

变量	(1) EVA_P_{t+1}	(2) R&D	(3) EVA_P_{t+1}	(4) Patent1	(5) EVA_P_{t+1}	(6) Patent2	(7) EVA_P_{t+1}	(8) IC	(9) EVA_P_{t+1}
BD	0.1654*** (2.6917)	0.0226** (2.0952)	0.1643*** (2.6136)	0.8618** (2.2148)	0.1622*** (2.5808)	0.9248** (2.5624)	0.1609** (2.5595)	0.1047*** (2.7844)	0.1601** (2.5467)
R&D			0.0491 (0.9863)						
Patent1					0.0037*** (2.7010)				
Patent2							0.0049*** (3.3187)		
IC									0.0512*** (3.5974)
Size	0.0251*** (10.5682)	0.0012*** (2.9618)	0.0251*** (10.5399)	0.2311*** (15.6928)	0.0243*** (10.1190)	0.2200*** (16.1052)	0.0241*** (10.0223)	-0.0263*** (-18.5068)	0.0265*** (11.0043)
Lev	0.2190*** (15.0031)	0.0045* (1.7947)	0.2187*** (14.9862)	0.2785*** (3.0834)	0.2179*** (14.9303)	0.2096** (2.5013)	0.2179*** (14.9344)	-0.1650*** (-18.8897)	0.2274*** (15.3906)
Roa	6.9863*** (143.6798)	0.0337*** (4.0429)	6.9846*** (143.5604)	1.7498*** (5.8142)	6.9798*** (143.4027)	0.8071*** (2.8914)	6.9823*** (143.6066)	-0.3148*** (-10.8222)	7.0024*** (143.4646)

续表

变量	(1) EVA_P_{t+1}	(2) R&D	(3) EVA_P_{t+1}	(4) Patent1	(5) EVA_P_{t+1}	(6) Patent2	(7) EVA_P_{t+1}	(8) IC	(9) EVA_P_{t+1}
Growth	-0.0050 (-0.8973)	-0.0023** (-2.4249)	-0.0049 (-0.8768)	-0.1817*** (-5.2322)	-0.0044 (-0.7763)	-0.1955*** (-6.0695)	-0.0041 (-0.7250)	-0.0240*** (-7.1415)	-0.0038 (-0.6774)
Cash	-0.0193 (-1.0163)	0.0072** (2.2169)	-0.0196 (-1.0347)	0.2713** (2.3121)	-0.0203 (-1.0695)	0.1544 (1.4182)	-0.0200 (-1.0567)	0.0723*** (6.3717)	-0.0230 (-1.2104)
Age	-0.0022 (-0.7120)	0.0051*** (9.4270)	-0.0025 (-0.7888)	-0.2634*** (-13.4971)	-0.0013 (-0.3987)	-0.2455*** (-13.5634)	-0.0010 (-0.3263)	0.0084*** (4.4737)	-0.0027 (-0.8489)
Top1	-0.0245 (-1.5829)	0.0015 (0.5719)	-0.0245 (-1.5877)	-0.2102** (-2.1976)	-0.0237 (-1.5324)	-0.0480 (-0.5412)	-0.0242 (-1.5681)	-0.0584*** (-6.3184)	-0.0215 (-1.3878)
InsShare	0.0378*** (3.2331)	-0.0001 (-0.0461)	0.0378*** (3.2335)	0.2339*** (3.2337)	0.0369*** (3.1582)	0.1577** (2.3508)	0.0370*** (3.1671)	0.0362*** (5.1838)	0.0359*** (3.0725)
B_Share	-0.0358* (-1.7377)	-0.0189*** (-5.3425)	-0.0349* (-1.6910)	0.4654*** (3.6511)	-0.0375* (-1.8213)	0.4045*** (3.4212)	-0.0378* (-1.8344)	0.0341*** (2.7676)	-0.0375* (-1.8228)
E_Share	0.0308 (1.2213)	-0.0004 (-0.0879)	0.0309 (1.2221)	-0.3288** (-2.1031)	0.0321 (1.2698)	-0.3985*** (-2.7483)	0.0328 (1.2992)	0.0279* (1.8474)	0.0294 (1.1650)
B_Salary	-0.0029*** (-2.5998)	-0.0000 (-0.0301)	-0.0029*** (-2.5996)	-0.0104 (-1.5179)	-0.0028** (-2.5652)	-0.0087 (-1.3622)	-0.0028** (-2.5620)	0.0010 (1.5068)	-0.0029*** (-2.6469)

续表

变量	(1)	(2)	(3)	(4)	(5)	(6)	(7)	(8)	(9)
	EVA_P_{t+1}	$R\&D$	EVA_P_{t+1}	$Patent1$	EVA_P_{t+1}	$Patent2$	EVA_P_{t+1}	IC	EVA_P_{t+1}
E_Salary	0.0337***	-0.0000	0.0337***	0.1766***	0.0330***	0.1722***	0.0328***	0.0240***	0.0325***
	(8.9559)	(-0.0700)	(8.9565)	(7.5857)	(8.7649)	(7.9731)	(8.7134)	(10.6796)	(8.5966)
常数项	-1.3585***	-0.0701***	-1.3551***	-6.6077***	-1.3340***	-6.5106***	-1.3265***	0.4150***	-1.3798***
	(-24.3225)	(-7.3227)	(-24.2137)	(-19.1131)	(-23.5769)	(-20.3037)	(-23.4086)	(12.4178)	(-24.5765)
年份/行业	Yes	Yes	Yes	Yes	Yes	Yes	Yes	Yes	Yes
R²	0.6890	0.0503	0.6890	0.2285	0.6892	0.2200	0.6893	0.2169	0.6893
样本量	10078	10078	10078	10078	10078	10078	10078	10078	10078

资料来源：笔者根据检验结果整理。

（二）董事会多样性影响国有企业环境绩效的中介机制检验

表 5.5 列示了董事会多样性影响国有企业环境绩效的中介机制检验结果，列（1）是董事会多样性（BD）影响国有企业环境绩效（Env_{t+1}）的回归结果，与第四章表 4.5 列（2）的结果保持一致。

列（2）和列（3）是用于判断高管性别多样性（GD）是否为董事会多样性影响国有企业环境绩效中介机制的多元回归检验结果。列（2）显示，董事会多样性（BD）对国有企业高管性别多样性（GD）的影响系数为 0.2147，通过了 1% 的显著性水平检验（t 值为 25.1091），这表明国有企业董事会多样性水平能够有效提升高管团队的性别多样性水平，董事会多样性水平越高，高管性别多样性程度越高。在回归模型中同时纳入董事会多样性和高管性别多样性之后，董事会多样性（BD）对国有企业环境绩效（Env_{t+1}）的影响系数由 0.3175 下降到 0.2137，但依然在 5% 的水平下显著，而高管性别多样性（GD）对环境绩效（Env_{t+1}）的影响系数则在 1% 的水平下显著为正（系数为 0.4835，对应的 t 值为 3.7685），这表明高管性别多样性是董事会多样性提升国有企业环境绩效的中介机制，董事会多样性通过提升高管团队的性别多样性进而提升国有企业的环境绩效，本章的研究假设 5.3 得到验证。

列（4）和列（5）是用于判断环保意识（EA）是否为董事会多样性影响国有企业环境绩效中介机制的多元回归检验结果。列（4）显示，董事会多样性（BD）对国有企业环保意识（EA）在 5% 的水平下有显著的促进作用（系数为 0.1762，t 值为 2.2273），即董事会多样性水平越高，国有企业的环保意识越强。在列（1）的基础上纳入环保意识（EA），结果显示，国有企业董事会多样性（BD）和环保意识（EA）对企业环境绩效（Env_{t+1}）至少在 5% 的水平下有显著的促进作用，而董事会多样性（BD）的影响系数则减少 0.0189，这意味着董事会多样性对国有企业环境绩效的影响效应部分是通过上市公司的环保意识（EA）产生的。列（1）、列（4）和列（5）共同说明，高管环保意识是董事会多样性影响国有企业环境绩效的中介机制，即董事会多样性通过提高国有企业的环保意识进而提升国有企业的环境绩效，本章研究假设 5.4 得到验证。

综上所述，高管性别多样性和环保意识是国有企业董事会多样性影响国有企业环境绩效的中介机制。

表5.5　董事会多样性影响国有企业环境绩效的中介机制检验

变量	(1) Env_{t+1}	(2) GD	(3) Env_{t+1}	(4) EA	(5) Env_{t+1}
BD	0.3175 ** (2.4664)	0.2147 *** (25.1091)	0.2137 ** (2.5240)	0.1762 ** (2.2273)	0.2986 ** (2.3268)
GD			0.4835 *** (3.7685)		
EA					0.1072 *** (9.4514)
Size	0.5720 *** (36.4579)	0.0162 *** (15.5110)	0.5642 *** (35.6664)	0.1485 *** (12.6338)	0.5560 *** (35.3521)
Lev	-0.5224 *** (-5.4283)	-0.0060 (-0.9372)	-0.5253 *** (-5.4609)	0.1269 * (1.7605)	-0.5360 *** (-5.5870)
Roa	0.6885 ** (2.1475)	0.0632 *** (2.9695)	0.7191 ** (2.2432)	1.0309 *** (4.2917)	0.5780 * (1.8073)
Growth	-0.2684 *** (-7.2546)	-0.0017 (-0.6819)	-0.2692 *** (-7.2799)	-0.0900 *** (-3.2469)	-0.2588 *** (-7.0135)
Cash	-0.6978 *** (-5.5843)	0.0074 (0.8924)	-0.6942 *** (-5.5582)	0.1001 (1.0698)	-0.7085 *** (-5.6882)
Age	0.1049 *** (4.9758)	0.0054 *** (3.8263)	0.1075 *** (5.0984)	-0.1940 *** (-12.2765)	0.1257 *** (5.9485)
Top1	0.0436 (0.4272)	0.0185 *** (2.7243)	0.0525 (0.5148)	-0.2441 *** (-3.1925)	0.0698 (0.6855)
InsShare	0.3920 *** (5.0871)	-0.0003 (-0.0656)	0.3918 *** (5.0875)	0.1554 *** (2.6926)	0.3753 *** (4.8852)
B_Share	0.0581 (0.4281)	0.0558 *** (6.1852)	0.0851 (0.6262)	0.2812 *** (2.7638)	0.0280 (0.2067)

续表

变量	(1)	(2)	(3)	(4)	(5)
	Env_{t+1}	GD	Env_{t+1}	EA	Env_{t+1}
E_Share	− 0.5401 ***	− 0.0027	− 0.5414 ***	− 0.2300 *	− 0.5154 ***
	(− 3.2364)	(− 0.2397)	(− 3.2457)	(− 1.8396)	(− 3.0982)
B_Salary	− 0.0052	0.0011 **	− 0.0047	− 0.0124 **	− 0.0039
	(− 0.7113)	(2.3276)	(− 0.6368)	(− 2.2488)	(− 0.5323)
E_Salary	0.1279 ***	0.0009	0.1284 ***	0.2094 ***	0.1055 ***
	(5.1547)	(0.5618)	(5.1752)	(11.2586)	(4.2445)
常数项	− 13.7431 ***	0.3414 ***	− 13.5780 ***	− 5.3142 ***	− 13.1733 ***
	(− 36.9387)	(13.8148)	(− 36.2619)	(− 19.0649)	(− 35.0606)
年份/行业	Yes	Yes	Yes	Yes	Yes
R^2	0.2618	0.1670	0.2625	0.2299	0.2665
样本量	10078	10078	10078	10078	10078

资料来源：笔者根据检验结果整理。

（三）董事会多样性影响国有企业社会绩效的中介机制检验

表 5.6 列示了董事会多样性影响国有企业社会绩效的中介机制检验结果，列（1）是董事会多样性（BD）影响国有企业社会绩效（$Donate_{t+1}$）的回归结果，与第四章表 4.5 列（3）的结果保持一致。列（2）显示，董事会多样性（BD）对国有企业高管性别多样性（GD）的影响系数在 1% 的水平下显著为正（系数为 0.2147，t 值为 25.1091），表明国有企业中，董事会多样性与高管性别多样性之间有显著的正相关关系，董事会多样性水平越高，国有企业的高管性别多样性水平也越高。在将董事会多样性和高管性别多样性同时纳入回归模型之后［结果显示于列（3）中］，国有企业董事会多样性（BD）的影响系数由 3.1099 下降到 2.8925，而高管性别多样性（GD）的影响系数则在 5% 的水平下显著为正（系数为 1.0124，t 值为 2.2062），这意味着高管性别多样性在董事会多样性与国有企业社会绩效之间关系的中介效应成立，本章的研究假设 5.5 得到验证。

表 5.6　董事会多样性影响国有企业社会绩效的中介机制检验

变量	(1)	(2)	(3)
	$Donate_{t+1}$	GD	$Donate_{t+1}$
BD	3.1099 ***	0.2147 ***	2.8925 ***
	(6.7582)	(25.1091)	(6.1475)
GD			1.0124 **
			(2.2062)
Size	1.3104 ***	0.0162 ***	1.3268 ***
	(23.3652)	(15.5110)	(23.4560)
Lev	0.8308 **	−0.0060	0.8368 **
	(2.4148)	(−0.9372)	(2.4327)
Roa	16.3440 ***	0.0632 ***	16.2800 ***
	(14.2592)	(2.9695)	(14.2008)
Growth	−0.3474 ***	−0.0017	−0.3457 ***
	(−2.6260)	(−0.6819)	(−2.6135)
Cash	−2.6618 ***	0.0074	−2.6693 ***
	(−5.9588)	(0.8924)	(−5.9763)
Age	−0.2948 ***	0.0054 ***	−0.3002 ***
	(−3.9093)	(3.8263)	(−3.9797)
Top1	−2.6561 ***	0.0185 ***	−2.6748 ***
	(−7.2798)	(2.7243)	(−7.3301)
InsShare	−0.3491	−0.0003	−0.3488
	(−1.2675)	(−0.0656)	(−1.2665)
B_Share	2.6865 ***	0.0558 ***	2.6300 ***
	(5.5346)	(6.1852)	(5.4115)
E_Share	−1.2487 **	−0.0027	−1.2460 **
	(−2.0932)	(−0.2397)	(−2.0890)
B_Salary	0.0717 ***	0.0011 **	0.0706 ***
	(2.7277)	(2.3276)	(2.6838)
E_Salary	0.4341 ***	0.0009	0.4331 ***
	(4.8923)	(0.5618)	(4.8824)

变量	(1)	(2)	(3)
	$Donate_{t+1}$	GD	$Donate_{t+1}$
常数项	-26.2176^{***}	0.3414^{***}	-26.5632^{***}
	(-19.7119)	(13.8148)	(-19.8374)
年份/行业	Yes	Yes	Yes
R^2	0.1318	0.1670	0.1321
样本量	10078	10078	10078

资料来源：笔者根据检验结果整理。

（四）董事会多样性影响国有企业超额在职消费的中介机制检验

表5.7列示了董事会多样性影响国有企业超额在职消费的中介机制检验结果，列（1）是国有企业董事会多样性（BD）影响超额在职消费（$Experk_{t+1}$）的回归结果，与第四章表4.5列（4）的结果保持一致。

列（2）和列（3）用于检验高管控制权（Con_P）是否为董事会多样性影响国有企业超额在职消费的中介机制。列（2）是基于模型（5.8）的检验结果，结果显示，董事会多样性（BD）对国有企业高管控制权（Con_P）的影响系数为 -0.0710，对应的t值为 -8.9149，即通过了1%的显著性水平检验，这意味着国有企业董事会多样性水平的提升能够对高管形成有效制约，弱化高管对企业的控制权。列（3）是基于模型（5.9）的检验结果，用于检验高管控制权的中介效应是否成立，结果显示，虽然董事会多样性（BD）对国有企业超额在职消费（$Experk_{t+1}$）的影响系数在1%的水平下显著为负（系数为 -0.0088，t值为 -4.1795），但高管控制权（Con_P）对国有企业超额在职消费（$Experk_{t+1}$）的影响系数未通过统计学上的显著性检验，这意味着高管控制权不是董事会多样性影响国有企业超额在职消费的中介渠道，本章的研究假设5.6未得到验证。

列（4）和列（5）是对股东监督权（Sup_P）中介影响机制的多元回归检验结果。由列（4）列示的内容可知，董事会多样性（BD）对股东监督权（Sup_P）的影响系数在1%的水平下显著为正（系数为0.1482，t值为6.1258），说明董事会多样性与国有企业股东监督权之间存在显著的正相关关系，即董事会多样性水平越高，国有企业的股东监督水平越高。列

（5）是在列（1）的基础上加入股东监督权之后的检验结果，董事会多样性（BD）和股东监督权（Sup_P）对国有企业超额在职消费的影响系数分别在1%（t值为 - 4.3618）和5%（t值为 - 2.0107）的水平下显著为负，这说明股东监督权的中介效应成立，即董事会多样性通过提高股东监督权进而有效抑制国有企业超额在职消费，本章的研究假设5.7得到验证。

综上所述，董事会多样性主要通过股东监督权而非高管控制权对国有企业超额在职消费产生影响。

表5.7　董事会多样性影响国有企业超额在职消费的中介机制检验

变量	（1） $Experk_{t+1}$	（2） Con_P	（3） $Experk_{t+1}$	（4） Sup_P	（5） $Experk_{t+1}$
BD	- 0.0090 ***	- 0.0710 ***	- 0.0088 ***	0.1482 ***	- 0.0088 ***
	（ - 4.2623）	（ - 8.9149）	（ - 4.1795）	（6.1258）	（ - 4.3618）
Con_P			0.0021		
			（0.9302）		
Sup_P					- 0.0015 **
					（ - 2.0107）
$Size$	- 0.0067 ***	- 0.0054 ***	- 0.0067 ***	0.0342 ***	- 0.0067 ***
	（ - 26.0058）	（ - 5.6031）	（ - 25.9317）	（11.5869）	（ - 26.0804）
Lev	0.0029 *	0.0359 ***	0.0029 *	0.2878 ***	0.0025
	（1.8609）	（6.0275）	（1.8107）	（15.9139）	（1.5738）
Roa	0.0925 ***	0.0531 ***	0.0924 ***	- 0.2415 ***	0.0929 ***
	（17.6310）	（2.6794）	（17.6051）	（ - 4.0081）	（17.6914）
$Growth$	- 0.0002	- 0.0103 ***	- 0.0002	0.0877 ***	- 0.0004
	（ - 0.3623）	（ - 4.4849）	（ - 0.3265）	（12.6197）	（ - 0.5753）
$Cash$	0.0079 ***	- 0.0067	0.0079 ***	- 0.0019	0.0079 ***
	（3.8652）	（ - 0.8705）	（3.8719）	（ - 0.0795）	（3.8669）
Age	0.0004	0.0260 ***	0.0003	- 0.0186 ***	0.0004
	（1.1504）	（19.9590）	（0.9780）	（ - 4.6919）	（1.2299）
$Top1$	- 0.0004	0.4300 ***	- 0.0013	- 0.1287 ***	- 0.0002
	（ - 0.2284）	（68.1383）	（ - 0.6648）	（ - 6.7098）	（ - 0.1132）

变量	（1）	（2）	（3）	（4）	（5）
	$Experk_{t+1}$	Con_P	$Experk_{t+1}$	Sup_P	$Experk_{t+1}$
InsShare	0.0034***	− 0.0741***	0.0035***	− 0.0446***	0.0034***
	（2.6577）	（− 15.5578）	（2.7570）	（− 3.0781）	（2.7099）
B_Share	0.0057**	0.1013***	0.0055**	0.1242***	0.0055**
	（2.5502）	（12.0691）	（2.4416）	（4.8683）	（2.4650）
E_Share	0.0015	− 0.4633***	0.0025	− 0.0268	0.0016
	（0.5546）	（− 44.9022）	（0.8506）	（− 0.8548）	（0.5693）
B_Salary	0.0001	− 0.0080***	0.0002	0.0051***	0.0001
	（1.1897）	（− 17.5862）	（1.3145）	（3.6858）	（1.1261）
E_Salary	0.0076***	− 0.0023	0.0077***	0.0259***	0.0076***
	（18.8302）	（− 1.5105）	（18.8406）	（5.5489）	（18.7163）
常数项	0.0344***	0.1642***	0.0341***	0.8972***	0.0331***
	（5.6570）	（7.1381）	（5.5900）	（12.8342）	（5.4053）
年份/行业	Yes	Yes	Yes	Yes	Yes
R^2	0.1183	0.4468	0.1183	0.1440	0.1185
样本量	10078	10078	10078	10078	10078

资料来源：笔者根据检验结果整理。

（五）董事会多样性影响国有企业股价崩盘风险的中介机制检验

表5.8列示了董事会多样性影响国有企业股价崩盘风险的中介机制检验结果，列（1）和列（2）分别是董事会多样性（BD）影响国有企业负收益偏态系数（$NCSKEW_{t+1}$）和收益上下波动率（$DUVOL_{t+1}$）的回归结果，与第四章表4.6列（1）和列（2）的结果保持一致。

列（3）、列（4）和列（5）是基于模型（5.10）的回归检验结果。由列（3）可知，董事会多样性（BD）对国有企业代理成本（AC）的影响系数为−0.0481，并且通过了1%的显著性水平检验（t值为−4.3774），说明董事会多样性越高，国有企业的代理成本越低。由列（4）可知，董事会多样性（BD）对国有企业非效率投资（Inveff）的影响系数在1%的水平下显著为负（系数为−0.0299，t值为−7.1120），表明董事会多样性能

表 5.8　董事会多样性影响国有企业股价崩盘风险的中介机制检验

变量	(1) $NCSKEW_{t+1}$	(2) $DUVOL_{t+1}$	(3) AC	(4) $Inveff$	(5) RID	(6) $NCSKEW_{t+1}$	(7) $NCSKEW_{t+1}$	(8) $NCSKEW_{t+1}$	(9) $DUVOL_{t+1}$	(10) $DUVOL_{t+1}$	(11) $DUVOL_{t+1}$
BD	-0.2038*** (-3.1635)	-0.1419*** (-3.2273)	-0.0481*** (-4.3774)	-0.0299*** (-7.1120)	0.0878*** (5.5892)	-0.2008*** (-3.1140)	-0.1923*** (-2.9782)	-0.1947*** (-3.0183)	-0.1382*** (-3.1389)	-0.1359*** (-3.0817)	-0.1359*** (-3.0863)
AC						0.0621** (2.0235)			0.0782* (1.8904)		
Inveff							0.3834** (2.4202)			0.2024* (1.8718)	
RID								-0.1034** (-2.4376)			-0.0684** (-2.3627)
Ret	0.9649*** (3.6290)	0.5841*** (3.2016)	0.0154 (0.3424)	0.0188 (1.0376)	-0.0988 (-1.2775)	0.9636*** (3.6242)	1.0104*** (3.5680)	0.1847 (0.6001)	0.5826*** (3.1945)	0.6256*** (3.2214)	0.0596 (0.2838)
Sigma	6.8294*** (4.6519)	3.9350*** (3.9065)	0.0537 (0.2162)	0.4395*** (4.4477)	-1.2850*** (-2.9272)	6.8247*** (4.6491)	6.7851*** (4.3832)	2.1636 (1.2372)	3.9300*** (3.9025)	3.9584*** (3.7290)	0.7558 (0.6332)
Dturn	-0.0171 (-1.3408)	-0.0133 (-1.5143)	0.0130*** (6.0216)	-0.0073*** (-5.9111)	0.0291*** (7.4114)	-0.0183 (-1.4290)	-0.0024 (-0.1229)	-0.0187 (-1.1929)	-0.0145 (-1.6512)	0.0009 (0.0701)	-0.0146 (-1.3639)
Size	-0.0050*** (-2.7275)	-0.0130*** (-2.7858)	-0.0118*** (-10.2375)	0.0009** (1.9952)	-0.0160*** (-7.5206)	0.0060 (0.8772)	0.0066 (0.9212)	-0.0019 (-0.2196)	-0.0119** (-2.5422)	-0.0137*** (-2.8094)	-0.0173*** (-2.9903)

续表

变量	(1) $NCSKEW_{t+1}$	(2) $DUVOL_{t+1}$	(3) AC	(4) $Inveff$	(5) RID	(6) $NCSKEW_{t+1}$	(7) $NCSKEW_{t+1}$	(8) $NCSKEW_{t+1}$	(9) $DUVOL_{t+1}$	(10) $DUVOL_{t+1}$	(11) $DUVOL_{t+1}$
Lev	-0.0136	-0.0183	-0.1697***	-0.0013	0.0018	0.0014	0.0077	-0.0194	-0.0025	-0.0009	-0.0109
	(-0.3497)	(-0.6861)	(-25.8225)	(-0.4818)	(0.1506)	(0.0344)	(0.1860)	(-0.3972)	(-0.0901)	(-0.0320)	(-0.3260)
Roa	0.6193***	0.3585***	-0.1954***	0.0441***	0.1072***	0.6365***	0.6182***	0.5169***	0.3767***	0.3632***	0.2722***
	(5.0740)	(4.2807)	(-9.4707)	(5.3810)	(2.9459)	(5.2003)	(4.8165)	(3.5655)	(4.4864)	(4.1264)	(2.7506)
BM	-0.0657***	-0.0351***	-0.0086***	-0.0029***	0.0063**	-0.0649***	-0.0647***	-0.0353***	-0.0343***	-0.0335***	-0.0165**
	(-7.2464)	(-5.6454)	(-5.6274)	(-4.8681)	(2.1746)	(-7.1557)	(-6.9821)	(-3.0639)	(-5.5115)	(-5.2731)	(-2.0992)
$ACCM$	0.2666***	0.1186*	-0.0153	0.0496***	-0.0297	0.2679***	0.2680***	0.3771***	0.1200*	0.1438**	0.1777**
	(2.8109)	(1.8231)	(-0.9538)	(7.8047)	(-1.0110)	(2.8252)	(2.6874)	(3.2261)	(1.8454)	(2.1031)	(2.2282)
常数项	-0.3822**	0.1270	0.5031***	0.0209***	3.3217***	-0.4265***	-0.4668***	0.2408	0.0800	0.1080	0.4684***
	(-2.3964)	(1.1604)	(18.6610)	(1.9763)	(66.0496)	(-2.6447)	(-2.8127)	(1.0065)	(0.7231)	(0.9488)	(2.8688)
年份/行业	Yes	Yes	Yes	Yes	Yes	Yes	Yes	Yes	Yes	Yes	Yes
R^2	0.0505	0.0508	0.2694	0.0822	0.0428	0.0507	0.0511	0.0512	0.0512	0.0512	0.0514
样本量	10078	10078	10078	10078	10078	10078	10078	10078	10078	10078	10078

资料来源：笔者根据检验结果整理。

够显著降低国有企业的非效率投资。由列（5）可知，国有企业董事会多样性（BD）与风险信息披露（RID）之间存在显著的正相关关系（系数为0.0878，t 值为5.5892），这意味着董事会多样性水平越高，国有企业的风险信息披露水平越高。

列（6）、列（7）和列（8）的因变量为负收益偏态系数（NCSKEW$_{t+1}$），在列（1）的基础上分别加入代理成本（AC）、非效率投资（Inveff）和风险信息披露（RID）之后，董事会多样性（BD）对国有企业负收益偏态系数（NCSKEW$_{t+1}$）的影响系数依然通过了1%的显著性水平检验，影响系数的绝对值同列（1）影响系数的绝对值相比，均有不同程度的下降。代理成本（AC）、非效率投资（Inveff）和风险信息披露（RID）三个中介变量对负收益偏态系数（NCSKEW$_{t+1}$）的影响系数分别为0.0621、0.3834 和 −0.1034，且均通过了5%的显著性水平检验，这表明代理成本、非效率投资和风险信息披露是董事会多样性降低国有企业股价崩盘风险（负收益偏态系数）的中介渠道。

列（9）、列（10）和列（11）的因变量为收益上下波动率（DUVOL$_{t+1}$）。由列示的具体内容可知，董事会多样性（BD）对国有企业收益上下波动率（DUVOL$_{t+1}$）的影响系数全部在1%的水平下显著，代理成本（AC）、非效率投资（Inveff）和风险信息披露（RID）的影响系数也通过了显著性检验，且影响方向与列（6）、列（7）和列（8）分别保持一致，由此可以判断董事会通过降低代理成本、提高投资效率、提高风险信息披露水平，进而降低了国有企业股价崩盘风险（收益上下波动率）。

综上所述，代理成本、非效率投资和风险信息披露是董事会多样性影响国有企业股价崩盘风险的三条中介影响路径，即董事会多样性能够通过降低代理成本、降低非效率投资和提高风险信息披露水平降低国有企业股价崩盘风险，本章的研究假设5.8、研究假设5.9、研究假设5.10得到验证。

四　稳健性检验

为了确保国有企业董事会多样性治理效应影响机制的稳健性，本章通过如下四种方法进行稳健性检验：第一，基于 Bootstrap 的中介效应检验；

第二，基于 Sobel 的中介效应检验；第三，基于固定效应模型的中介效应检验；第四，基于更换自变量测度的中介效应检验。

（一）Bootstrap 中介效应检验

基于 Bootstrap 自助法的中介效应检验结果列于表 5.9，所有结果均采用 Bootstrap 自助法进行 1000 次抽样。

当因变量为国有企业资产保值增值（EVA_P_{t+1}），中介变量为专利申请（$Patent1$）、专利授权（$Patent2$）和内部控制（IC）时，对应的 P 值分别为 0.0491、0.0625 和 0.0956，这表明企业创新（专利申请、专利授权）和内部控制是董事会多样性影响国有企业资产保值增值的中介机制，本章的研究假设 5.1 得到部分验证，研究假设 5.2 得到验证。

当因变量为国有企业环境绩效（Env_{t+1}），中介变量为高管性别多样性（GD）和环保意识（EA）时，对应的 P 值分别为 0.0000 和 0.0622，这表明董事会多样性通过高管性别多样性和环保意识提高国有企业环境绩效，本章的研究假设 5.3 和研究假设 5.4 得到验证。

当因变量为国有企业社会绩效（$Donate_{t+1}$），中介变量为高管性别多样性（GD）时，对应的 P 值为 0.0331，说明高管性别多样性是董事会多样性影响国有企业环境绩效的中介传导机制，研究假设 5.5 得到验证。

在因变量为国有企业超额在职消费（$Experk_{t+1}$），中介变量为高管控制权（Con_P）时，对应的 P 值为 0.3576，表明中介效应检验未通过，即高管控制权不是董事会多样性影响国有企业超额在职消费的中介渠道，本章的研究假设 5.6 未得到验证。当中介变量为股东监督权（Sup_P）时，对应的 P 值为 0.0433，这意味着中介效应成立，即董事会多样性通过股东监督权影响国有企业超额在职消费，本章的研究假设 5.7 得到验证。

当因变量为负收益偏态系数（$NCSKEW_{t+1}$）和收益上下波动率（$DUVOL_{t+1}$），中介变量为代理成本（AC）、非效率投资（$Inveff$）和风险信息披露（RID）时，对应的 P 值均小于 0.1，说明中介效应至少在 10% 的水平下显著成立，表明代理成本、非效率投资和风险信息披露是董事会多样性缓解国有企业股价崩盘风险的中介渠道，本章的研究假设 5.8、研究假设 5.9 和研究假设 5.10 得到验证。

表 5.9　中介影响机制的再检验：Bootstrap 检验

因变量	中介变量	假设	系数	标准误	Z	P
EVA_P_{t+1}	$Patent1$	假设 5.1	0.0032	0.0016	1.9648	0.0491
	$Patent2$	假设 5.1	0.0046	0.0024	1.8687	0.0625
	IC	假设 5.2	0.0054	0.0032	1.6715	0.0956
Env_{t+1}	GD	假设 5.3	0.1038	0.0265	3.9209	0.0000
	EA	假设 5.4	0.0189	0.0101	1.8651	0.0622
$Donate_{t+1}$	GD	假设 5.5	0.2173	0.1019	2.1327	0.0331
$Experk_{t+1}$	Con_P	假设 5.6	−0.0001	0.0002	−0.9214	0.3576
	Sup_P	假设 5.7	0.0002	0.0001	2.0256	0.0433
$NCSKEW_{t+1}$	AC	假设 5.8	−0.0037	0.0020	−1.8017	0.0722
	$Inveff$	假设 5.9	−0.0104	0.0039	−2.6657	0.0082
	RID	假设 5.10	−0.0071	0.0033	−2.1309	0.0332
$DUVOL_{t+1}$	AC	假设 5.8	−0.0039	0.0020	−1.9666	0.0495
	$Inveff$	假设 5.9	−0.0060	0.0030	−2.0057	0.0459
	RID	假设 5.10	−0.0045	0.0023	−1.9440	0.0524

资料来源：笔者根据检验结果整理。

（二）Sobel 中介效应检验

采用 Sobel 检验法重新检验本章的研究假设是否成立，以确保中介影响机制的稳健性，具体的检验结果列于表 5.10。由表中列示的结果可以看出来，只有当因变量为国有企业超额在职消费（$Experk_{t+1}$），中介变量为高管控制权（Con_P）时，对应的 P 值大于 0.1，而在其他情况下，对应的 P 值均小于 0.1，意味着中介效应成立。具体而言，董事会多样性通过企业创新（专利申请、专利授权）和内部控制促进国有企业资产保值增值；通过高管性别多样性和环保意识提高国有企业环境绩效；通过高管性别多样性提高国有企业社会绩效；通过股东监督权抑制国有企业超额在职消费；通过代理成本、非效率投资和风险信息披露缓解国有企业股价崩盘风险。检验结果表明，在研究假设 5.1 至研究假设 5.10 之间，除研究假设 5.6 未得到验证之外，其他研究假设均得到验证。

表 5.10　中介影响机制的再检验：Sobel 检验

因变量	中介变量	假设	系数	标准误	Z	P
EVA_P_{t+1}	$Patent1$	假设 5.1	0.0032	0.0019	1.7126	0.0868
	$Patent2$	假设 5.1	0.0046	0.0022	2.0282	0.0425
	IC	假设 5.2	0.0054	0.0024	2.2019	0.0277
Env_{t+1}	GD	假设 5.3	0.1038	0.0279	3.7268	0.0002
	EA	假设 5.4	0.0189	0.0105	1.7941	0.0728
$Donate_{t+1}$	GD	假设 5.5	0.2173	0.0989	2.1977	0.0280
$Experk_{t+1}$	Con_P	假设 5.6	− 0.0001	0.0002	− 0.9251	0.3549
	Sup_P	假设 5.7	0.0002	0.0001	1.9104	0.0561
$NCSKEW_{t+1}$	AC	假设 5.8	− 0.0037	0.0021	− 1.7225	0.0850
	$Inveff$	假设 5.9	− 0.0104	0.0037	− 2.8088	0.0050
	RID	假设 5.10	− 0.0071	0.0033	− 2.1690	0.0301
$DUVOL_{t+1}$	AC	假设 5.8	− 0.0039	0.0016	− 2.4560	0.0141
	$Inveff$	假设 5.9	− 0.0060	0.0025	− 2.4024	0.0163
	RID	假设 5.10	− 0.0045	0.0022	− 2.0278	0.0426

资料来源：笔者根据检验结果整理。

（三）固定效应模型

为克服变量遗漏问题对研究结论的影响，采用固定效应模型进行稳健性检验。基于固定效应模型对研究假设 5.1 至研究假设 5.10（研究假设 5.6 除外）进行回归检验，具体的检验结果列于表 5.11。为了便于比较，本章在回归结果中同时列示了董事会多样性治理效应固定效应检验的结果（即表 4.11 列示的结果）。

Panel A 为基于固定效应模型的董事会多样性影响国有企业资产保值增值的机制检验结果，其中，董事会多样性（BD）对中介变量专利申请（$Patent1$）、专利授权（$Patent2$）和内部控制（IC）的影响系数均显著为正，在列（1）的基础上加入中介变量之后，董事会多样性（BD）、专利申请（$Patent1$）、专利授权（$Patent2$）和内部控制（IC）对国有企业资产保值增值（EVA_P_{t+1}）的影响系数全部显著为正，这表明董事会通过提高专利数量（申请数量和授权数量）和内部控制水平促进国有企业

表 5.11　中介影响机制的再检验：固定效应模型

Panel A　董事会多样性影响国有企业资产保值增值的机制检验

变量	(1) EVA_P_{t+1}	(2) $Patent1$	(3) EVA_P_{t+1}	(4) $Patent2$	(5) EVA_P_{t+1}	(6) IC	(7) EVA_P_{t+1}
BD	0.1503** (2.3713)	0.6535* (1.7527)	0.1474** (2.3256)	0.7274** (2.0904)	0.1458** (2.3013)	0.1017*** (2.7787)	0.1448** (2.2846)
$Patent1$			0.0045*** (3.0540)				
$Patent2$					0.0062*** (3.9325)		
IC							0.0543*** (3.6345)
常数项	-1.4083*** (-12.5254)	-7.1406*** (-10.7963)	-1.3763*** (-12.1922)	-7.4138*** (-12.0112)	-1.3625*** (-12.0602)	0.3754*** (5.7854)	-1.4287*** (-12.6967)
控制变量	Yes	Yes	Yes	Yes	Yes	Yes	Yes
年份/个体	Yes	Yes	Yes	Yes	Yes	Yes	Yes
R^2	0.7067	0.3427	0.7069	0.3273	0.7071	0.3128	0.7070
样本量	10078	10078	10078	10078	10078	10078	10078

Panel B 董事会多样性影响国有企业环境绩效的机制检验

变量	(1) Env_{t+1}	(2) GD	(3) Env_{t+1}	(4) EA	(5) Env_{t+1}
BD	0.2709**	0.2141***	0.1712***	0.2439***	0.2496**
	(2.1462)	(25.3769)	(3.3255)	(2.5877)	(1.9814)
GD			0.4657***		
			(3.6101)		
EA					0.0872***
					(7.5620)
常数项	-12.6288***	0.5292***	-12.3824***	-5.4421***	-12.1544***
	(-17.8501)	(11.1900)	(-17.4287)	(-10.3008)	(-17.1480)
控制变量	Yes	Yes	Yes	Yes	Yes
年份/个体	Yes	Yes	Yes	Yes	Yes
R^2	0.3689	0.2788	0.3695	0.3459	0.3715
样本量	10078	10078	10078	10078	10078

续表

Panel C　董事会多样性影响国有企业社会绩效的机制检验

变量	(1) $Donate_{t+1}$	(2) GD	(3) $Donate_{t+1}$
BD	2.8277*** (6.1761)	0.2141*** (25.3769)	2.5740*** (5.4932)
GD			1.1849** (2.5315)
常数项	-30.0853*** (-11.7217)	0.5292*** (11.1900)	-30.7123*** (-11.9131)
控制变量	Yes	Yes	Yes
年份/个体	Yes	Yes	Yes
R^2	0.2356	0.2788	0.2360
样本量	10078	10078	10078

Panel D　董事会多样性影响国有企业超额在职消费的机制检验

变量	(4) $Experk_{t+1}$	(5) Sup_P	(6) $Experk_{t+1}$
BD	-0.0096*** (-4.5412)	0.1857*** (7.6461)	-0.0099*** (-4.6621)
Sup_P	0.0200* (1.6793)		0.0015** (1.9796)
常数项		1.4271*** (10.4826)	0.0179 (1.4944)
控制变量	Yes	Yes	Yes
年份/个体	Yes	Yes	Yes
R^2	0.2035	0.2324	0.2037
样本量	10078	10078	10078

Panel E　董事会多样性影响国有企业股价崩盘风险的机制检验

变量	(1) $NCSKEW_{t+1}$	(2) $DUVOL_{t+1}$	(3) AC	(4) $Inveff$	(5) RID	(6) $NCSKEW_{t+1}$	(7) $NCSKEW_{t+1}$	(8) $NCSKEW_{t+1}$	(9) $DUVOL_{t+1}$	(10) $DUVOL_{t+1}$	(11) $DUVOL_{t+1}$
BD	-0.1783*** (-2.7074)	-0.1330*** (-2.9594)	-0.0487*** (-4.4992)	-0.0251*** (-5.6759)	0.0705*** (4.3505)	-0.1707*** (-2.7714)	-0.1692*** (-2.7479)	-0.1727*** (-2.8003)	-0.1272*** (-2.8030)	-0.1281*** (-2.8203)	-0.1289*** (-2.8384)

续表

Panel E 董事会多样性影响国有企业股价崩盘风险的机制检验

变量	(1) $NCSKEW_{t+1}$	(2) $DUVOL_{t+1}$	(3) AC	(4) $Ineff$	(5) RID	(6) $NCSKEW_{t+1}$	(7) $NCSKEW_{t+1}$	(8) $NCSKEW_{t+1}$	(9) $DUVOL_{t+1}$	(10) $DUVOL_{t+1}$	(11) $DUVOL_{t+1}$
AC						0.1560** (2.3494)			0.1190*** (2.6156)		
$Ineff$							0.3607** (2.2234)			0.1937* (1.7415)	
RID								-0.0795* (-1.7929)			-0.0584* (-1.9238)
常数项	-0.3641 (-1.2046)	0.1899 (0.9140)	0.5817*** (9.8935)	-0.0173 (-0.7171)	3.3746*** (38.3043)	-0.7077* (-1.8977)	-0.6107* (-1.6464)	-0.3487 (-0.8719)	0.0304 (0.1190)	0.1030 (0.4051)	0.2969 (1.0830)
控制变量	Yes	Yes	Yes	Yes	Yes	Yes	Yes	Yes	Yes	Yes	Yes
年份/个体	Yes	Yes	Yes	Yes	Yes	Yes	Yes	Yes	Yes	Yes	Yes
R^2	0.0903	0.0829	0.3965	0.1324	0.1302	0.0909	0.0908	0.0907	0.0836	0.0832	0.0833
样本量	10078	10078	10078	10078	10078	10078	10078	10078	10078	10078	10078

资料来源：笔者根据检验结果整理。

资产保值增值。本章的研究假设 5.1 得到部分验证，研究假设 5.2 得到验证，即董事会多样性通过创新产出，而非创新投资影响国有企业资产保值增值，内部控制是董事会多样性与国有企业资产保值增值之间关系的中介影响机制。

Panel B 为基于固定效应模型的董事会多样性影响国有企业环境绩效的机制检验结果，由表中列示的结果可知，董事会多样性（BD）对中介变量高管性别多样性（GD）和环保意识（EA）的影响显著为正，表明国有企业董事会多样性能够提高高管性别多样性和环保意识，董事会多样性（BD）、高管性别多样性（GD）和环保意识（EA）对国有企业环境绩效（Env_{t+1}）的影响系数全部为正，并且通过了显著性检验。根据中介效应检验的三步法可以判断，高管性别多样性和环保意识是董事会多样性影响国有企业环境绩效的中介机制，本章的研究假设 5.3 和研究假设 5.4 再次得到验证。

Panel C 为基于固定效应模型的董事会多样性影响国有企业社会绩效的机制检验结果，由表中列示的结果可知，董事会多样性（BD）和高管性别多样性（GD）对国有企业社会绩效（$Donate_{t+1}$）存在显著的促进作用，董事会多样性（BD）和高管性别多样性（GD）之间也存在显著的正相关关系。由此可以看出，高管性别多样性是董事会多样性提高国有企业社会绩效的中介机制，基于固定效应模型的检验结果再次证明了本章的研究假设 5.5。

Panel D 为基于固定效应模型对研究假设 5.7 的检验结果，其中，董事会多样性（BD）对股东监督权（Sup_P）的影响系数显著为正，意味着董事会多样性水平越高，股东监督权越大。Panel D 中的列（6）显示，董事会多样性（BD）和股东监督权（Sup_P）对国有企业超额在职消费（$Experk_{t+1}$）的影响系数均通过了显著性检验。结合列（4）、列（5）和列（6）的检验结果，可以判断股东监督权是董事会多样性影响国有企业超额在职消费的中介机制，研究假设 5.7 再次得到验证。

Panel E 是基于固定效应模型判断代理成本、非效率投资和风险信息披露是否为董事会多样性影响国有企业股价崩盘风险中介机制的检验结果，由表中列示的结果可知，董事会多样性（BD）对代理成本（AC）和非效率投资（*Inveff*）有显著的负向影响，对风险信息披露（*RID*）有显著的正向影响，表明董事会多样性能够降低国有企业代理成本、提高投资效率和风险信息披露水平。分别在模型中同时纳入代理成本、非效率投资和风险信息披露与董事会多样性之后，各变量对负收益偏态系数（$NCSKEW_{t+1}$）和收益上下波动率（$DUVOL_{t+1}$）均有显著的影响，影响方向符合本章预期和经济常识。据此可以判断，代理成本、非效率投资和风险信息披露是董事会多样性缓解国有企业股价崩盘风险的中介机制，本章的研究假设5.8、研究假设5.9和研究假设5.10再次得到验证。

（四）更换自变量测度

前文在度量国有企业董事会多样性时，将年龄多样性、性别多样性、学历背景多样性、职业背景多样性、职位多样性、董事会规模多样性、独立董事多样性、海外经历多样性、学术背景多样性、外部董事席位多样性和三年困难时期经历多样性共计11个二级指标分别排序，分为十组并赋值，本章将前述11个指标分别排序，分为五组并赋值，然后按照前文的方法重新构建董事会多样性指标，并标记为 *BD_5*。基于重新测度的董事会多样性再次检验本章的研究假设，具体的检验结果列于表5.12。表5.12的检验结果再次验证了本章的研究假设，即企业创新（专利申请和专利授权）和内部控制是董事会多样性提高国有企业资产保值增值的中介渠道（研究假设5.1和研究假设5.2）；高管性别多样性和环保意识是董事会多样性提升国有企业环境绩效的中介机制（研究假设5.3和研究假设5.4）；高管性别多样性在董事会多样性影响国有企业社会绩效的过程中发挥着中介效应（研究假设5.5）；董事会多样性通过强化股东监督权抑制国有企业超额在职消费（研究假设5.7）；董事会多样性通过降低代理成本、提高投资效率和风险信息披露水平来有效缓解国有企业股价崩盘风险（研究假设5.8、研究假设5.9和研究假设5.10）。

第四节　本章小结

本章主要检验董事会多样性影响国有企业资产保值增值、环境绩效、社会绩效、超额在职消费和股价崩盘风险的中介机制。检验结果表明：①董

表5.12　中介影响机制的再检验：更换自变量测度

Panel A　董事会多样性影响国有企业资产保值增值的机制检验

变量	(1) EVA_P_{t+1}	(2) $Patent1$	(3) EVA_P_{t+1}	(4) $Patent2$	(5) EVA_P_{t+1}	(6) IC	(7) EVA_P_{t+1}
BD_5	0.0039*** (2.7477)	0.0203** (2.3306)	0.0038*** (2.6942)	0.0223*** (2.7700)	0.0038*** (2.6697)	0.0024*** (2.8481)	0.0038*** (2.7608)
$Patent1$			0.0037*** (2.6962)				
$Patent2$					0.0049*** (3.3115)		
IC							0.0512*** (3.5932)
常数项	-1.3604*** (-24.3370)	-6.6178*** (-19.1281)	-1.3358*** (-23.5912)	-6.5238*** (-20.3301)	-1.3283*** (-23.4226)	0.4140*** (12.3800)	-1.3815*** (-24.5902)
控制变量	Yes	Yes	Yes	Yes	Yes	Yes	Yes
年份/行业	Yes	Yes	Yes	Yes	Yes	Yes	Yes
R^2	0.6890	0.2285	0.6892	0.2201	0.6893	0.2170	0.6893
样本量	10078	10078	10078	10078	10078	10078	10078

续表

Panel B 董事会多样性影响国有企业环境绩效的机制检验

变量	(1)	(2)	(3)	(4)	(5)
	Env_{i+1}	GD	Env_{i+1}	EA	Env_{i+1}
BD_5	0.0256***	0.0149***	0.0185*	0.0076*	0.0248**
	(2.6390)	(23.0867)	(1.8699)	(2.0412)	(2.5634)
GD			0.4753***		
			(3.7656)		
EA					0.1074***
					(9.4661)
常数项	−14.0100***	0.4216***	−13.7641***	−5.4330***	−13.4266***
	(−37.9426)	(17.2293)	(−36.7242)	(−19.6375)	(−35.9789)
控制变量	Yes	Yes	Yes	Yes	Yes
年份/行业	Yes	Yes	Yes	Yes	Yes
R^2	0.2618	0.1613	0.2626	0.2298	0.2666
样本量	10078	10078	10078	10078	10078

续表

Panel C　董事会多样性影响国有企业社会绩效的机制检验

变量	(1) $Donate_{t+1}$	(2) GD	(3) $Donate_{t+1}$
BD_5	0.2142***	0.0149***	0.1976***
	(6.1810)	(23.0867)	(5.5977)
GD			1.1153**
			(2.4231)
常数项	-25.0537***	0.4216***	-25.5208***
	(-19.0855)	(17.2293)	(-19.2384)
控制变量	Yes	Yes	Yes
年份/行业	Yes	Yes	Yes
R^2	0.1313	0.1613	0.1317
样本量	10078	10078	10078

Panel D　董事会多样性影响国有企业超额在职消费的机制检验

变量	(4) $Experk_{t+1}$	(5) Sup_P	(6) $Experk_{t+1}$
BD_5	-0.0005***	0.0098***	-0.0005***
	(-3.3681)	(5.3541)	(-3.4535)
Sup_P			0.0014*
			(1.9408)
常数项	0.0309***	0.9534***	0.0296***
	(5.1500)	(13.8173)	(4.8881)
控制变量	Yes	Yes	Yes
年份/行业	Yes	Yes	Yes
R^2	0.1178	0.1435	0.1181
样本量	10078	10078	10078

Panel E　董事会多样性影响国有企业股价崩盘风险的机制检验

变量	(1) $NCSKEW_{t+1}$	(2) $DUVOL_{t+1}$	(3) AC	(4) $Inveff$	(5) RID	(6) $NCSKEW_{t+1}$	(7) $NCSKEW_{t+1}$	(8) $NCSKEW_{t+1}$	(9) $DUVOL_{t+1}$	(10) $DUVOL_{t+1}$	(11) $DUVOL_{t+1}$
BD_5	-0.4582***	-0.2615***	-0.0916***	-0.0681***	0.1790***	-0.4503***	-0.4441***	-0.4508***	-0.2529***	-0.2429***	-0.2586**
	(-4.3636)	(-3.6282)	(-5.1569)	(-9.7358)	(5.5280)	(-4.2849)	(-4.0966)	(-3.7051)	(-3.5075)	(-3.6159)	(-2.4795)

Panel E 董事会多样性影响国有企业股价崩盘风险的机制检验

变量	(1) $NCSKEW_{t+1}$	(2) $DUVOL_{t+1}$	(3) AC	(4) $Inveff$	(5) RID	(6) $NCSKEW_{t+1}$	(7) $NCSKEW_{t+1}$	(8) $NCSKEW_{t+1}$	(9) $DUVOL_{t+1}$	(10) $DUVOL_{t+1}$	(11) $DUVOL_{t+1}$
AC						0.0863* (1.8015)			0.0939*** (2.8379)		
$Inveff$							0.2066*** (2.8845)			0.2731** (2.4507)	
RID								-0.0413** (-2.3914)			-0.0160** (-2.2633)
常数项	-0.1677 (-0.8115)	0.2020 (1.4314)	-0.0032 (-0.2342)	-0.1666 (-0.8061)	0.2026 (1.4361)	0.6073*** (17.2079)	-0.2049 (-0.9762)	0.1537 (1.0722)	3.3146*** (65.7818)	0.1686 (0.6745)	0.4309** (2.5247)
控制变量	Yes	Yes	Yes	Yes	Yes	Yes	Yes	Yes	Yes	Yes	Yes
年份/行业	Yes	Yes	Yes	Yes	Yes	Yes	Yes	Yes	Yes	Yes	Yes
R^2	0.0509	0.0505	0.0852	0.0514	0.0508	0.2692	0.0510	0.0508	0.0434	0.0514	0.0510
样本量	10078	10078	10078	10078	10078	10078	10078	10078	10078	10078	10078

资料来源：笔者根据检验结果整理。

事会多样性通过提高企业创新产出、提升内部控制质量来促进国有企业资产保值增值；②高管性别多样性和环保意识是董事会多样性影响国有企业环境绩效的两条中介渠道；③董事会多样性通过提高国有企业高管团队的性别多样性进而提升国有企业的社会绩效；④董事会多样性通过强化股东监督权进而有效抑制国有企业超额在职消费，但是高管控制权在董事会多样性与国有企业超额在职消费之间的关系未通过中介效应检验；⑤董事会多样性能够通过降低代理成本、提高投资效率和提高风险信息披露水平三个渠道来有效缓解国有企业股价崩盘风险。

　　为确保研究结论的稳健性，本章通过 Bootstrap 中介效应检验、Sobel 中介效应检验、固定效应模型和更换自变量测度四种方法进行稳健性检验，结果显示，在本章的 10 个研究假设中，除了研究假设 5.6 没有得到验证之外，其他所有研究假设均再次得到验证。本章研究假设的实证检验结果汇总于表 5.13。

表 5.13　第五章检验结果汇总

序号	研究假设	检验结果
假设 5.1	董事会多样性通过提升企业创新水平促进国有企业资产保值增值	部分支持
假设 5.2	董事会多样性通过加强内部控制促进国有企业资产保值增值	支持
假设 5.3	董事会多样性通过提高高管性别多样性提高国有企业环境绩效	支持
假设 5.4	董事会多样性通过提高环保意识提高国有企业环境绩效	支持
假设 5.5	董事会多样性通过提高高管性别多样性促进国有企业慈善捐赠，提高国有企业社会绩效	支持
假设 5.6	董事会多样性通过弱化高管控制权抑制国有企业超额在职消费	不支持
假设 5.7	董事会多样性通过提升股东监督权抑制国有企业超额在职消费	支持
假设 5.8	董事会多样性通过降低代理成本抑制国有企业股价崩盘风险	支持
假设 5.9	董事会多样性通过降低非效率投资抑制国有企业股价崩盘风险	支持
假设 5.10	董事会多样性通过提高风险信息披露水平抑制国有企业股价崩盘风险	支持

　　资料来源：笔者归纳整理。

第六章　国有企业董事会多样性治理效应的边界条件分析

　　前文研究已经证实国有企业董事会多样性能够提高国有企业资产保值增值、环境绩效和社会绩效，还可以有效地抑制国有企业超额在职消费，降低国有企业股价崩盘风险，即在混合所有制改革过程中，董事会多样性在国有企业中发挥了良好的治理效应。为进一步加深对混改背景下国有企业董事会多样性治理效应的认识，本章基于国有企业资产保值增值、环境绩效（Environment）、社会绩效（Social）和公司治理（Corporate Governance，包括超额在职消费和股价崩盘风险）等维度构建国有企业高质量发展指标①，聚焦于董事会的咨询职能和监督职能，分析管理层的咨询需求和监督需求对董事会多样性与国有企业高质量发展之间关系的影响，并进一步研究异地独立董事、高铁开通和经济政策不确定性对董事会多样性与国有企业高质量发展之间关系的影响。

　　基于前文的理论分析与实证检验结果，本章认为董事会多样性能够有效提升国有企业的高质量发展水平，这也是本章开展边界条件分析的基础。本章着力于分析不同的情境因素之下，多样性如何影响董事会的履职效果，即履职有效性，进而衍生出咨询需求、监督需求、异地独立董事、高铁开通和经济政策不确定性对董事会多样性与国有企业高质量发展之间关系的影响。

---

　　① 本书认为国有企业高质量发展是国有企业在确保国有企业资产保值增值的同时，兼顾国有企业的 ESG 表现，即环境（Environment）、社会（Social）和公司治理（Corporate Governance）三方面的表现。

第一节　不同情境下董事会多样性影响国有企业高质量发展的理论分析

一　管理层咨询需求的调节作用

公司的咨询需求和监督需求是影响董事会构成及促进董事会多样性的重要驱动因素（Withers et al.，2012；Knyazeva et al.，2021）。对于咨询需求较高的公司，董事会多样性所包含的丰富专业知识对公司来说具有较高价值（Chen and Guay，2020）。本章认为，管理层能力能够很好地表征管理层的咨询需求。在管理层能力较强的情况下，管理层在做出决策的过程中对董事会的依赖程度较低，也就是管理层能力越强，管理层对董事会的咨询需求越少。基于此，本章将从管理层能力视角分析管理层咨询需求对董事会多样性与国有企业高质量发展之间关系的影响。

管理能力已被证明在企业避税、盈余管理、商誉减值等企业行为中发挥着重要作用。高能力的管理者比低能力的管理者更了解公司的运营和战略发展状况（Doukas and Zhang，2021），拥有更丰富的业务知识和卓越的管理技能（Baik et al.，2020），可以更好地理解产业趋势，更准确地预测产品需求，更有效地管理资源，抓住更优的投资机会，投资于更多能创造价值的项目，进而获取企业可持续发展的竞争优势。拥有能力出众管理者的公司可以通过更好的投资机会获得更多的经济效益（Lee et al.，2018）。资源依赖理论也认为，管理能力是增强企业竞争优势的宝贵资源，因为有能力的管理者拥有更高水平的知识和技能。

管理者的技能是其认知能力和个人工作经验的体现，管理层的能力会直接影响企业的战略决策（Liu and Lei，2021）。管理者的能力与其更好地理解公司运作和业绩驱动因素有关，能够更好地利用组织资源，更好地评估潜在商业机会和投资项目，拥有更高的应对不确定性的能力（García-Sánchez and Martínez-Ferrero，2019）。更有能力的经理能够很好地衡量投资的时机和经济回报，将信息综合成与企业投资相关的风险和回报的可靠性及前瞻性估计（Habib and Hasan，2017）。有能力的管理者被认为能够有效地管理公司资源以创造更高的收益，因此，高能力的管理者是提高公司价值的重要驱动因素。高能力管理者更有能力利用企业资源实现企业价值最大化，并能够对企业层面的运营信息产生更透彻的理解，很好地应对企业战略决策制定与实施过程中面临的不确定性风险（Cui et al.，2019）。

管理能力在塑造企业的战略决策和实践中发挥着一定的作用（Gan，2019），不同能力水平的经理拥有不同的技能组合，这会影响其对企业潜在投资机会的看法和评估。如果缺乏足够的知识和能力，能力较差的管理者可能无法准确预测企业未来发展的变化，并采用不恰当的战略发展视野和观点，从而降低企业的竞争能力。相比之下，有能力的管理者能够及时发现促进企业发展的机会，并做出适合企业运营特点和战略计划的投资决策（Gan，2019）。此外，凭借其私人信息、对业务运营的专业知识以及其他技能组合，高能力的管理者会对企业发展的目标及方向做出更为准确的评估。优秀的管理者对公司的运营和行业发展趋势有更好的理解，这种理解能够使企业的战略决策行为与企业长远发展目标保持一致（Gong et al.，2021）。

高阶梯队理论认为，管理者能力塑造了其看待当前战略机遇和问题的视角。管理者能力代表着管理者利用组织资源，评估潜在商业机会和投资项目，以及应对外部不确定性的能力（Gan and Park，2017）。拥有较高能力的管理者能够更好地管理风险，并能够与利益相关者建立起相互信任的关系（Gong et al.，2021）。有能力的管理者被认为拥有更高水平的知识和技能（García-Sánchez and Martínez-Ferrero，2019），这种管理能力是促进公司业绩增长、实现企业高质量发展的关键驱动因素。从资源依赖理论来看，企业所处的经营环境对其行为和决策过程均会产生巨大的影响。基于这一理论，并考虑到公司运营的环境条件，高能力的管理者有更大的能力来面对公司所面临的不确定性，在这种情况下，管理层对董事会的依赖程度更低。

管理能力代表了解技术和行业趋势、管理企业资源、创造企业价值和有效控制成本等多方面的综合能力（Lin et al.，2021）。管理能力是对企业发展有益的重要资产，拥有高能力管理者的公司在许多方面优于拥有低能力管理者的公司（Yung and Nguyen，2020）。缺乏足够的知识和能力，能力较差的管理者可能无法准确评估和预测公司、行业和整个经济环境的变化，在这种情形之下，管理层会更多地向董事会寻求咨询，拥有更高的咨询需求，董事会多样性在咨询有效性方面的作用得以充分体现。公司能够在董事履行战略咨询职能过程中获益，因此在管理层咨询需求水平高的情况下，管理层更愿意信任拥有高咨询职能有效性的董事，并有动力向其分享公司的具体信息。多元化的董事会致力于提供专业建议，帮助经理识别和评估潜在机会，并进行一些存在风险但是有价值的投资（Li，2016b）。多元化董事会的专门知识被认为是提升企业价值的重要驱动因素，因此，董事会就公司的战略决策向管理层提供咨询被认为是有益的（Katolnik et al.，2021）。

基于上述分析并结合第四章和第五章的内容，本章提出如下假设。

假设 6.1　在管理层咨询需求高（管理层能力低）的情况下，董事会多样性对国有企业高质量发展的促进作用更大。

二　管理层监督需求的调节作用

如前文所述，公司的咨询需求和监督需求是促进董事会多样性的重要驱动因素（Withers et al.，2012；Knyazeva et al.，2021）。鉴于代理人和委托人之间的信息不对称，控制代理人机会主义行为引发的成本挑战通常取决于企业建立的激励机制（Zolotoy et al.，2021）。鉴于此，本章认为，企业对管理层的激励水平能够很好地测度管理层的监督需求。在管理层激励水平较高的情况下，管理层目标与股东目标之间的一致性较高，代理问题较弱，在这种情况下，管理层的监督需求水平较低，即管理层的激励水平越高，其所面临的监督需求水平低。延续该逻辑，本章将从管理层激励视角分析监督需求对董事会多样性与国有企业高质量发展之间关系的影响。

代理理论认为，委托人（股东）和代理人（管理层）之间的利益不一致，可能导致更多的代理冲突。利益一致假设则表明，当管理层被给予较高水平的激励时，委托人和代理人之间存在利益趋同，即管理层和股东的利益匹配度较高，代理问题较为缓和，管理层面临着较低的监督需求（Akhtar et al.，2021）。

从代理理论的角度来看，管理层会通过牺牲股东的利益来实现个人财富最大化。董事会监督是董事代表股东监督管理层决策的职能，董事会的监督作用能够最大限度地缓解所有权和控制权分离引起的代理问题（Jensen and Meckling，1976）。为了提高监督有效性，董事会应该拥有与管理层相同的信息。相对于高管团队，董事会通常面临信息劣势，需要在收集必要信息以发现和防止高管团队的机会主义方面付出巨大努力（Asija and Ringov，2021）。公司的战略决策取决于其特定的机会和约束，董事会职能的履行取决于董事会成员拥有公司信息的完整性和准确性（Kim et al.，2014）。

激励制度是旨在促进目标一致的管理程序，在公司治理实践过程中，薪酬激励、股权激励等能够将股东利益与管理层利益联系起来，管理激励是董事会用来内部化利益相关者利益的重要工具（Galletta et al.，2021）。管理层激励代表了委托人和代理人之间的利益协调水平，其中，管理层持股通过协调股东和内部管理层的利益，在公司运营与战略发展方面发挥着重要作用。当经理拥有较多的公司股份时，委托人（股东）和代理人（经理）之间不太可能发生冲突（Akhtar et al.，2021）。激励体系的构建会影响管理者行为选择（Banerjee and Homroy，2018），当管理层的行为与股东的偏好保持一致时，董事会监督有效性会得到有效改善（Sandvik，2020）。

如经典的代理问题所描述的，只要所有权和管理权分离，就必须进行监督，董事会代表公司股东履行监督职能，通过直接观察和监督代理人行为来限制代理人的机会主义行为。给予管理层有效的激励，可以最大限度地减少不当行为，管理者和股东的利益诉求会随着对管理层激励水平的提升而成功保持一致。在管理层激励水平比较低的情况下，管理层目标与股东目标之间会出现偏差，代理问题较为严重，董事会的监督有效性水平通常比较高（Martin et al.，2019）。相关研究也表明，公司治理有效性最有可能来自一系列治理机制，而不是任何一个单一的机制，管理层激励和董事会监督职能之间存在相互替代的关系（Kang and Zaheer，2018）。延续前文的分析，由此可以推断，在管理层激励水平较低的情况下，管理层的监督需求水平较高。此时，在监督有效性视角下，董事会多样性对国有企业高质量发展影响的边际贡献水平更高。

基于上述分析并结合第四章和第五章的内容，本章提出如下假设。

假设 6.2　**在管理层监督需求高（激励水平低）的情况下，董事会多样性对国有企业高质量发展的促进作用更大。**

三　异地独立董事的调节作用

独立董事是上市公司董事会的关键组成部分。独立董事制度是现代企业制度中重要的内部治理机制，我国于 2001 年正式将其引入，并规定：在 2003 年 6 月 30 日之前，上市公司董事会中的独立董事占比至少要达到 1/3。为了符合该项规定，上市公司开始选聘独立董事，在此过程中，大量上市公司聘任了异地独立董事。地理经济学认为，空间距离会对微观主体的决策行为产生直接影响。基于此，国内外学者开始关注地理区位因素对董事会履职有效性的影响。

代理理论认为，现代企业制度下所有权和控制权的分离导致了代理问题，董事会是监督管理层行为，保护股东权益最重要的治理机制。资源依赖理论认为，董事自身所拥有的经验、专业知识、职业技能和关系网络等，是其为公司提供建议和咨询的稀有资源。Hillman 和 Dalziel（2003）在整合代理理论和资源依赖理论的基础上，提出董事会的两大职能为监督和咨询，即董事会成员通过履行监督职能和咨询职能参与公司的战略决策。作为董事会的重要组成部分，独立董事对董事会的有效运作尤为重要。

Fama 和 Jensen（1983）认为，维护和提高董事在劳动力市场中的声誉是促进其积极履职的主要动机，声誉直接影响董事的人力资本价值和未来职业生涯发展，增大了董事监督管理层的动力。异地独立董事面临居住地（工作地）和任职公司所在地的双重声誉激励约束。为了避免声誉受损，异地独立董事有强烈的动机监督管理层行为。独立董事的独立性会对监督效果产生直接影响。在我国典型的"人情社会"中（罗进辉等，2017），关系、人情和面子等会对公司的决策行为产生深远的影响，地理距离将异地独立董事与管理层天然阻隔，在一定程度上降低了异地独立董事与管理层"合谋"的可能性。从这一角度可以预期，在双重声誉激励的约束之下，地理距离的存在加上异地独立董事更高的独立性，可以对管理层形成有效制约，提高独立董事监督职能的履职效果。

在独立董事聘任方面，拥有关键性资源、强大外部关系网络、专业性技能和丰富从业经验的人员更容易被聘任为独立董事（Omer et al.，2020）。在我国，上市公司倾向于聘请拥有政治关联和法律背景等特征的独立董事到公司任职（全怡等，2017；何威风、刘巍，2017）。地理距离的客观存在，导致了本地独立董事和异地独立董事在认知方面的差异性（罗进辉等，2017）。异地独立董事可以通过向董事会引入更广泛的想法和重要关系网络来增强董事会在公司战略决策方面的咨询作用，进而提升公司价值。异地独立董事能够提升董事会的多样性，多元化的董事会通过增加各种想法、技能、观点和知识来优化公司战略决策过程，提高董事会应对外部环境中不同机遇和挑战的能力，即多元化的董事会能够通过提高战略咨询和建议能力提升公司价值（An et al.，2021）。

在独立董事履职过程中，公司特有信息对独立董事履职有效性起着至关重要的作用（Masulis and Mobbs，2011）。董事与公司总部之间的地理距离可能会影响董事现场调研和出席董事会会议，从组织承诺的角度来看，这削弱了董事收集信息和密切监督管理层的能力和动力（Min and Chizema，2018）。独立董事必须拥有与管理层相关的充分和客观的信息，才能成为管理层的真正监督者，但是，地理距离伴随较高的信息收集成本。随着独立董事获取信息的成本变高，代理成本增加，进而加大了独立董事监督管理层的难度（Opie et al.，2019）。地理距离限制了异地独立董事获得任职公司内部信息的渠道，并且降低了独立董事实地调研公司的可能性，导致异地独立董事无法深入了解公司当前的运营状况，缺乏对公司详细的了解，会降低独立董事为管理层提供战略咨询和建议的能力。

此外，独立董事定期出席董事会会议对于提高公司治理有效性至关重要，参与董事会会议代表了独立董事作为监督者和战略决策的关键参与者对公司的承诺（Min and Chizema，2018）。独立董事所在地与公司所在地之间的地理距离，增加了独立董事的出行成本，在一定程度上限制了独立董事出席董事会会议。从这一角度来看，地理距离的客观存在限制了独立董事收集信息、提供关键性资源和监督管理层的能力和动机，降低了独立董事的履职有效性。

基于上述分析并结合第四章和第五章的内容，本章分别基于董事会的咨询职能和监督职能提出如下假设。

假设 6.3 - 1 基于咨询职能视角，当董事会中存在异地独立董事时，董事会多样性对国有企业高质量发展的促进作用更大。

假设 6.3 - 2 基于监督职能视角，当董事会中存在异地独立董事时，董事会多样性对国有企业高质量发展的促进作用更小。

四　高铁开通的调节作用

提及出行，必然会提到"中国高铁"这张亮丽的世界名片，从 2008 年中国第一条高速铁路京津城际铁路正式运行以来，截至 2020 年底，我国高铁营运里程达到了 3.91 万公里，位居世界第一。目前，已有关于交通基础设施的研究主要集中于探讨交通基础设施对经济发展、政府财政、居民就业、产业集聚等宏观和中观层面的影响，较少有文献关注交通基础设施的改善对微观企业的影响及其具体的作用路径。高铁的开通可以促进高级人才的流动、改善信息环境、优化资源配置、加剧市场竞争。此外，高铁的开通还可以优化原有交通网络，缩小不同城市之间的时空距离，改善异地独立董事的出行条件，进而影响异地独立董事履行职能。

"要想富，先修路"，良好的交通基础设施建设是促进经济发展的重要保障。已有研究从社会成本、人口与劳动力、市场联入和空间溢出四个角度，分析了铁路的发展对经济发展的影响（魏立佳、张彤彤，2018）。但是相关研究基本围绕宏观层面展开，较少有文献深入探讨交通基础设施对上市企业投资行为、战略决策等方面的影响及其微观作用机制。本章认为高铁开通可通过如下三个方面影响董事会多样性与国有企业高质量发展之间的关系。

第一，促进生产要素的流动。知识是创新的核心驱动力，高附加值的创新往往依赖人与人之间的直接沟通，拥有专业知识和专业技能的高级人才是创新活动的主体和关键信息流动的重要载体（杜兴强、彭妙薇，2017），对企业创新活动的开展和竞争能力的提升起着举足轻重的作用。高铁的开通，可以增加劳动力进入城市的机会，加强城市之间的经济联系，降低劳动力流动成本，扩大劳动力就业范围，促进劳动力等经济要素自由快速流动（Deng et al.，2019）。高铁开通的另一个明显经济表现就是市场规模的扩大，具体表现为企业数量的增多和企业规模的扩大。这些因素的改观，可以为劳动力提供更多的就业机会，为其提供实现自我价值的平台。"虹吸效应"会导致更多的人力资本向开通高铁的城市聚集，提高劳动力之间面对面交流的频率和深度，驱动知识传播和思想溢出以激发企业创新（Dong et al.，2020），促进企业发展质量的提升。

第二，优化市场资源配置。高铁的开通有效降低了出行成本，促进了区域间信息流通，加快了资本、技术和劳动力等生产要素的流动速度，有利于优化市场资源配置，促进生产资料向高铁沿线城市集聚（Shao et al.，2017），提升区域内企业间的市场竞争程度。此外，高铁的开通还有利于打破市场壁垒，对已有市场资源进行重新分割，促进城市内部企业的产业结构升级。资源基础观认为，企业的竞争优势源自难以模仿的资源。面对激烈的市场竞争环境，提高竞争力是企业获取核心优势的重要途径之一。此外，高铁的建设反映了当地政府对经济发展的规划，高铁开通往往会带动城市内一些新开发区域的发展（Long et al.，2018）。此时，政府会给予区域内企业相应的税收优惠、贷款优惠以及便捷的行政审批程序，营商环境的改善有利于企业竞争能力的提升。

第三，提高企业信息透明度。上市公司所在城市在开通高铁之后，便于媒体、分析师、机构投资者等深入公司展开调研（杨青等，2019）。按照中国证监会要求，上市公司在接受媒体、分析师和特定对象调研之后，需要根据调研内容编制"投资者关系活动记录表"并及时对外披露。分析师在调研之后同样会针对目标企业经营状况撰写研究报告。这些均有助于降低企业内外部信息的不对称程度，提高信息透明度。信息环境的改善，一方面可以缓解企业的融资约束，为企业战略的实施提供更多的资金支持；另一方面可以有效缓解代理问题，降低管理层因短视而放弃投资高风险、高不确定项目的可能性。

同传统的铁路和汽车等交通方式相比，高铁的运行速度更快、安全性更高；同飞机相比，高铁避免了长时间的候机和航班延误的风险。高铁的建设和投入运营，优化了原有交通网络。便捷的交通大大缩短了两地之间的时间距离，出现了"一城效应"。例如，"复兴号"在京沪高铁投入运营，使得从北京到上海的出行时间缩短至 4 个半小时，旅客可实现京沪之间日内往返。首先，对于异地独立董事而言，高铁的开通可为其带来更多的时间优势和精力优势，出行的便利性为其亲自到任职公司调研、参加董事会会议提供了条件，有利于增强异地独立董事对企业投资项目的战略咨询和资源提供能力。其次，高铁的开通可以有效促进信息的跨区域流动，为异地独立董事提供更多获取信息的渠道，提高其获取信息的能力，降低由地理距离引起的信息不对称程度（Giroud，2013），有效提升沟通效率（Hornung，2015）。最后，交通基础设施的优化为媒体、分析师、机构投资者等组织和个体深入企业调研提供了便利（杨青等，2019）。这些外部治理因素的介入，在为独立董事提供更多信息的同时，也会在一定程度上督促独立董事积极履行职能。

基于上述分析并结合第四章和第五章的内容，本章提出如下假设。

假设 6.4 **当企业所在地开通高铁时，董事会多样性对国有企业高质量发展的促进作用更大。**

五 经济政策不确定性的调节作用

在当今相互关联的世界中，与经济决策相关的政策不确定性的重要性比以往任何时候都高，因为全球化正在不断地改变着我们的生活方式，全球政治和经济的不确定性在很大程度上加剧了全球整体发展的不确定性。地缘政治、特定行业事件、管理层变动等都是不确定性的事件，部分学者将不确定性称为财政、监管和货币政策的不确定性，最终会导致市场波动。更具体地，经济政策不确定性可以定义为影响经济生态系统的意外变化，以及财政、货币政策或任何其他政府政策的变化影响企业行为（Al-Thaqeb and Algharabali，2019）。我国是世界第二大经济体，也是国际贸易的重要参与者。作为世界上最大的新兴经济体，我国一直在实施各种经济政策改革，并受到政策不确定性的冲击（Huang and Luk，2020），尤其是在经济转型和全面深化国有企业改革的过程中。

经济政策不确定性风险是与未来政府政策和监管框架不明确相关的经济风险，这种不确定性进一步增加了企业和个人在决策过程中需要承担的风险（Al-Thaqeb and Algharabali，2019）。但是，这种风险能够有效捕捉公司经营环境的不确定性，这种不确定性会提高董事会对管理层的监督有效性（Frye and Pham，2020）。

企业的需求会随着经营环境的演变而不断变化，由于环境的动态性，企业面临的风险可能会随着时间的推移而变化，因此，董事会在战略决策制定过程中不能忽略风险的动态性。董事会作为一个整体，需要进行调整，以更好地使其配置与公司独特而不断变化的战略决策环境保持一致。董事会的配置需要与公司所面临的不确定性环境相匹配，如果董事会没有足够的专业知识、技能和能力来理解、监控和应对公司所面临的风险，董事会履职有效性水平会随之降低（Schnatterly et al.，2021）。

经济政策不确定性是影响董事会配置和战略决策的重要因素之一（Ongsakul et al.，2021；Frye and Pham，2020）。Loni 等（2021）认为，在面对经济不确定性时，公司会重组董事会构成，以提高董事会的多样性水平，这种多样性的提升能够有效提升董事会的履职有效性，提高公司效率。在不确定性水平较高的情况下，管理层需要更多的监督和战略咨询，从而凸显了董事会多样性的价值（Papangkorn et al.，2019）。

提高董事会多样性水平是企业应对经济政策不确定性的重要渠道（Jumreornvong et al.，2022）。在经济不稳定时期，企业面临的代理问题更为严重，多元化程度高的董事会所拥有的不同经历和更广阔的视角变得更加重要，即多样性的董事会能够帮助企业更好地应对不可预测的外部经济环境。在经济政策不确定程度较高的时期，董事会能够在咨询职能和监督职能之间进行权衡，具体而言，不确定性的增加会减少对战略咨询的需求，而且会使得董事会难以评估和评价管理层的行为，从而增加了董事会对监督能力的需求，这意味着经济政策不确定性会加大董事会对管理层的监督力度（Frye et al.，2022），而多元化的董事会则可以很好地满足这一需求。Mbanyele（2023）基于代理理论、资源依赖理论和声誉假说证实，在经济政策不确定性程度较高的情况下，董事会多样性可以有效改善公司战略决策所面临的信息环境，在一定程度上对冲经济政策不确定性对公司的负面影响。

由于企业所处的内外部环境是不断变化的，企业需要调整自己的战略定位以适应经济政策不确定性，在外部经济和政策环境变得不确定时，发展势头强劲的企业会抓住这种不确定性带来的机会，这意味着，经济政策不确定性会在一定程度上提高企业的风险承担水平（Zhang et al.，2021a）。根据资本资产定价模型（CAPM），风险与收益正相关，事前风险承担对企业来说是一个绝佳的机会，也就是说经济政策不确定性构成了潜在的商业机会。虽然政策的频繁变化和政策执行过程中的不可预测性增加了企业所面临的不确定性，但其中也包含潜在的投资和发展机会（Zhang et al.，2021a）。对于一家董事会多样性程度高的企业，识别包含在未来不确定性中的机会，并抓住和利用这些机会来创造价值，是至关重要的。所谓的机会具有一定的时效性，如果不确定性消失，其中包含的机会将不复存在。因此，高度的不确定性提供了超越对手并实现发展的良好机会（Zhang et al.，2021a）。当企业拥有多样化的董事会配置时，高质量的战略决策使得这种超越行为更容易实现。

在经济政策不确定的情境之下，由于内部治理机制的特殊性，国有企业的决策者更加关注企业的稳定发展，不愿意承担风险。一方面，国有企业的政治观认为，国有企业的经营一般受到政治和社会目标的制约，如保持就业水平和地区发展，因此，国有企业不太可能为了更高的回报而投资高风险项目。另一方面，国有企业的管理观认为，由于国有企业缺乏激励机制，在经济政策不确定性程度较高的情况下，国有企业决策者缺乏参与风险投资项目的积极性（Zhang et al.，2021b）。经济政策不确定性是一个宏观层面的系统性风险，企业无法避免，当外部不确定性较高时，企业可能会更加保守，采取积极的风险管理行为。此外，不确定性可能通过影响管理层的风险态度和损失预期来影响企业的风险投资决策行为。当外部不确定性较高时，管理层未来的预期更加悲观，而投资决策和行为模式则更加保守和稳定，在这种情况下，高风险和高收益的投资项目很容易被放弃（Zhang et al.，2021b），而董事会多样性则可以有效避免这种情况的发生。

基于上述分析并结合第四章和第五章的内容，本章提出如下假设。

假设 6.5　在经济政策不确定性程度高的情况下，董事会多样性对国有企业高质量发展的促进作用更大。

至此，混合所有制改革背景下，国有企业董事会多样性治理效应边界条件的研究框架如图 6.1 所示。

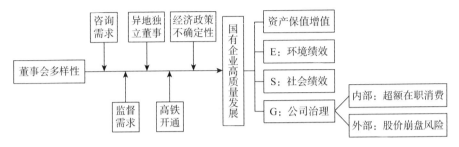

图 6.1 国有企业董事会多样性治理效应边界条件的研究框架

第二节 不同情境下董事会多样性影响国有企业高质量发展的研究设计

一 变量定义

（一）国有企业高质量发展

如前文所述，国有企业在实现高质量发展的过程中，在追求资产保值增值的同时，还需要关注环境（Environment）、社会（Social）和公司治理（Corporate Governance）问题。结合本书第四章的研究内容，本章将从国有企业资产保值增值、环境绩效、社会绩效、公司治理（包括内部治理和外部治理）四个维度构建国有企业高质量发展（High-quality Development，HD）指标。具体而言，将第三章中的国有企业资产保值增值（EVA_P）、环境绩效（Env）和社会绩效（Donate）按照会计年度分别进行降序排列，然后分为十组，最高十分位分组中的样本赋值为 10，最低十分位分组中的样本赋值为 1，其他依次类推。将超额在职消费（Experk）和负收益偏态系数（NCSKEW）也按照会计年度进行降序排列，同样将样本分为十组，最高十分位分组中的样本赋值为 1，最低十分位分组中的样本赋值为 10，其他依次类推。将 5 个指标分组赋值处理之后进行加总，加总获得的分数除以 10 即为国有企业高质量发展的综合评分。该分数越高，代表国有企业的发展质量越高；该分数越低，代表国有企业的发展质量越低。特别地，本章在构建国有企业高质量发展指标过程中，在外部治理（股价崩盘风险）指标的选取上选择了负收益偏态系数（*NCSKEW*），而未选择收益上下波动率（*DUVOL*），其原因在于，由第五章的相关性检验结果可知，负收益偏态系数（*NCSKEW*）和收益上下波动率（*DUVOL*）之间的相关系数达到了 0.8680，这意味着这两个指标都能够很好地刻画股价崩盘风险，二者之间的差异较小。因此，在指标构建过程中，本章选择了负收益偏态系数（*NCSKEW*）作为构建国有企业高质量发展综合指标的细分指标。

（二）咨询需求

为管理层提供战略咨询是董事会的重要职能之一，在管理层能力较强的情况下，管理层本身可以有效地应对公司的各种战略决策以及外部的环境变化，此时，管理层对董事会的咨询需求较低，也就是说，管理层能力越强，管理层对董事会的咨询需求越低；管理层能力越弱，管理层对董事会的咨询需求越高。基于这一逻辑，本章通过管理层能力来刻画其对董事会的咨询需求（Consultation Demand，*Cons_D*）。

本章采用 Demerjian 等（2012）提出的数据包络分析法测算管理层能力，具体的测算步骤如下。

第一步，基于公式（6.1），利用数据包括分析法测算企业的生产效率（ θ ）。

$$\max \theta = \frac{Sales}{V_1 PPE + V_2 R\&D + V_3 Goodwill + V_4 Intan + V_5 CoGS + V_6 SG\&A} \quad (6.1)$$

其中，上市公司的唯一输出变量为营业收入（*Sales*），输入变量共有 6 个，分别为固定资产投入金额（*PPE*）、企业研发投入（*R&D*）、企业商誉（*Goodwill*）、无形资产（*Intan*）、营业成本（*CoGS*）和销售费用（*SG&A*）。

第二步，根据第一步测算的企业生产效率，再根据公式（6.2）进行分年度分行业回归，所得的残差即为管理层能力，并用其表征咨询需求。残差值越大，意味着管理层能力越强，咨询需求越低；残差值越小，代表管理层能力越弱，咨询需求越高。为了便于理解，本章将取相反数之后的残差值用来测度咨询需求（*Cons_D*），该值越大，代表上市公司面临的咨询需求越大。

$$\theta = \alpha_0 + \alpha_1 Size + \alpha_2 Marketshare + \alpha_3 Cash + \alpha_4 Age + \alpha_5 D\_HHI + \alpha_6 FC + \varepsilon \quad (6.2)$$

其中，等式左侧为上市公司企业生产效率（θ），右侧为可能影响上市公司企业生产效率的因素，具体包括企业规模（$Size$）、市场份额（$Marketshare$）、现金流（$Cash$）、企业上市年龄（Age）、业务多元化经营（D_HHI）和上市公司是否存在海外子公司（FC）。

（三）监督需求

管理人员的持股比例越高，董事会与管理层之间的代理问题就越弱，管理层面临的董事会监督需求就越低（原东良、周建，2021）。企业战略的制定与执行，最终是通过以 CEO 为首的高管团队完成的。CEO 作为战略领导的核心力量，是公司中最有权力的职位之一，在战略决策与企业运营过程中发挥着重要作用，通常被视为公司长期战略的主要规划者。鉴于 CEO 在企业管理实践过程中扮演的重要角色，本章通过 CEO 是否持股来刻画上市公司的监督需求（Supervision Demand，Sup_D）。当 CEO 持有股票时，其与股东、董事会的利益一致性程度越高，发生损害股东利益等机会主义行为的可能性越低，即当 CEO 持有上市公司股票时，管理层面临的监督需求越低；当 CEO 未持有上市公司股票时，管理层面临的监督需求越高。为了便于理解，当 CEO 未持有上市公司股票时，Sup_D 赋值为 1；当 CEO 持有上市公司股票时，Sup_D 赋值为 0。Sup_D 的值越大，意味着上市公司管理层的监督需求越高。

（四）异地独立董事

中国证监会规定上市公司在 2003 年 6 月 30 日之前，董事会中的独立董事占比至少达到1/3。为了满足这一要求，上市公司开始大量聘请独立董事，在此过程中产生了大量的异地独立董事。借鉴原东良和周建（2021）的研究，当董事会中至少存在一位独立董事的居住地或者工作地与上市公司所在地不属于同一城市时，认定该上市公司董事会中存在异地独立董事（Non-local Independent Directors，$Non\text{-}local\_ID$），$Non\text{-}local\_ID$ 赋值为 1，否则为 0。

（五）高铁开通

与杨青等（2019）的研究保持一致，本章采用"高铁开通前后"

（*After*）和"是否开通高铁"（*HSR*）的交互项（*After* × *HSR*）进行指标的构建。按照样本期内上市公司所在地是否开通高铁将样本分为实验组和控制组，若在样本期内开通高铁，*HSR* 取值为 1，否则为 0。根据开通高铁的年份设置虚拟变量，对于高铁开通当年及之后的年份，*After* 赋值为 1，否则为 0。也就是说，若实验组在样本期内开通了高铁，交互项取值为 1，否则为 0，对于控制组而言，该交互项的取值始终为 0。高铁开通数据来自国家铁路局网站，由笔者手工收集获得。

（六）经济政策不确定性

参照有关经济政策不确定性的研究，本章采用 Baker 等（2016）设计的经济政策不确定性指标。同其他测量经济政策不确定性的传统代理指标相比，Baker 等（2016）设计的指标更具优势，能够很好地捕捉经济政策环境中的不确定性，因此，该指标目前已经被广泛运用于学术研究中。该指标为月度指标，为了与本章研究的数据保持频率一致，本章使用一年 12 个月的经济政策不确定性指数的平均值来测度年度层面的经济政策不确定性（Economic Policy Uncertainty，*EPU*）。在获得年度经济政策不确定性指标之后，按照年度指数大小进行降序排列，当经济政策不确定性指数位于前 1/2 时，*EPU* 赋值为 1，代表该年度经济政策不确定性程度较高；当经济政策不确定性指数位于后 1/2 时，*EPU* 赋值为 0，代表该年度经济政策不确定性程度较低。

本章各主要变量的定义如表 6.1 所示。

表 6.1 主要变量定义

变量名称	变量符号	变量定义
国有企业高质量发展	*HD*	根据国有企业资产保值增值、环境绩效、社会绩效、公司治理（内部治理和外部治理）构建综合评分指标，详见前文
咨询需求	*Cons_D*	通过管理层能力测度上市公司的咨询需求，详见前文
监督需求	*Sup_D*	通过 CEO 是否持股进行测度，CEO 未持有股票时，赋值为 1，代表监督需求水平高；CEO 持有股票时，赋值为 0，代表监督需求水平低
异地独立董事	*Non-local_ID*	当董事会中至少有一位独立董事的居住地或工作地与上市公司所在地不一致时，赋值为 1，否则为 0

续表

变量名称	变量符号	变量定义
高铁开通	$After \times HSR$	样本期内，上市公司所在城市开通高铁，交互项赋值为1，否则为0
经济政策不确定性	EPU	根据年度经济政策不确定性指数设置虚拟变量，位于前1/2时，赋值为1，位于后1/2时，赋值为0

资料来源：笔者归纳整理。

二 回归模型设定

根据前文研究内容，本节基于国有企业资产保值增值、环境绩效、社会绩效、超额在职消费和股价崩盘风险五个维度构建国有企业高质量发展综合指标，然后在此基础上检验董事会多样性影响国有企业高质量发展的边界条件，具体的情境因素包括管理层咨询需求、管理层监督需求、异地独立董事、高铁开通和经济政策不确定性。基于上述研究内容，本章设定了如下待检验的回归模型。

（一）咨询需求的调节效应检验模型

模型（6.3）用于检验在不同的咨询需求水平下董事会多样性对国有企业高质量发展的影响。其中，$HD_{i,t+1}$代表国有企业 i 在 $t+1$ 年的高质量发展水平，$Cons\_D_{i,t}$ 代表国有企业 i 在第 t 年的咨询需求水平。其余变量与前文保持一致，此处不再赘述。本章重点关注 α_3 的正负和显著性。

$$HD_{i,t+1} = \alpha_0 + \alpha_1 BD_{i,t} + \alpha_2 Cons\_D_{i,t} + \alpha_3 BD_{i,t} \times Cons\_D_{i,t} + Controls +$$
$$\sum Year_{i,t} + \sum Industry_{i,t} + \varepsilon_{i,t} \tag{6.3}$$

（二）监督需求的调节效应检验模型

模型（6.4）用于检验在不同的监督需求水平下董事会多样性对国有企业高质量发展的影响。其中，$HD_{i,t+1}$代表国有企业 i 在 $t+1$ 年的高质量发展水平，$Sup\_D_{i,t}$ 代表国有企业 i 在第 t 年的监督需求水平。其余变量与前文保持一致，此处不再赘述。本章重点关注 α_3 的正负和显著性。

$$HD_{i,t+1} = \alpha_0 + \alpha_1 BD_{i,t} + \alpha_2 Sup\_D_{i,t} + \alpha_3 BD_{i,t} \times Sup\_D_{i,t} + Controls +$$

$$\sum Year_{i,t} + \sum Industry_{i,t} + \varepsilon_{i,t} \tag{6.4}$$

（三）异地独立董事的调节效应检验模型

模型（6.5）用于检验董事会中是否存在异地独立董事对董事会多样性与国有企业高质量发展之间关系的影响。其中，$HD_{i,t+1}$ 代表国有企业 i 在 $t+1$ 年的高质量发展水平，$Non\text{-}local\_ID_{i,t}$ 代表国有企业 i 在第 t 年是否存在异地独立董事。其余变量与前文保持一致，此处不再赘述。本章重点关注 α_3 的正负和显著性。

$$HD_{i,t+1} = \alpha_0 + \alpha_1 BD_{i,t} + \alpha_2 Non\text{-}local\_ID_{i,t} + \alpha_3 BD_{i,t} \times Non\text{-}local\_ID_{i,t} +$$

$$Controls + \sum Year_{i,t} + \sum Industry_{i,t} + \varepsilon_{i,t} \tag{6.5}$$

（四）高铁开通的调节效应检验模型

模型（6.6）用于检验国有企业所在城市是否开通高铁对董事会多样性与国有企业高质量发展之间关系的影响。其中，$HD_{i,t+1}$ 代表国有企业 i 在 $t+1$ 年的高质量发展水平，$After \times HSR_{i,t}$ 代表国有企业 i 所在城市在第 t 年是否开通高铁。其余变量与前文保持一致，此处不再赘述。本章重点关注 α_3 的正负和显著性。

$$HD_{i,t+1} = \alpha_0 + \alpha_1 BD_{i,t} + \alpha_2 After \times HSR_{i,t} + \alpha_3 BD_{i,t} \times After \times HSR_{i,t} +$$

$$Controls + \sum Year_{i,t} + \sum Industry_{i,t} + \varepsilon_{i,t} \tag{6.6}$$

（五）经济政策不确定性的调节效应检验模型

模型（6.7）用于检验在不同的经济政策不确定性下董事会多样性对国有企业高质量发展的影响。其中，$HD_{i,t+1}$ 代表国有企业 i 在 $t+1$ 年的高质量发展水平，$EPU_{i,t}$ 代表国有企业 i 在第 t 年面临的经济政策不确定性程度。其余变量与前文保持一致，此处不再赘述。本章重点关注 α_3 的正负和显著性。

$$HD_{i,t+1} = \alpha_0 + \alpha_1 BD_{i,t} + \alpha_2 EPU_{i,t} + \alpha_3 BD_{i,t} \times EPU_{i,t} +$$

$$Controls + \sum Year_{i,t} + \sum Industry_{i,t} + \varepsilon_{i,t} \tag{6.7}$$

第三节　不同情境下董事会多样性影响国有企业高质量发展的实证结果分析

一　描述性统计

国有企业董事会多样性治理效应的边界条件分析中主要变量的描述性统计结果列于表6.2（国有企业董事会多样性和各控制变量的描述性统计结果已在第三章进行阐述，此处不再赘述）。由表6.2列示的结果可知，国有企业高质量发展（HD_{t+1}）的平均值和中位数均为3.2000。本章通过管理者能力度量咨询需求（$Cons\_D$），由表中列示的结果可以看出，咨询需求（$Cons\_D$）的平均值为0.0025，标准差为0.1728，最小值为 -0.4060，中位数为0.0223，最大值为0.4527，这意味着国有企业管理层的咨询需求存在较大差异。本章通过CEO是否持股来表征管理层监督需求（Sup_D），监督需求（Sup_D）的平均值为0.5900，代表本章样本中有59%的CEO未持有上市公司股票，表明我国国有企业管理层面临较高的监督需求水平。异地独立董事（$Non\text{-}local\_ID$）的平均值为0.5018，说明在本章的研究样本中，有50.18%的董事会中拥有异地独立董事。国有企业所在城市开通高铁（$After \times HSR$）的平均值为0.6356，表明在本章研究样本中，有63.56%的样本企业所在地开通了高铁。经济政策不确定性（EPU）的平均值为0.6443，说明有64.43%的样本企业面临着较高的政策不确定性风险。

表6.2　主要变量描述性统计

变量	平均值	标准差	最小值	中位数	最大值
HD_{t+1}	3.2000	0.6203	0.5000	3.2000	5.0000
$Cons\_D$	0.0025	0.1728	-0.4060	0.0223	0.4527
Sup_D	0.5900	0.4943	0.0000	1.0000	1.0000
$Non\text{-}local\_ID$	0.5018	0.5000	0.0000	1.0000	1.0000
$After \times HSR$	0.6356	0.4813	0.0000	1.0000	1.0000
EPU	0.6443	0.4787	0.0000	1.0000	1.0000

资料来源：笔者根据检验结果整理。

二　相关性分析

在本部分实证检验中，因变量为国有企业高质量发展（HD_{t+1}），自变量为国有企业董事会多样性（BD），调节变量为管理层咨询需求（$Cons\_D$）、监督需求（Sup_D）、异地独立董事（$Non-local\_ID$）、高铁开通（$After \times HSR$）和经济政策不确定性（EPU），各变量之间的相关性检验结果如表6.3所示。由表中列示的结果可知，董事会多样性（BD）与国有企业高质量发展（HD_{t+1}）之间的相关系数为0.0191，并且通过了1%的显著性水平检验，说明在不控制其他影响因素的情况下，董事会多样性水平越高，国有企业的高质量发展水平也越高。咨询需求（$Cons\_D$）和监督需求（Sup_D）与国有企业高质量发展（HD_{t+1}）之间的关系至少通过了10%的显著性水平检验，相关系数分别为 - 0.3843 和 - 0.0139，说明咨询需求（监督需求）与国有企业高质量发展之间存在负相关关系，咨询需求（监督需求）越高，国有企业的高质量发展水平越低，符合经济常识。异地独立董事（$Non-local\_ID$）则与国有企业高质量发展（HD_{t+1}）之间存在显著的正相关关系，这为探究我国情境下独立董事治理效应提供了新的经验证据。特别地，高铁开通（$After \times HSR$）和经济政策不确定性（EPU）与国有企业高质量发展（HD_{t+1}）之间的相关系数未通过显著性检验，需要通过后文的多元回归分析进行进一步的检验和分析。

就调节变量与自变量之间的相关性分析检验结果而言，咨询需求（$Cons\_D$）、监督需求（Sup_D）和高铁开通（$After \times HSR$）与国有企业董事会多样性（BD）之间的相关系数分别为0.0367、0.1691 和0.0752，均通过了1%的显著性水平检验，这说明管理层咨询需求和监督需求越高，董事会多样性水平越高，上市公司所在城市开通高铁能提升董事会的多样性水平。异地独立董事（$Non-local\_ID$）和经济政策不确定性（EPU）与国有企业董事会多样性（BD）之间的相关系数虽为正，但未通过显著性检验，异地独立董事和经济政策不确定性如何影响董事会多样性和国有企业高质量发展之间的关系需通过回归分析进行检验。

表 6.3 主要变量相关性分析

变量	HD_{t+1}	BD	$Cons\_D$	Sup_D	$Non\text{-}local\_ID$	$After \times HSR$	EPU
HD_{t+1}	1.0000						
BD	0.0191***	1.0000					
$Cons\_D$	−0.3843***	0.0367***	1.0000				
Sup_D	−0.0139*	0.1691***	0.0489***	1.0000			
$Non\text{-}local\_ID$	0.0701***	0.0137	−0.0233***	0.0141*	1.0000		
$After \times HSR$	0.0091	0.0752***	−0.0244***	0.0766***	0.0449***	1.0000	
EPU	−0.0001	0.0027	−0.1260***	0.0830***	0.0115	0.1515***	1.0000

资料来源：笔者根据检验结果整理。

三 多元回归

在构建国有企业高质量发展指标的基础之上，本章检验不同的边界条件下董事会多样性对国有企业高质量发展的影响，具体的多元回归检验结果列于表6.4，其中，因变量为国有企业高质量发展（HD_{t+1}），自变量为国有企业董事会多样性（BD），调节变量为管理层咨询需求（$Cons\_D$）、监督需求（Sup_D）、异地独立董事（$Non\text{-}local\_ID$）、高铁开通（$After \times HSR$）和经济政策不确定性（EPU）。在所有回归中，本章对所有控制变量加以控制，并进一步控制了年份效应和行业效应。

表 6.4 董事会多样性与国有企业高质量发展：不同的边界条件

变量	（1）	（2）	（3）	（4）	（5）	（6）
	HD_{t+1}	HD_{t+1}	HD_{t+1}	HD_{t+1}	HD_{t+1}	HD_{t+1}
BD	0.1714***	0.2978***	0.2528***	0.1044*	0.0620***	0.1955***
	（4.2584）	（5.3406）	（4.5272）	（1.8741）	（3.9777）	（3.0326）
$Cons\_D$		−0.1321***				
		（−2.7366）				
$BD \times$ $Cons\_D$		0.2543***				
		（3.3002）				

续表

变量	（1）HD_{t+1}	（2）HD_{t+1}	（3）HD_{t+1}	（4）HD_{t+1}	（5）HD_{t+1}	（6）HD_{t+1}
Sup_D			-0.0990^{**} (-2.0656)			
$BD \times Sup\_D$			0.1647^{**} (2.1094)			
$Non\text{-}local\_ID$				0.0198 (0.4250)		
$BD \times Non\text{-}local\_ID$				0.1234 (1.6154)		
$After \times HSR$					0.0700^{***} (3.4599)	
$BD \times After \times HSR$					0.1670^{**} (2.1180)	
EPU						-0.0926^{*} (-1.7133)
$BD \times EPU$						0.0380 (0.4790)
$Size$	0.2553^{***} (52.0539)	0.2494^{***} (39.2136)	0.2556^{***} (52.0486)	0.2549^{***} (52.0514)	0.2564^{***} (52.2129)	0.2553^{***} (52.0415)
Lev	0.0960^{***} (3.1921)	0.0941^{***} (3.1247)	0.0955^{***} (3.1698)	0.0934^{***} (3.1076)	0.0915^{***} (3.0385)	0.0959^{***} (3.1871)
Roa	4.8494^{***} (48.3757)	4.8387^{***} (48.2328)	4.8473^{***} (48.3391)	4.8346^{***} (48.2882)	4.8552^{***} (48.4484)	4.8489^{***} (48.3676)
$Growth$	-0.0556^{***} (-4.8021)	-0.0562^{***} (-4.8593)	-0.0553^{***} (-4.7777)	-0.0556^{***} (-4.8108)	-0.0553^{***} (-4.7826)	-0.0555^{***} (-4.7986)
$Cash$	-0.2838^{***} (-7.2642)	-0.2834^{***} (-7.2562)	-0.2835^{***} (-7.2568)	-0.2809^{***} (-7.2003)	-0.2818^{***} (-7.2111)	-0.2843^{***} (-7.2740)
Age	-0.0232^{***} (-3.5164)	-0.0247^{***} (-3.7330)	-0.0230^{***} (-3.4458)	-0.0227^{***} (-3.4444)	-0.0225^{***} (-3.4139)	-0.0232^{***} (-3.5124)

变量	（1） HD_{t+1}	（2） HD_{t+1}	（3） HD_{t+1}	（4） HD_{t+1}	（5） HD_{t+1}	（6） HD_{t+1}
Top1	−0.1703*** (−5.3360)	−0.1623*** (−5.0772)	−0.1685*** (−4.7293)	−0.1622*** (−5.0858)	−0.1684*** (−5.2759)	−0.1701*** (−5.3312)
InsShare	0.0618** (2.5654)	0.0603** (2.5047)	0.0616** (2.5319)	0.0609** (2.5306)	0.0604** (2.5079)	0.0617** (2.5607)
B_Share	0.0774* (1.8241)	0.0794* (1.8721)	0.0737* (1.7336)	0.0826* (1.9493)	0.0724* (1.7050)	0.0775* (1.8253)
E_Share	−0.1371*** (−2.6281)	−0.1338** (−2.5649)	−0.1262** (−2.3125)	−0.1232** (−2.3626)	−0.1362*** (−2.6119)	−0.1370*** (−2.6263)
B_Salary	0.0033 (1.4281)	0.0030 (1.3016)	0.0029 (1.2654)	0.0030 (1.3182)	0.0032 (1.3884)	0.0033 (1.4138)
E_Salary	−0.0006 (−0.0742)	−0.0010 (−0.1301)	−0.0004 (−0.0492)	0.0010 (0.1266)	−0.0015 (−0.1933)	−0.0005 (−0.0666)
常数项	−3.6875*** (−31.7010)	−3.6170*** (−23.3833)	−3.7406*** (−31.4333)	−3.6937*** (−31.1130)	−3.6377*** (−30.2943)	−3.7017*** (−30.8333)
年份/行业	Yes	Yes	Yes	Yes	Yes	Yes
R^2	0.4044	0.4050	0.4046	0.4064	0.4051	0.4045
样本量	10078	10078	10078	10078	10078	10078

资料来源：笔者根据检验结果整理。

在检验不同情境的调节作用之前，本章首先通过回归检验董事会多样性对国有企业高质量发展的影响，具体的检验结果展示于表6.4列（1）。由表中列示的内容可知，董事会多样性（BD）对国有企业高质量发展（HD_{t+1}）的影响系数为0.1714，对应的t值为4.2584，通过了1%的显著性水平检验，这表明董事会多样性能够显著提高国有企业高质量发展水平，该结论是后续进行调节效应检验的基础。

列（2）是在列（1）的基础上引入了咨询需求（Cons_D）及其与董事会多样性的交互项（BD×Cons_D），以探究不同的咨询需求水平之下，董事会多样性如何影响国有企业高质量发展，结果显示，咨询需求（$Cons\_D$）对国有企业高质量发展（HD_{t+1}）的影响系数在1%的水平下显著为负（系数为 -0.1321，t 值为 -2.7366），说明咨询需求越高，国有企业高质量发展的水平越低，董事会多样性（BD）及其与咨询需求交互项（$BD \times Cons\_D$）的影响系数均为正，且通过了1%的显著性水平检验，这意味着咨询需求强化了董事会多样性对国有企业高质量发展的促进作用，也就是说，在管理层咨询需求水平较高的情况下，董事会多样性对国有企业高质量发展的促进作用更大，研究假设6.1得到验证。

列（3）是管理层监督需求（Sup_D）对董事会多样性（BD）与国有企业高质量发展（HD_{t+1}）之间关系影响的多元回归结果，由表中列示的结果可知，董事会多样性（BD）对国有企业高质量发展（HD_{t+1}）的影响系数为0.2528，通过了1%的显著性水平检验，说明董事会多样性能够促进国有企业高质量发展；监督需求（Sup_D）对国有企业高质量发展（HD_{t+1}）的影响系数在5%的水平下显著为负，表明监督需求与国有企业高质量发展之间存在显著的负相关关系，国有企业管理层的监督需求水平越高，高质量发展水平越低。本章重点关注的董事会多样性和监督需求交互项（$BD \times Sup\_D$）的影响系数为0.1647，通过了5%的显著性水平检验，说明监督需求会强化董事会多样性对国有企业高质量发展的促进作用，即本章的研究假设6.2得到验证，在管理层监督需求较高的情况下，董事会多样性对国有企业高质量发展的促进作用更强。

列（4）展示了异地独立董事（$Non\text{-}local\_ID$）对董事会多样性（BD）与国有企业高质量发展（HD_{t+1}）之间关系影响的多元回归结果，董事会多样性（BD）的系数虽然在10%的水平下显著为正（系数为0.1044，t 值为1.8741），但异地独立董事（$Non\text{-}local\_ID$）及其与董事会多样性的交互项（$BD \times Non\text{-}local\_ID$）均未通过显著性检验。这意味着，无论是基于咨询职能视角还是监督职能视角，国有企业董事会是否拥有异地独立董事，均不会显著影响董事会多样性对国有企业高质量发展的促进作用，研究假设6.3 $-$ 1和研究假设6.3 $-$ 2未得到验证。

企业所在城市是否开通高铁（$After \times HSR$）对董事会多样性（BD）与国有企业高质量发展（HD_{t+1}）之间关系影响的多元回归结果显示于列

（5），由表中的内容可知，董事会多样性（BD）和高铁开通（$After \times HSR$）对国有企业高质量发展（HD_{t+1}）的影响系数分别为0.0620和0.0700，均通过了1%的显著性水平检验，这说明企业所在地开通高铁和董事会多样性均能够有效提升国有企业高质量发展水平，二者之间的交互项（$BD \times After \times HSR$）系数在5%的水平下显著为正，这意味着在国有企业所在城市开通高铁的情况下，董事会多样性对国有企业高质量发展的促进作用更大，即高铁开通能够强化董事会多样性和国有企业高质量发展之间的关系，本章的研究假设6.4得到验证。

列（6）显示了不同的经济政策不确定性（EPU）下董事会多样性（BD）对国有企业高质量发展（HD_{t+1}）影响的多元回归结果。董事会多样性和经济政策不确定性对国有企业高质量发展的影响系数均通过了显著性检验，但交互项（$BD \times EPU$）系数未通过显著性检验，说明经济政策不确定性不会显著影响董事会多样性和国有企业高质量发展之间的关系，本章的研究假设6.5未得到验证。

综上所述，在本章中，研究假设6.1、研究假设6.2和研究假设6.4得到验证，即管理层咨询需求、监督需求和企业所在地开通高铁均会强化董事会多样性对国有企业高质量发展的促进作用，本章的研究假设6.3-1、研究假设6.3-2和研究假设6.5未得到验证，即异地独立董事和经济政策不确定性不会对董事会多样性和国有企业高质量发展之间的关系产生显著影响。

四 稳健性检验

根据前文对研究假设的实证检验结果，本节的稳健性检验主要重新检验管理层咨询需求、监督需求和高铁开通对董事会多样性与国有企业高质量发展之间关系的影响，具体的稳健性方法包括固定效应模型、倾向得分匹配和熵平衡。

（一）固定效应模型

基于固定效应模型对不同边界条件下董事会多样性与国有企业高质量发展之间关系影响的检验结果列于表6.5。列（1）显示，董事会多样性（BD）和咨询需求（$Cons\_D$）对国有企业高质量发展（HD_{t+1}）的影响方向分别为正和负，且均通过了显著性检验，交互项（$BD \times Cons\_D$）的影响系数在1%的水平下显著为正，这表明，在管理层咨询需求较高的情况下，董事会多样性对国有企业高质量发展的促进作用更大，研究假设6.1再次得到验证。

列（2）展示了基于固定效应模型，监督需求对董事会多样性与国有企业高质量发展之间关系影响的回归检验结果。其中，董事会多样性（BD）对国有企业高质量发展（HD_{t+1}）有显著的促进作用，监督需求（Sup_D）对国有企业高质量发展（HD_{t+1}）有显著的抑制作用，二者的交互项（$BD \times Sup\_D$）对国有企业高质量发展（HD_{t+1}）有显著的促进作用，这表明，在管理层监督需求较高的情况下，董事会多样性对国有企业高质量发展的促进作用更大，基于固定效应模型的回归检验结果再次验证了本章的研究假设6.2。

基于固定效应模型检验高铁开通、董事会多样性和国有企业高质量发展之间的关系，由列（3）展示的结果可知，董事会多样性（BD）、高铁开通（$After \times HSR$）及二者之间的交互项（$BD \times After \times HSR$）均对国有企业高质量发展（$HD_{t+1}$）有显著的促进作用，这表明本章的研究假设6.4再次得到验证，当企业所在地开通高铁时，董事会多样性对国有企业高质量发展的促进作用更大。

表6.5　不同边界条件下董事会多样性与国有企业高质量发展：
固定效应模型

变量	（1）	（2）	（3）
	HD_{t+1}	HD_{t+1}	HD_{t+1}
BD	0.2943 ***	0.2586 ***	0.1271 **
	(5.3218)	(4.6790)	(2.0233)
$Cons\_D$	− 0.1473 ***		
	(− 3.0861)		
$BD \times Cons\_D$	0.2511 ***		
	(3.3038)		

续表

变量	(1)	(2)	(3)
	HD_{t+1}	HD_{t+1}	HD_{t+1}
Sup_D		-0.1025^{**}	
		(-2.1795)	
$BD \times Sup\_D$		0.1792^{**}	
		(2.3407)	
$After \times HSR$			0.0391^{**}
			(2.4822)
$BD \times After \times HSR$			0.0653^{*}
			(1.8414)
常数项	-3.7349^{***}	-3.7358^{***}	-3.6561^{***}
	(-15.2929)	(-16.5931)	(-16.1937)
控制变量	Yes	Yes	Yes
年份/行业	Yes	Yes	Yes
R^2	0.5792	0.5790	0.5788
样本量	10078	10078	10078

资料来源：笔者根据检验结果整理。

（二）倾向得分匹配

本章在第四章倾向得分匹配样本的基础上，为研究样本匹配添加国有企业高质量发展和各调节变量。基于倾向得分匹配样本，检验管理层咨询需求、监督需求和高铁开通对董事会多样性与国有企业高质量发展之间关系的影响，具体的检验结果列于表 6.6。由表中列示的结果可知，董事会多样性（BD）对国有企业高质量发展（HD_{t+1}）的影响系数至少在 5% 的水平下显著为正，咨询需求（$Cons\_D$）和监督需求（Sup_D）对国有企业高质量发展（HD_{t+1}）的影响系数均为负值，并且均通过了 5% 的显著性水平检验，高铁开通（$After \times HSR$）对国有企业高质量发展（HD_{t+1}）的影响系数在 1% 的水平下显著为正。董事会多样性与管理层咨询需求的交互项（$BD \times Cons\_D$）、董事会多样性与管理层监督需求的交互项（$BD \times Sup\_D$）、董事会多样性与高铁开通的交互项（$BD \times After \times HSR$）对国有企业高质量发展（$HD_{t+1}$）的影响系数全部为正值，并且均通过了 5% 的显著性水平检验，说明在管理层咨询需求高、监督需求高和企业所在地开通高铁的情况下，董事会多样性对国有企业高质量发展的促进作用更大，基于倾向得分匹配样本的检验结果再次验证了本章的研究假设 6.1、研究假设 6.2 和研究假设 6.4。

表 6.6 不同边界条件下董事会多样性与国有企业高质量发展：倾向得分匹配

变量	(1) HD_{t+1}	(2) HD_{t+1}	(3) HD_{t+1}
BD	0.2452 *** （3.1327）	0.2698 *** （3.3877）	0.0384 ** （2.4374）
Cons_D	− 0.0743 ** （− 2.0444）		
BD × Cons_D	0.1896 ** （2.3853）		
Sup_D		− 0.1659 ** （− 2.3757）	
BD × Sup_D		0.2305 ** （2.1629）	
After × HSR			0.0519 *** （2.7274）
BD × After × HSR			0.1606 ** （2.4715）
常数项	− 3.4176 *** （− 14.6798）	− 3.8058 *** （− 21.4693）	− 3.6720 *** （− 20.5376）
控制变量	Yes	Yes	Yes
年份/个体	Yes	Yes	Yes
R^2	0.3981	0.3978	0.3989
样本量	3648	3648	3648

资料来源：笔者根据检验结果整理。

（三） 熵平衡

本章在第四章熵平衡处理样本的基础上，为研究样本匹配添加国有企业高质量发展和各调节变量，基于熵平衡处理之后的样本重新检验本章的研究假设 6.1、研究假设 6.2 和研究假设 6.4，具体的检验结果列于表 6.7。列（1）显示，董事会多样性和咨询需求的交互项（$BD \times Cons\_D$）对国有企业高质量发展（HD_{t+1}）的影响系数在 5% 的水平下显著为正，结合董事会多样性（BD）和咨询需求（$Cons\_D$）的影响系数正负和显著性，可以判断，在咨询需求水平更高的情况下，董事会多样性对国有企业高质量发展的促进作用更大，本章的研究假设 6.1 再次得到验证。列（2）展示了基于熵平衡处理样本，管理层监督需求对董事会多样性与国有企业高质量发展之间关系影响的检验结果，表中董事会多样性（BD）、监督需求（Sup_D）及二者的交互项（$BD \times Sup\_D$）对国有企业高质量发展（HD_{t+1}）影响系数的正负和显著性与表 6.4 的列（3）保持一致，进一步说明在监督需求水平高的情况下，董事会多样性对国有企业高质量发展的促进作用更大，即本章的研究假设 6.2 是稳健成立的。列（3）显示，董事会多样性（BD）、高铁开通（$After \times HSR$）及二者的交互项（$BD \times After \times HSR$）对国有企业高质量发展（$HD_{t+1}$）均有显著的正向影响，说明在企业所在地开通高铁的情况下，董事会多样性对国有企业高质量发展的促进作用更大，基于熵平衡处理样本的检验结果再次验证了本章的研究假设 6.4。

表 6.7　不同边界条件下董事会多样性与国有企业高质量发展：熵平衡

变量	（1） HD_{t+1}	（2） HD_{t+1}	（3） HD_{t+1}
BD	0.2669 *** （4.3276）	0.2543 *** （4.2441）	0.0239 ** （2.3631）
$Cons\_D$	− 0.0847 ** （− 2.1156）		
$BD \times Cons\_D$	0.2024 ** （2.4512）		

续表

变量	(1)	(2)	(3)
	HD_{t+1}	HD_{t+1}	HD_{t+1}
Sup_D		-0.1142^{**}	
		(-2.2203)	
$BD \times Sup\_D$		0.1717^{**}	
		(2.0699)	
$After \times HSR$			0.0975^{*}
			(1.8811)
$BD \times After \times HSR$			0.2112^{**}
			(2.5337)
常数项	-3.4451^{***}	-3.7216^{***}	-3.5912^{***}
	(-20.5132)	(-29.0771)	(-27.7150)
控制变量	Yes	Yes	Yes
年份/行业	Yes	Yes	Yes
R^2	0.4032	0.4028	0.4033
样本量	10078	10078	10078

资料来源：笔者根据检验结果整理。

第四节　不同情境下董事会多样性影响国有企业高质量发展的进一步分析

为进一步加深对董事会多样性影响国有企业高质量发展的认识，采用交叉分组的方法从如下三个方面展开进一步分析：第一，探索不同的异地独立董事配置、高铁开通和经济政策不确定性水平下，咨询需求和监督需求对董事会多样性与国有企业高质量发展之间关系的影响；第二，探索不同的咨询需求和监督需求水平下，董事会多样性对国有企业高质量发展的影响；第三，探索不同的咨询需求和监督需求水平下，异地独立董事、高铁开通和经济政策不确定性对董事会多样性与国有企业高质量发展之间关系的影响。

一　不同分组下咨询和监督需求的影响

本章根据是否存在异地独立董事、企业所在地是否开通高铁和经济政策不确定性的高低，分别将研究样本分为两组，然后检验不同的分组中，咨询需求和监督需求对董事会多样性与国有企业高质量发展之间关系的影响，具体的检验结果列于表 6.8。其中，Panel A 是基于是否存在异地独立董事的分组检验结果，Panel B 是基于是否开通高铁的分组检验结果，Panel C 是基于经济政策不确定性高低的分组检验结果，本章重点关注不同分组下交互项的影响系数和显著性。

由 Panel A 可知，在存在异地独立董事的情况下，董事会多样性与咨询需求的交互项（$BD \times Cons\_D$）、董事会多样性与监督需求的交互项（$BD \times Sup\_D$）对国有企业高质量发展（HD_{t+1}）的影响系数至少在 5% 的水平下显著为正，在不存在异地独立董事的情况下，交互项对国有企业高质量发展的影响系数未通过显著性检验。这表明，在存在异地独立董事的情况下，咨询需求和监督需求会进一步强化董事会多样性对国有企业高质量发展的促进作用。

由 Panel B 可知，无论企业所在地是否开通高铁，董事会多样性与咨询需求的交互项（$BD \times Cons\_D$）对国有企业高质量发展（HD_{t+1}）具有显著的正向影响，但是在企业开通高铁的情况下，交互项的影响系数更大，显著性更强，这意味着在企业所在地开通高铁的情况下，咨询需求会强化董事会多样性与国有企业高质量发展之间的关系。在监督需求视角下，只有在企业所在地开通高铁的情况下，董事会多样性与监督需求的交互项（$BD \times Sup\_D$）对国有企业高质量发展（HD_{t+1}）的影响系数才显著为正，即监督需求加强了董事会多样性对国有企业高质量发展的促进作用。综上可以看出，在企业所在地开通高铁的情况下，咨询需求和监督需求会加强董事会多样性与国有企业高质量发展之间的关系。

由 Panel C 可知，只有在经济政策不确定性高的分组中，董事会多样性与咨询需求的交互项（$BD \times Cons\_D$）、董事会多样性与监督需求的交互项（$BD \times Sup\_D$）对国有企业高质量发展（HD_{t+1}）的影响系数才显著为正；在经济政策不确定性较低的情况下，交互项的系数未通过显著性检验。

表6.8 不同边界条件下咨询需求和咨询需求的调节作用

变量	(1)	(2)	(3)	(4)	(5)	(6)	(7)	(8)	(9)	(10)	(11)	(12)
	HD_{t+1}	HD_{t+1}	HD_{t+1}	HD_{t+1}	HD_{t+1}	HD_{t+1}	HD_{t+1}	HD_{t+1}	HD_{t+1}	HD_{t+1}	HD_{t+1}	HD_{t+1}
	Panel A 是否存在异地独立董事				Panel B 是否开通高铁				Panel C 经济政策不确定性			
	是		否		是		否		高		低	
BD	0.3680***	0.3416***	0.2019**	0.1547*	0.3558***	0.3350***	0.1727*	0.1310	0.3013***	0.2512***	0.2790***	0.2476***
	(4.7285)	(4.3256)	(2.5219)	(1.9603)	(5.0718)	(4.5752)	(1.8746)	(1.5145)	(4.4603)	(3.4926)	(2.8248)	(2.7932)
Cons_D	-0.1575**		-0.0944		-0.1366**		-0.1210		-0.1514**		-0.0993	
	(-2.3126)		(-1.3785)		(-2.2072)		(-1.5659)		(-2.5032)		(-1.2243)	
BD × Cons_D	0.3003***		0.1854		0.2540***		0.2309*		0.2756***		0.2169	
	(2.7672)		(1.2940)		(2.5849)		(1.8522)		(2.8437)		(1.2867)	
Sup_D		-0.1350*		-0.0667		-0.1163*		-0.1102		-0.1027*		-0.0948
		(-2.0073)		(-0.9783)		(-1.8953)		(-1.4224)		(-1.7131)		(-1.1803)
BD × Sup_D		0.2349**		0.1009		0.1935*		0.1798		0.1549*		0.1871
		(2.1416)		(0.9081)		(1.9444)		(1.4120)		(1.7793)		(1.4395)
常数项	-3.6848***	-3.8496***	-3.6049***	-3.6929***	-3.7107***	-3.8336***	-3.7775***	-3.8661***	-3.5068***	-3.5745***	-3.8483***	-4.0624***
	(-17.0538)	(-23.2733)	(-16.1825)	(-21.4145)	(-18.0539)	(-23.6922)	(-15.3392)	(-21.0547)	(-18.2200)	(-23.7120)	(-14.7067)	(-20.8857)
控制变量	Yes	Yes	Yes	Yes	Yes	Yes	Yes	Yes	Yes	Yes	Yes	Yes

续表

变量	(1)	(2)	(3)	(4)	(5)	(6)	(7)	(8)	(9)	(10)	(11)	(12)
	HD_{t+1}	HD_{t+1}	HD_{t+1}	HD_{t+1}	HD_{t+1}	HD_{t+1}	HD_{t+1}	HD_{t+1}	HD_{t+1}	HD_{t+1}	HD_{t+1}	HD_{t+1}
	Panel A 是否存在异地独立董事				Panel B 是否开通高铁				Panel C 经济政策不确定性高低			
	是		否		是		否		高		低	
年份/行业	Yes	Yes	Yes	Yes	Yes	Yes	Yes	Yes	Yes	Yes	Yes	Yes
R^2	0.4208	0.4204	0.3915	0.3912	0.3851	0.3848	0.4502	0.4499	0.4065	0.4061	0.4086	0.4084
样本量	5057	5057	5021	5021	6406	6406	3672	3672	6494	6494	3584	3584

资料来源：笔者根据检验结果整理。

前述结果表明，在经济政策不确定性较高的情况下，管理层的咨询需求和监督需求会加强董事会多样性对国有企业高质量发展的促进作用。

二　咨询需求和监督需求的交叉影响

前文证实了咨询需求和监督需求会显著影响董事会多样性与国有企业高质量发展之间的关系，同一家企业的咨询需求和监督需求可能会存在差异。根据咨询需求和监督需求水平的高低，将样本进行细分，当咨询需求水平高于年度中位数时定义为高咨询需求，否则为低咨询需求；当监督需求水平高于年度中位数时定义为高监督需求，否则为低监督需求，进行两两交叉分组。至此，研究样本被分为了高咨询高监督需求、高咨询低监督需求、低咨询高监督需求和低咨询低监督需求，使用不同分组样本检验董事会多样性对国有企业高质量发展的影响，具体的检验结果列于表6.9。由表中结果可知，在高咨询高监督需求分组中，董事会多样性（BD）对国有企业高质量发展（HD_{t+1}）的影响系数为0.3541，对应的 t 值为4.4825（通过了1%的显著性水平检验）。在高咨询低监督需求分组中，董事会多样性（BD）对国有企业高质量发展（HD_{t+1}）的影响系数为0.1449，

表6.9　咨询需求和监督需求交叉分组下董事会多样性与国有企业高质量发展

变量	(1) HD_{t+1} 高咨询高监督	(2) HD_{t+1} 高咨询低监督	(3) HD_{t+1} 低咨询高监督	(4) HD_{t+1} 低咨询低监督
BD	0.3541*** (4.4825)	0.1449* (1.7062)	0.0797 (0.9671)	0.0312 (0.4048)
常数项	−4.2749*** (−15.7853)	−4.5704*** (−16.4673)	−2.3867*** (−6.5486)	−1.4182*** (−3.8748)
控制变量	Yes	Yes	Yes	Yes
年份/行业	Yes	Yes	Yes	Yes
R^2	0.3875	0.3796	0.2305	0.2498
样本量	2642	2398	2396	2642

资料来源：笔者根据检验结果整理。

对应的 t 值为 1.7062（通过了 10% 的显著性水平检验）。在低咨询高监督需求分组中，董事会多样性（BD）对国有企业高质量发展（HD_{t+1}）的影响系数为 0.0797，对应的 t 值为 0.9671。在低咨询低监督需求分组中，董事会多样性（BD）对国有企业高质量发展（HD_{t+1}）的影响系数为 0.0312，对应的 t 值为 0.4048。不同的分组中，董事会多样性对国有企业高质量发展影响的系数全部为正，但是系数大小和显著性呈现出"高咨询高监督 > 高咨询低监督 > 低咨询高监督 > 低咨询低监督"的现象，进一步说明，在咨询需求和监督需求水平较高的情况下，董事会多样性对国有企业高质量发展的促进作用更大。

三　不同分组下咨询和监督需求的交叉影响

在进一步分析的基础上，本章检验咨询需求和监督需求交叉分组之下，异地独立董事、高铁开通和经济政策不确定性对董事会多样性与国有企业高质量发展之间关系的影响，具体检验结果列于表 6.10，其中，Panel A 是基于是否存在异地独立董事的分组检验结果，Panel B 是基于企业所在地是否开通高铁的分组检验结果，Panel C 是基于经济政策不确定性高低的分组检验结果。

由 Panel A 可知，在高咨询高监督需求和企业存在异地独立董事的情况下，董事会多样性（BD）对国有企业高质量发展（HD_{t+1}）的影响系数为 0.4726，通过了 1% 的显著性水平检验；在高咨询高监督需求和企业不存在异地独立董事的情况下，董事会多样性（BD）对国有企业高质量发展（HD_{t+1}）的影响系数为 0.2017，通过了 10% 的显著性水平检验。在其他情况下，董事会多样性对国有企业高质量发展的影响均未通过显著性检验。检验结果进一步表明，在高咨询高监督需求的情况下，董事会多样性对国有企业高质量发展的促进作用更大。在高咨询高监督需求的情况下，异地独立董事会强化董事会多样性对国有企业高质量发展的促进作用。

由 Panel B 列示的结果可知，按照企业所在地是否开通高铁将样本分为两组，不同分组中，当样本属于高咨询高监督需求时，董事会多样性对国有企业高质量发展的促进作用更大。从高咨询高监督需求的角度来看，在企业所在地开通高铁的情况下，董事会多样性对国有企业高质量发展的

第六章　国有企业董事会多样性治理效应的边界条件分析

表 6.10　咨询需求和监督需求交叉分组下不同边界条件影响的再检验

变量	(1) 高咨询高监督	(2) 高咨询低监督	(3) 低咨询高监督	(4) 低咨询低监督	(5) 高咨询高监督	(6) 高咨询低监督	(7) 低咨询高监督	(8) 低咨询低监督
	HD_{t+1}	HD_{t+1}	HD_{t+1}	HD_{t+1}	HD_{t+1}	HD_{t+1}	HD_{t+1}	HD_{t+1}
	是				否			
	Panel A　基于是否存在任异地独立董事							
BD	0.4726***	0.1309	0.1671	0.0517	0.2017*	0.1495	-0.0099	0.0050
	(4.2440)	(1.0924)	(1.4294)	(0.4684)	(1.7807)	(1.2348)	(-0.0848)	(0.0457)
常数项	-4.3358***	-4.7638***	-2.1355***	-1.0188*	-4.3943***	-4.1948***	-2.7320***	-1.5748***
	(-11.0474)	(-12.7355)	(-4.1225)	(-1.9498)	(-11.5579)	(-9.8820)	(-5.1522)	(-3.0185)
控制变量	Yes	Yes	Yes	Yes	Yes	Yes	Yes	Yes
年份/行业	Yes	Yes	Yes	Yes	Yes	Yes	Yes	Yes
R^2	0.3812	0.4273	0.2506	0.2582	0.4055	0.3333	0.2260	0.2644
样本量	1324	1265	1168	1300	1319	1134	1226	1342
变量	是				否			
	Panel B　基于企业所在地是否开通高铁							
BD	0.4126***	0.2333**	0.1660	0.0393	0.2581**	-0.1288	-0.0547	0.0224
	(4.0324)	(2.2386)	(1.5194)	(0.4103)	(2.0621)	(-0.8713)	(-0.4302)	(0.1692)
常数项	-4.5412***	-4.5438***	-2.0677***	-1.2542***	-4.5874***	-4.7384***	-2.7972***	-1.8352***
	(-11.9264)	(-12.7639)	(-4.0152)	(-2.6060)	(-10.8094)	(-9.6676)	(-5.2312)	(-3.0312)

变量	(1) HD_{t+1}	(2) HD_{t+1}	(3) HD_{t+1}	(4) HD_{t+1}	(5) HD_{t+1}	(6) HD_{t+1}	(7) HD_{t+1}	(8) HD_{t+1}
	高咨询高监督	高咨询低监督	低咨询高监督	低咨询低监督	高咨询高监督	高咨询低监督	低咨询高监督	低咨询低监督

Panel B 基于企业所在地是否通高铁

变量	是				否			
控制变量	Yes	Yes	Yes	Yes	Yes	Yes	Yes	Yes
年份/行业	Yes	Yes	Yes	Yes	Yes	Yes	Yes	Yes
R²	0.3786	0.3651	0.2225	0.2540	0.4252	0.4483	0.2690	0.2805
样本量	1604	1660	1412	1730	1039	739	982	912

Panel C 基于经济政策不确定性高低

变量	高				低			
BD	0.4396***	0.0778	0.0857	0.1090	0.2156	0.2891	0.2276	0.1217
	(4.5422)	(0.7840)	(0.7596)	(1.1232)	(1.5876)	(1.2270)	(1.4808)	(0.9557)
常数项	-3.9801***	-4.5117***	-1.2948**	-0.4905	-4.8302***	-4.5313***	-3.2840***	-2.8206***
	(-12.1894)	(-13.9741)	(-2.4233)	(-1.0227)	(-10.2796)	(-8.6629)	(-6.5531)	(-4.8177)
控制变量	Yes	Yes	Yes	Yes	Yes	Yes	Yes	Yes
年份/行业	Yes	Yes	Yes	Yes	Yes	Yes	Yes	Yes
R²	0.4073	0.3791	0.2079	0.2468	0.3742	0.3943	0.2791	0.2616
样本量	1730	1822	1316	1626	913	576	1079	1016

资料来源：笔者根据检验结果整理。

促进作用更大，也就是说在高咨询高监督需求的情况下，企业所在地开通高铁会强化董事会多样性与国有企业高质量发展之间的关系。在企业所在地开通高铁的情况下，高咨询高监督需求和高咨询低监督需求分组中的董事会多样性对国有企业高质量发展均有显著的促进作用，但高咨询高监督需求分组下董事会多样性的影响系数更大，显著性水平更高，进一步说明，在高咨询高监督需求的情况下，董事会多样性对国有企业高质量发展的促进作用更大。

Panel C 显示，在经济政策不确定性较低的情况下，无论是针对咨询需求和监督需求的何种组合，董事会多样性对国有企业高质量发展的影响系数均未通过显著性检验。在经济政策不确定性较高的情况下，董事会多样性对国有企业高质量发展的促进作用只有在高咨询高监督需求分组中成立，这也说明，在咨询需求和监督需求水平较高的情况下，董事会多样性对国有企业高质量发展的促进作用更大。

第五节　本章小结

本章主要探讨不同情境之下国有企业董事会多样性的治理效应，引入的情境因素包括管理层咨询需求、管理层监督需求、异地独立董事、高铁开通和经济政策不确定性，并理论分析了不同情境因素之下董事会多样性对国有企业高质量发展的影响。为了便于分析，本章基于国有企业资产保值增值、环境绩效、社会绩效和公司治理（超额在职消费和股价崩盘风险）四个维度共计五个指标构建了国有企业高质量发展综合指标。检验结果表明，在管理层咨询需求水平高、监督需求水平高或者企业所在地开通高铁的情况下，董事会多样性对国有企业高质量发展的促进作用更大，即管理层咨询需求、监督需求和高铁开通能够强化董事会多样性对国有企业高质量发展的促进作用，该结论在使用固定效应模型、倾向得分匹配、熵平衡进行稳健性检验之后，依然稳健成立。但是，本章未发现异地独立董事和经济政策不确定性对董事会多样性与国有企业高质量发展之间的关系具有显著的调节作用。

在进一步分析中，本章将样本按照不同的边界条件进行交叉分组，并检验不同的分组之下，董事会多样性对国有企业高质量发展的影响。检验结果表明：①在国有企业存在异地独立董事、国有企业所在地开通高铁或者经济政策不确定性性较高的情况下，管理层的咨询需求和监督需求对董事会多样性与国有企业高质量发展之间关系的强化作用更强；②在按照咨询需求和监督需求将样本进行交叉分组之后，结果显示，在高咨询高监督需求分组之下，董事会多样性对国有企业高质量发展的促进作用最大，这也在一定程度上说明管理层的咨询需求和监督需求能够强化董事会多样性对国有企业高质量发展的促进作用；③在国有企业存在异地独立董事、国有企业所在地开通高铁或者经济政策不确定性高的情况下，与高咨询低监督需求、低咨询高监督需求和低咨询低监督需求相比，当国有企业处于高咨询高监督需求时，董事会多样性对国有企业高质量发展的促进作用最大。

　　本章研究假设的实证检验结果汇总于表6.11。

表6.11　第六章检验结果汇总

序号	研究假设	检验结果
假设6.1	在管理层咨询需求高（管理层能力低）的情况下，董事会多样性对国有企业高质量发展的促进作用更大	支持
假设6.2	在管理层监督需求高（激励水平低）的情况下，董事会多样性对国有企业高质量发展的促进作用更大	支持
假设6.3－1	基于咨询职能视角，当董事会中存在异地独立董事时，董事会多样性对国有企业高质量发展的促进作用更大	不支持
假设6.3－2	基于监督职能视角，当董事会中存在异地独立董事时，董事会多样性对国有企业高质量发展的促进作用更小	不支持
假设6.4	当企业所在地开通高铁时，董事会多样性对国有企业高质量发展的促进作用更大	支持
假设6.5	在经济政策不确定性程度高的情况下，董事会多样性对国有企业高质量发展的促进作用更大	不支持

资料来源：笔者归纳整理。

第七章 研究结论与政策建议

第一节 研究结论与政策建议

一 主要研究结论

当前，我国经济处于由高速增长向高质量发展转变的关键时期，国有企业混合所有制改革是影响经济转型升级的关键因素。实践经验表明，混合所有制改革有助于提高国有企业的公司治理有效性，提升国有企业的资源配置效率，为持续健康发展提供持久动力，提高国有企业与我国经济转型升级的契合度。国有企业混合所有制改革已经实现了由"混"到"改"的过渡。"改"体现为公司治理的改革，为了维护股东的切身利益，非国有股东通过委派董事进入国有企业董事会参与国有企业的公司治理，在此过程中，由不同属性股东持股导致了国有企业董事会的重构。基于此，结合现实背景和理论背景，提出本书的科学问题：在中国特色社会主义进入新时代背景下，面向混合所有制改革，在异质性股东客观存在的情况下，国有企业如何开展有效的董事会决策，提高董事会治理效率，进而实现高质量发展？经过对该核心问题的分解与检验，本书得出如下研究结论。

（一）国有企业董事会多样性的影响因素研究

该部分内容主要探讨混合所有制改革背景之下影响国有企业董事会多样性的因素包括哪些？参考借鉴已有研究，本书主要从混合所有制改革、政府放权意愿、劳动力供给和劳动力需求四个角度考察国有企业董事会多样性的影响因素。结果发现，第一，在混合所有制改革视角，国有企业第一大非国有股东持股比例和前十大股东中的非国有股东持股比例均能显著提升国有企业的董事会多样性水平。第二，在政府放权意愿视角，本书通过金字塔层级以及企业所在省份的财政盈余、财政支出和失业率测度政府放权意愿，结果显示，金字塔层级和财政盈余对国有企业董事会多样性有显著的促进作用，而财政支出和失业率则对国有企业董事会多样性有显著的抑制作用，说明在政府放权意愿水平高的情况下，国有企业董事会的多样性水平更高。第三，在劳动力供给视角，本书通过企业所在地女性占比、高校数量和每万人高校毕业生人数测度劳动力供给，结果显示，地区女性占比和高校数量能够显著提升国有企业董事会多样性水平，基本可以认定在劳动力供给水平较高的情况下，国有企业董事会多样性水平较高。第四，在劳动力需求视角，本书通过企业多元化程度来测度企业业务复杂性，以此来表征企业的劳动力需求，但并未发现国有企业的劳动力需求与董事会多样性之间存在显著的关系。

综上所述，本书研究发现，混合所有制改革（股权结构视角）、政府放权意愿和劳动力供给均能显著提升国有企业的董事会多样性水平。在进一步分析中，本书还引入了分位数回归，以检验不同的多样性水平下，混合所有制改革、政府放权意愿和劳动力供给对国有企业董事会多样性的影响。此外，基于国企分类改革，本书发现，无论是针对公益类国有企业还是商业类国有企业，前述研究结论均成立。

（二）国有企业董事会多样性的治理效应研究

该部分内容主要分析探讨混合所有制改革背景之下，国有企业董事会多样性的治理效应，即多样性的董事会能够对国有企业产生哪些经济后果。在经济后果的选择方面，受经济高质量发展这一概念的启发，本书将"质量"和"发展"纳入了同一研究框架之中。其中，"质量"通过国有企业资产保值增值刻画，"发展"通过国有企业的 ESG 表现来测度。具体而言，通过国有企业参与环境管理事项测度国有企业环境绩效（E），通过慈善捐赠水平测度国有企业的社会绩效（S），通过超额在职消费和股价崩盘风险测度国有企业的公司治理（G）。

基于董事会的咨询职能和监督职能，本书分析了混合所有制改革背景之下国有企业董事会多样性的治理效应，并进行了相应的实证检验。检验结果显示，董事会多样性对国有企业资产保值增值、环境绩效和社会绩效均有显著的促进作用，而董事会多样性对国有企业超额在职消费和股价崩盘风险均有显著的抑制作用，这意味着董事会多样性在国有企业中发挥着良好的治理作用。此外，在进一步分析中，本书分别检验了人口特征多样性、教育背景多样性、职业多样性、董事经验多样性和管理特质多样性对国有企业资产保值增值、环境绩效、社会绩效、超额在职消费和股价崩盘风险的影响，以确定细分维度上的董事会多样性在国有企业中的治理效应。

（三）国有企业董事会多样性治理效应影响机制分析

本部分内容主要探讨混合所有制改革背景下董事会多样性发挥治理效应的中介机制，即董事会多样性通过哪些渠道影响国有企业资产保值增值、环境绩效、社会绩效、超额在职消费和股价崩盘风险。检验结果表明：第一，董事会多样性通过提高企业创新（创新产出）和内部控制质量提升国有企业资产的保值增值水平；第二，董事会多样性通过提高高管性别多样性和环保意识两个渠道提升国有企业环境绩效；第三，董事会多样性通过提高高管性别多样性进而优化国有企业在社会绩效方面的表现；第四，董事会多样性通过强化股东监督权进而抑制国有企业超额在职消费；第五，董事会多样性通过降低代理成本、提高投资效率和提高风险信息披露三条路径缓解国有企业面临的股价崩盘风险。

（四）混合所有制改革背景下国有企业董事会多样性治理效应的边界条件

本部分内容旨在探讨不同的情境之下，国有企业董事会多样性如何发挥作用，为了便于分析与检验，本书从国有企业资产保值增值、环境绩效、社会绩效和公司治理四个维度基于五个指标构建了国有企业高质量发展指标，并引入了管理层咨询需求、管理层监督需求、异地独立董事、高铁开通和经济政策不确定性五个情境因素。相关检验结果表明，管理层的咨询需求、监督需求和企业所在地开通高铁均会强化董事会多样性对国有企业高质量发展的促进作用，而异地独立董事和经济政策不确定性则不会对董事会多样性与国有企业高质量发展之间的关系产生显著的调节作用。

在进一步分析中，本书将调节变量交叉分组，然后检验不同分组之下董事会多样性对国有企业高质量发展的影响。检验结果表明：第一，在董事会中存在异地独立董事、企业所在城市开通高铁和经济政策不确定性较高的情况下，管理层的咨询需求和监督需求对董事会多样性与国有企业高质量发展之间的正相关关系的促进作用更大；第二，在按照咨询需求和监督需求将样本细分之后，董事会多样性对国有企业高质量发展的促进作用表现为"高咨询高监督 > 高咨询低监督 > 低咨询高监督 > 低咨询低监督"；第三，在董事会中存在异地独立董事、企业所在城市开通高铁和经济政策不确定性高且处于高咨询高监督需求的情况下，董事会多样性对国有企业高质量发展的促进作用更大。

二　政策建议

结合本书的研究内容和所得研究结论，提出如下政策建议。

第一，继续深化国有企业混合所有制改革。国有企业在我国经济和政治体系中发挥着至关重要的作用，国有企业要抓住混合所有制改革的机遇，积极推进混合所有制改革，在遵守相关法规和公司规划的前提下，在国有企业中引入战略投资者，充分发挥非控股股东的治理作用，增强董事会的履职有效性，进一步提高非国有股东在高层管理者中的比例以及增强非国有股东在管理层中的话语权，这样有助于管理层采用市场导向的发展战略对企业进行管理。

加快推进混合所有制改革，进一步挖掘国有企业的潜力。混合所有制改革不仅可以引入非国有资本，还可以赋予非控股股东更大的权力，特别是在董事会中的权力。充分认识非控股股东委派董事的治理作用，逐步提高非控股股东委派董事在董事会中的比例，使非控股股东成为对控股股东和管理层更为积极的监督者。也就是说，国有企业在推进混合所有制改革时要充分发挥非国有股东的监督和治理功能，应该让非国有股东参与公司治理和经营决策，而不是停留在股权层面。董事会的多元化是国有企业混合所有制改革中完善现代企业制度、改善公司治理的重要实践之一，引入多元化的董事会能够有效提升国有企业的经营效率和可持续性。

继续深化混合所有制改革，发展混合所有制经济，是推进经济体制改革、完善基本经济制度的必然选择。作为国有资本的实际拥有者，政府部门应减少对企业决策的直接干预，增强政府的放权意愿，赋予国有企业更大的自主权。此外，政府还应该为非国有资本创造一个公平的市场环境，尽快完善资本市场体系，为国有企业创造良好的外部环境，改善企业生存和发展的制度环境，引导和鼓励非国有资本参与国有企业混合所有制改革，在确保非国有资本利益的同时进一步促进国有企业的高质量发展。

第二，实现企业高质量发展，助力我国经济高质量发展。企业的高质量发展是经济高质量发展的基础和重要驱动力。传统的理论认为，股东价值最大化是企业的唯一目标，而高质量发展则要求企业在追求经济绩效的过程中兼顾企业的可持续发展。本书的研究发现有助于政策制定者理解国有企业混合所有制改革的重要性，鼓励非国有股东通过委派董事参与公司治理，提高国有企业的社会责任绩效。履行社会责任以实现可持续发展是企业的重要战略选择，履行社会责任是维护企业长远利益、适应社会发展要求的互利行为，社会责任投资有助于企业可持续健康发展。

企业社会责任发展由来已久，它随着企业的发展而演变，企业对社会福利的受益或者损害程度受到企业界和学术界的广泛关注。近年来，这一领域的企业行为通常被认定为环境（Environment，E）、社会（Social，S）和公司治理（Corporate Governance，G），即 ESG 问题。环境、社会和公司治理是指公司和投资者如何将环境、社会和公司治理问题纳入其商业模式（Nirino et al.，2021）。在企业管理实践过程中，企业正在应对股东和整个社会的压力，以更符合道德和可持续发展的方式重新定位其业务模式，以应对企业所面临的社会环境变化。近年来，环境、社会和公司治理成为公司进行战略决策时需要考虑的必不可少的因素。环境、社会和公司治理已经成为企业为实现与环境和社会相关的目标，满足利益相关者需求而采取的重要企业实践，这种具体的实践活动可以通过增加与利益相关者的信任关系来获得竞争优势，并可以塑造、展示企业的正面形象，影响其声誉和顾客忠诚度。

这意味着作为实现经济高质量发展的微观主体，企业在追求经济利益的同时，也要兼顾社会利益，即环境（E）、社会（S）和公司治理（G）。只有这样，才能帮助企业获得可持续发展的竞争优势，实现企业的高质量发展，进而助力我国经济的高质量发展。

第三，优化管理层配置，提高国有企业公司治理有效性。本书研究证实了董事会多样性能够在国有企业中发挥良好的治理效应，这为国有企业管理层配置提供了思路和参考，也就是说，在国有企业董事会的组成过程中，需要注意将具有不同背景属性的董事会成员进行组合，以提高董事会的多样性，进而提升国有企业董事会的履职有效性。具体而言，在董事会的组建过程中，可以从年龄、性别、学历背景、职业背景、职位、董事会规模、独立董事、海外经历、外部董事席位和三年困难时期经历等维度考虑董事会的多样性。不可忽视的是，董事会多样性兼具收益和成本双重属性，企业应充分权衡收益与成本之间的关系，完善公司治理结构，以提高董事会履职效率，提升企业的竞争力。此外，本书还发现，在董事会多样性水平高的情况下，高管团队中的女性占比水平越高，越能够显著提升企业的环境绩效和社会绩效，这意味着，国有企业在组建高管团队时，可以适当提高女性在高管团队中的占比，充分发挥女性在企业参与环境等社会责任方面的天然优势，促进企业的可持续发展。

从公司治理效果来看，董事会多样性能够提升国有企业资产保值增值、环境绩效和社会绩效，可以显著抑制国有企业超额在职消费和股价崩盘风险，这也就意味着董事会多样性水平高的国有企业，其整体的公司治理水平更高，在市场上更有竞争力，所面临的风险更低。从这一角度来看，董事会多样性可以作为投资者在国有上市公司中选择投资标的的考量因素。

从国有企业董事会多样性治理效应的影响机制来看，董事会多样性通过提高企业创新产出、强化内部控制、提高环保意识、强化股东监督权、降低代理成本、提高投资效率和提高企业风险信息披露水平等渠道对国有企业的高质量发展产生显著的促进作用。对于企业而言，在有效提升公司治理水平，进而实现高质量发展的过程中，还应该继续坚持创新导向，提升企业创新能力，完善企业内部控制体系，赋予股东较大监督权，缓解企业的各类代理问题，提高投资效率和风险信息披露水平。

第二节　研究局限与展望

一　研究局限

第一，无法完全厘清董事会的咨询职能和监督职能。董事会是现代企业制度下公司治理的核心，通过履行咨询职能和监督职能参与企业的战略决策和公司治理，但是，在企业实践管理过程中，董事会的咨询职能和监督职能是同时进行的。例如，本书在探究董事会多样性对国有企业资产保值增值的过程中，也认为多样性的董事会通过充分履行咨询职能和监督职能来提高国有企业的资产保值增值。也就是说，董事会在履职过程中，咨询职能和监督职能是同时存在的，二者无法完全独立开展。而且，在董事会履职所导致的经济后果中，咨询职能和监督职能的作用孰大孰小，也是无法量化考察的。相关的研究也表明，董事会只有进行监督并通过监督收集更多的信息，才能更好地履行咨询职能，也就是说，在某种意义上，监督和咨询应该被视为互补关系，而不是替代关系（Katolnik et al.，2021）。

第二，董事会多样性的度量。参照已有关于董事会多样性的研究并结合数据的可得性，本书从年龄、性别、学历背景、职业背景、职位、董事会规模、独立董事、海外经历、学术背景、外部董事席位和三年困难时期经历维度出发构建董事会多样性综合指标，期望在最大程度上覆盖董事个体特征的细分维度。但是，需要承认的是，本书在董事会多样性的构建中是对各个细分指标进行加总，但是各个指标之间可能存在相关性，比如年龄与学历、职位和海外经历有关，这可能使得指标在某些维度存在过度度量。此外，多样性的刻画是一个多维度、全方位的测度，本书在研究过程中所选取的刻画董事会多样性的细分指标多为可观察、可量化的代理指标，缺少对董事个体心理特征、性格特质方面的考量，这是本书构建董事会多样性指标过程中可能存在的不足之处。

第三，国有企业高质量发展的度量。为了便于考察国有企业董事会多样性治理效应的边界条件，本书尝试从国有企业资产保值增值、环境绩效（E）、社会绩效（S）和公司治理（G）四个维度共计五个指标出发构建国有企业高质量发展综合指标。需要说明的是，目前有关国有企业高质量发展的研究也多停留在理论和概念层面，尚未有学者提出国有企业高质量发展的综合性指标评价体系。本书是对国有企业高质量发展指标构建的粗浅尝试，指标的系统性、全面性和权威性都有待提高。此外，企业的ESG问题也是多维度的，本书在研究过程中，通过国有企业的环境事项参与情况测度环境绩效（E），通过慈善捐赠水平测度社会绩效（S），通过超额在职消费和股价崩盘风险测度公司治理（G），导致对国有企业 ESG 指标测度较为单一。但是，为了确保研究结论的稳健性，本书也进行了多种稳健性检验，其中也包括改变变量测度方法。

第四，未考虑国有企业董事会专业委员会多样性的影响。在具体的企业实践过程中，董事会通过下设的审计委员会、提名委员会、薪酬委员会和战略委员会等专业委员会参与具体的决策，例如，审计委员会负责公司年度报告的审核；提名委员会负责董事候选人和 CEO 的选聘；薪酬委员会负责董事会和高级管理人员薪酬体系的建立；战略委员会负责公司战略发展规划的制定。这也就意味着专业委员会的多样性势必也会影响企业的决策行为和治理有效性，本书对此未进行详细的探讨，当然，这也是未来可以拓展的研究方向之一。

二　未来展望

第一，在研究对象方面。限于数据的可得性，本书对混合所有制改革背景之下的国有上市公司董事会多样性进行了全面分析，并发现董事会多样性在国有企业中发挥着良好的治理效应。结合本书的研究主题和具体的研究内容，未来研究可以从以下两个方面进行拓展。①目前，依然有大量的国有企业并未上市，但依旧按照各级政府的引导在不断地推进混合所有制改革，对于未上市的国有企业，董事会多样性是否能够发挥有效的治理效应，是一个值得探究的问题。②我国的基本经济制度包括公有制为主体，多种所有制共同发展，这就决定了非国有企业在我国经济发展体系中也扮演着重要的角色。因此，延续本书的研究逻辑，未来可将研究对象拓展至民营企业，探究董事会多样性对民营企业经济绩效和 ESG 发展的影响。

第二，在影响机制方面。为了全面认识混合所有制改革背景之下，董事会多样性如何在国有企业中发挥治理效应，本书进行了中介效应检验和调节效应检验，其中，中介变量包括企业创新、内部控制、代理成本、非效率投资等，调节变量包括咨询需求、监督需求、异地独立董事、高铁开通和经济政策不确定性。从中介变量来看，内部控制会对企业创新产生影响，这也就意味着董事会多样性可能会通过影响国有企业的内部控制传导至企业创新，进而影响国有企业的资产保值增值。从中介变量和调节变量来看，企业所在地开通高铁会有效提升区域内企业的创新水平，这一观点已形成共识。结合本书研究结论，可以推断董事会多样性通过提高企业创新水平进而促进国有企业高质量发展，而董事会的履职有效性和企业创新均会受到高铁开通的影响，也就是说高铁开通会调节企业创新在董事会多样性与国有企业高质量发展之间的中介效应。基于此，在未来的研究中，可以通过引入链式中介、有调节的中介等模型检验董事会多样性治理效应的渠道和边界，以加深对混合所有制改革背景下国有企业董事会多样性治理效应的认识。

第三，在研究方法方面。如何突破原有的混合所有制改革格局，尝试推进中国特色国企现代企业制度建设，需要对更多的混合所有制改革实践进行总结和凝练。推进混合所有制改革，为研究人员探究国有企业的公司治理提供了大量的案例研究材料和经验证据，未来可以进一步通过案例分析关注混合所有制国有企业董事会的治理模式以及改革的经济后果。采用结构化深度访谈、现场直接观察和文件调阅等质性研究方法进行多案例的比较研究，并综合运用探索性、描述性和因果性的案例研究方法。通过描述性案例研究对案例进行更为仔细的描述和说明，以提升对研究问题的了解程度，借助独特、补充或批判性的案例研究，加深对混合所有制改革背景之下国有企业董事会多样性的认识。

参考文献

蔡贵龙，柳建华，马新啸.2018a. 非国有股东治理与国企高管薪酬激励 [J].管理世界，34（5）：137－149.

蔡贵龙，郑国坚，马新啸，卢锐.2018b. 国有企业的政府放权意愿与混合所有制改革 [J].经济研究，53（9）：99－115.

曹春方，林雁.2017.异地独董、履职职能与公司过度投资 [J].南开管理评论，20（1）：16－29＋131.

曹丰，谷孝颖.2021.非国有股东治理能够抑制国有企业金融化吗？ [J].经济管理，43（1）：54－71.

陈林.2018.自然垄断与混合所有制改革——基于自然实验与成本函数的分析 [J].经济研究，53（1）：81－96.

陈仕华，卢昌崇.2017.国有企业高管跨体制联结与混合所有制改革——基于"国有企业向私营企业转让股权"的经验证据 [J].管理世界，（5）：107－118＋169＋188.

程承坪，陈志.2021.非国有资本能否促进国有企业技术创新研究 [J].中国软科学，（2）：125－132.

杜兴强，彭妙薇.2017.高铁开通会促进企业高级人才的流动吗？ [J].经济管理，39（12）：89－107.

方明月，孙鲲鹏.2019.国企混合所有制能治疗僵尸企业吗？——一个混合所有制类啄序逻辑 [J].金融研究，（1）：91－110.

冯璐，张泠然，段志明.2021.混合所有制改革下的非国有股东治理与国企创新 [J].中国软科学，（3）：124－140.

郝云宏，汪茜.2015.混合所有制企业股权制衡机制研究——基于"鄂武商控制权之争"的案例解析 [J].中国工业经济,(3):148-160.

何勤英,于文超,秦晓丽.2017.金字塔层级、政府放权与国有企业代理成本 [J].当代财经,(8):69-78.

何威风,刘巍.2017.公司为什么选择法律背景的独立董事? [J].会计研究,(4):45-51+95.

黄速建,任梦,张启望.2021.竞争性行业混改中国有资本控制人持股比例与企业绩效 [J].经济管理,43(3):62-79.

江轩宇,许年行.2015.企业过度投资与股价崩盘风险 [J].金融研究,(8):141-158.

姜付秀,蔡欣妮,朱冰.2018.多个大股东与股价崩盘风险 [J].会计研究,(1):68-74.

解维敏.2019.混合所有制与国有企业研发投入研究 [J].系统工程理论与实践,39(4):1067-1078.

黎文靖,池勤伟.2015.高管职务消费对企业业绩影响机理研究——基于产权性质的视角 [J].中国工业经济,(4):122-134.

李春玲,袁润森,孙熠.2021.非国有股东治理与国企创新投入 [J].预测,40(1):38-44.

李井林.2021.混合所有制改革有助于提升国有企业投资效率吗? [J].经济管理,43(2):56-70.

李双燕,苗进.2020.差异化股权制衡度、行业异质性与全要素生产率——基于混合所有制企业的证据 [J].经济管理,42(1):5-24.

李燕,原东良,周建.2021.区域社会资本与上市公司治理有效性 [J].广东社会科学,(6):32-40.

李增福,黄家惠,连玉君.2021.非国有资本参股与国企技术创新 [J].统计研究,38(1):119-131.

李增泉,孙铮,王志伟.2004."掏空"与所有权安排——来自我国上市公司大股东资金占用的经验证据 [J].会计研究,(12):3-13+97.

梁上坤,徐灿宇,司映雪.2020a.混合所有制程度与公司违规行为 [J].经济管理,42(8):138-154.

梁上坤,徐灿宇,王瑞华.2020b.董事会断裂带与公司股价崩盘风险[J].

中国工业经济，（3）：155 – 173.

梁上坤，徐灿宇.2021.混合所有制程度和国有企业金融资产配置 ［J］.经济管理，43（7）：75 – 92.

林雁，曹春方.2019.两权分离下的异地独立董事聘任 ［J］.管理评论，31（3）：211 – 226.

林雁，谢抒桑，刘宝华.2019.异地独董与公司创新投入——基于董事会文化多样性视角的考察 ［J］.管理科学，32（4）：76 – 89.

刘春，李善民，孙亮.2015.独立董事具有咨询功能吗？——异地独董在异地并购中功能的经验研究 ［J］.管理世界，（3）：124 – 136 + 188.

刘汉民，齐宇，解晓晴.2018.股权和控制权配置：从对等到非对等的逻辑——基于央属混合所有制上市公司的实证研究 ［J］.经济研究，53（5）：175 – 189.

刘星，刘伟.2007.监督，抑或共谋？——我国上市公司股权结构与公司价值的关系研究 ［J］.会计研究，（6）：68 – 75 + 96.

刘行，叶康涛.2013.企业的避税活动会影响投资效率吗？［J］.会计研究，（6）：47 – 53 + 96.

刘运国，郑巧，蔡贵龙.2016.非国有股东提高了国有企业的内部控制质量吗？——来自国有上市公司的经验证据 ［J］.会计研究，（11）：61 – 68 + 96.

罗福凯，庞廷云，王京.2019.混合所有制改革影响企业研发投资吗？——基于我国 A 股上市企业的经验证据 ［J］.研究与发展管理，31（2）：56 – 66.

罗进辉，黄泽悦，朱军.2017.独立董事地理距离对公司代理成本的影响 ［J］.中国工业经济，（8）：100 – 119.

马连福，王丽丽，张琦.2015.混合所有制的优序选择：市场的逻辑 ［J］.中国工业经济，（7）：5 – 20.

马新啸，汤泰劼，蔡贵龙.2021a.非国有股东治理与国有企业去僵尸化——来自国有上市公司董事会"混合"的经验证据 ［J］.金融研究，（3）：95 – 113.

马新啸，汤泰劼，郑国坚.2020.国有企业混合所有制改革与人力资本结构

调整——基于高层次人才配置的视角 [J].财贸经济,41 (12):101-
116.

马新啸,汤泰劼,郑国坚.2021b.非国有股东治理与国有企业的税收规避
和纳税贡献——基于混合所有制改革的视角 [J].管理世界,37 (6):
128-141+8.

马新啸,汤泰劼,郑国坚.2021c.非国有股东治理与国有资本金融稳定——
基于股价崩盘风险的视角 [J].财经研究,47 (3):35-49.

马新啸,汤泰劼,郑国坚.2021d.混合所有制改革能化解国有企业产能过
剩吗? [J].经济管理,43 (2):38-55.

潘越,戴亦一,林超群.2011.信息不透明、分析师关注与个股暴跌风险
[J].金融研究,(9):138-151.

祁怀锦,于瑶,刘艳霞.2021.混改股权制衡与"脱实向虚":抑制还是促
进 [J].经济理论与经济管理,41 (2):13-27.

权小锋,肖斌卿,吴世农.2016.投资者关系管理能够稳定市场吗? ——基
于A股上市公司投资者关系管理的综合调查 [J].管理世界,(1):
139-152+188.

全怡,李四海,梁上坤.2017.异地上市公司的政治资源获取:基于聘请北
京独立董事的考察 [J].会计研究,(11):58-64+97.

任广乾,冯瑞瑞,田野.2020.混合所有制、非效率投资抑制与国有企业价
值 [J].中国软科学,(4):174-183.

任曙明,李馨漪,王艳玲,韩月琪.2019.民营参股、制度环境与企业创新
[J].研究与发展管理,31 (3):59-71.

宋献中,胡珺,李四海.2017.社会责任信息披露与股价崩盘风险——基于信
息效应与声誉保险效应的路径分析 [J].金融研究,(4):161-175.

孙鲲鹏,方明月,包家昊.2021.如何"混改"更好——国企混合所有制
股权组合模式对企业绩效的影响 [J].财贸经济,42 (6):87-103.

孙亮,刘春.2014.公司为什么聘请异地独立董事? [J].管理世界,(9):
131-142+188.

汤泰劼,吴金妍,马新啸,宋献中.2020.非国有股东治理与审计收费——基
于国有企业混合所有制改革的经验证据 [J].审计研究,(1):68-77.

王婧，蓝梦．2019．混合所有制改革与国企创新效率——基于 SNA 视角的分析［J］．统计研究，36（11）：90 – 103．

王中超，周绍妮，王言．2020．产业政策会影响国有企业混合所有制改革吗？［J］．财经研究，46（6）：110 – 124．

魏立佳，张彤彤．2018．铁路经济学研究的新进展［J］．经济评论，（6）：154 – 166．

吴秋生，独正元．2019．混合所有制改革程度、政府隐性担保与国企过度负债［J］．经济管理，41（8）：162 – 177．

吴秋生，独正元．2022．非国有董事治理积极性与国企资产保值增值——来自董事会投票的经验证据［J］．南开管理评论，25（3）：129 – 138 + 181 + 139 – 140．

武月，崔勋．2019．董事会职业背景对企业高层管理团队多样性的影响研究［J］．管理学报，16（1）：35 – 44．

向东，余玉苗．2020a．国有企业引入非国有资本对创新绩效的影响——基于制造业国有上市公司的经验证据［J］．研究与发展管理，32（5）：152 – 165．

向东，余玉苗．2020b．国有企业引入非国有资本对投资效率的影响［J］．经济管理，42（1）：25 – 41．

熊爱华，张质彬，张涵．2021．国有企业混合所有制改革对创新绩效影响研究［J］．科研管理，42（6）：73 – 83．

薛有志，彭华伟，李国栋．2010．董事会会议的监督效应及其影响因素研究［J］．财经问题研究，（1）：99 – 105．

杨青，吉赟，王亚男．2019．高铁能提升分析师盈余预测的准确度吗？——来自上市公司的证据［J］．金融研究（3）：168 – 188．

杨兴全，任小毅，杨征．2020．国企混改优化了多元化经营行为吗？［J］．会计研究，（4）：58 – 75．

杨兴全，尹兴强．2018．国企混改如何影响公司现金持有？［J］．管理世界，34（11）：93 – 107．

叶松勤，凌方，廖飞梅．2020．混合所有制、政府控制层级与企业费用粘性［J］．科研管理，41（1）：202 – 210．

叶永卫，李增福 . 2021. 国企"混改"与企业金融资产配置 ［J］. 金融研究，（3）：114 - 131.

易阳，蒋绌，刘庄，辛清泉 . 2021. 政府放权意愿、混合所有制改革与企业雇员效率 ［J］. 世界经济，44（5）：130 - 153.

原东良，周建 . 2021. 地理距离对独立董事履职有效性的影响——基于监督和咨询职能的双重视角 ［J］. 经济与管理研究，42（2）：122 - 144.

张洪辉，平帆，章琳一 . 2019. 独立董事地理距离与财务报告质量——来自上市公司的经验证据 ［J］. 审计研究，（1）：81 - 90.

张辉，黄昊，闫强明 . 2016. 混合所有制改革、政策性负担与国有企业绩效——基于 1999—2007 年工业企业数据库的实证研究 ［J］. 经济学家，（9）：32 - 41.

张双鹏，周建，周飞谷 . 2019. 混合所有制改革对企业战略变革的影响研究——基于结构性权力的视角 ［J］. 管理评论，31（1）：183 - 196.

张伟华，高冰莹，刘金钊 . 2021. 混合所有制改革对国有企业冗余雇员的影响 ［J］. 中国软科学，（2）：98 - 110.

张祥建，郭丽虹，徐龙炳 . 2015. 中国国有企业混合所有制改革与企业投资效率——基于留存国有股控制和高管政治关联的分析 ［J］. 经济管理，37（9）：132 - 145.

周观平，周皓，王浩 . 2021. 混合所有制改革与国有企业绩效提升——基于定义矫正和 PSM、DID、IV 法的再透视 ［J］. 经济学家，（4）：80 - 90.

周建，李燕，原东良 . 2020. 独立董事地理距离与年报风险信息披露 ［J］. 山东社会科学，（12）：120 - 126.

周建，吕星赢，杜蕊，张双鹏 . 2017. 企业生命周期、女性董事人力资本与公司绩效 ［J］. 预测，36（4）：1 - 8.

周建，许为宾，余耀东 . 2015. 制度环境、CEO 权力与企业战略风格 ［J］. 管理学报，12（6）：807 - 813.

周绍妮，王中超，操群 . 2020. 控制链长度与国企混合所有制 ［J］. 会计研究，（5）：80 - 90.

朱磊，陈曦，王春燕 . 2019. 国有企业混合所有制改革对企业创新的影响 ［J］. 经济管理，41（11）：72 - 91.

Abad, D., Lucas-Pérez, M. E., Minguez-Vera, A., et al. 2017. Does gender diversity on corporate boards reduce information asymmetry in equity markets? [J]. BRQ Business Research Quarterly, 20 (3): 192 – 205.

Adams, R. B., De Haan, J., Terjesen, S., et al. 2015. Board diversity: Moving the field forward [J]. Corporate Governance: An International Review, 23 (2): 77 – 82.

Adams, R. B., Ferreira, D. 2009. Women in the boardroom and their impact on governance and performance [J]. Journal of Financial Economics, 94 (2): 291 – 309.

Afzali, M., Silvola, H., Terjesen, S. 2022. Social capital and board gender diversity [J]. Corporate Governance: An International Review, 30 (4): 461 – 481.

Aggarwal, R., Jindal, V., Seth, R. 2019. Board diversity and firm performance: The role of business group affiliation [J]. International Business Review, 28 (6): 101600.

Agrawal, A., Knoeber, C. R. 2001. Do some outside directors play a political role? [J]. The Journal of Law and Economics, 44 (1): 179 – 198.

Aguilera, R. V., Aragón-Correa, J. A., Marano, V., et al. 2021. The corporate governance of environmental sustainability: A review and proposal for more integrated research [J]. Journal of Management, 47 (6): 1468 – 1497.

Aguilera, R. V., Filatotchev, I., Gospel, H., et al. 2008. An organizational approach to comparative corporate governance: Costs, contingencies, and complementarities [J]. Organization Science, 19 (3): 475 – 492.

Ain, Q. U., Yuan, X., Javaid, H. M., et al. 2020. Female directors and agency costs: Evidence from Chinese listed firms [J]. International Journal of Emerging Markets, 16 (8): 1604 – 1633.

Akhtar, T., Tareq, M. A., Rashid, K. 2021. Chief Executive Officers' monitoring, board effectiveness, managerial ownership, and cash holdings: Evidence from ASEAN [J]. Review of Managerial Science, 15 (8): 2193 – 2238.

Ali, F. , Wang, M. , Jebran, K. , et al. 2021. Board diversity and firm efficiency: Evidence from China [J]. Corporate Governance: The International Journal of Business in Society, 21 (4): 584 – 607.

Ali, M. , Ng, Y. L. , Kulik, C. T. 2014. Board age and gender diversity: A test of competing linear and curvilinear predictions [J]. Journal of Business Ethics, 125 (3): 497 – 512.

Al-Musali, M. A. K. M. , Ismail, K. N. I. K. 2015. Board diversity and intellectual capital performance: The moderating role of the effectiveness of board meetings [J]. Accounting Research Journal, 28 (3): 268 – 283.

Al Ramiah, A. , Hewstone, M. , Schmid, K. 2011. Social identity and intergroup conflict [J]. Psychological Studies, 56 (1): 44 – 52.

Alshabibi, B. 2022. Improving board diversity around the world: The role of institutional investors [J]. Journal of Financial Reporting and Accounting, 20 (2): 297 – 333.

Al-Sharif, B. M. M. , Al-Slehat, Z. A. F. 2021. The effect of internal control on the competitive advantage of the bank [J]. International Journal of Business and Management, 14 (9): 1 – 91.

Al-Thaqeb, S. A. , Algharabali, B. G. 2019. Economic policy uncertainty: A literature review [J]. The Journal of Economic Asymmetries, 20: e00133.

Amin, A. , Rehman, R. U. , Ali, R. , et al. 2021. Does gender diversity on the board reduce agency cost? Evidence from Pakistan [J]. Gender in Management, 37 (2): 164 – 181.

Amorelli, M. F. , García-Sánchez, I. M. 2021. Trends in the dynamic evolution of board gender diversity and corporate social responsibility [J]. Corporate Social Responsibility and Environmental Management, 28 (2): 537 – 554.

An, H. , Chen, C. R. , Wu, Q. , et al. 2021. Corporate innovation: Do diverse boards help? [J]. Journal of Financial and Quantitative Analysis, 56 (1): 155 – 182.

An, S. 2022. Board diversity and monitoring: An investigation of gender and task-related diversity [J]. Public Performance & Management Review, 45 (1):

54 – 79.

Anderson, R. C., Mansi, S. A., Reeb, D. M. 2004. Board characteristics, accounting report integrity, and the cost of debt [J]. Journal of Accounting and Economics, 37 (3): 315 – 342.

Anderson, R. C., Reeb, D. M., Upadhyay, A., et al. 2011. The economics of director heterogeneity [J]. Financial Management, 40 (1): 5 – 38.

Anderson, R. C., Reeb, D. M. 2004. Board composition: Balancing family influence in S&P 500 firms [J]. Administrative Science Quarterly, 49 (2): 209 – 237.

Andreou, P. C., Antoniou, C., Horton, J., et al. 2016. Corporate governance and firm-specific stock price crashes [J]. European Financial Management, 22 (5): 916 – 956.

Ararat, M., Aksu, M., Cetin, A. T. 2015. How board diversity affects firm performance in emerging markets: Evidence on channels in controlled firms [J]. Corporate Governance: An International Review, 23 (2): 83 – 103.

Ardito, L., Dangelico, R. M., Petruzzelli, A. M. 2021. The link between female representation in the boards of directors and corporate social responsibility: Evidence from B corps [J]. Corporate Social Responsibility and Environmental Management, 28 (2): 704 – 720.

Arena, C., Cirillo, A., Mussolino, D., et al. 2015. Women on board: Evidence from a masculine industry [J]. Corporate Governance: International Journal of Business in Society, 15 (3): 339 – 356.

Arfken, D. E., Bellar, S. L., Helms, M. M. 2004. The ultimate glass ceiling revisited: The presence of women on corporate boards [J]. Journal of Business Ethics, 50 (2): 177 – 186.

Arnegger, M., Hofmann, C., Pull, K., et al. 2014. Firm size and board diversity [J]. Journal of Management & Governance, 18 (4): 1109 – 1135.

Asija, A., Ringov, D. 2021. Dynamic capabilities: The role of board monitoring and managerial incentives [J]. BRQ Business Research Quarterly, 24 (4): 268 – 280.

Atallah, G. , De Fuentes, C. , Panasian, C. A. 2021. Ownership, compensation and board diversity as innovation drivers: A comparison of US and Canadian firms [J]. International Journal of Innovation Management, 25 (3): 2150025.

Atif, M. , Hossain, M. , Alam, M. S. , et al. 2021. Does board gender diversity affect renewable energy consumption? [J]. Journal of Corporate Finance, 66: 101665.

Baccouche, S. , Hadriche, M. , Omri, A. 2014. Multiple directorships and board meeting frequency: Evidence from France [J]. Applied Financial Economics, 24 (14): 983 – 992.

Bae, K. H. , Gong, Z. , Tong, W. 2020. Restricting CEO pay backfires: Evidence from China [J]. Available at SSRN. https: //ssrn. com/abstract = 3081822.

Baik, B. , Choi, S. , Farber, D. B. 2020. Managerial ability and income smoothing [J]. The Accounting Review, 95 (4): 1 – 22.

Baker, H. K. , Pandey, N. , Kumar, S. , et al. 2020. A bibliometric analysis of board diversity: Current status, development, and future research directions [J]. Journal of Business Research, 108: 232 – 246.

Baker, S. R. , Bloom, N. , Davis, S. J. 2016. Measuring economic policy uncertainty [J]. The Quarterly Journal of Economics, 131 (4): 1593 – 1636.

Balachandran, C. , Wennberg, K. , Uman, T. 2019. National culture diversity in new venture boards: The role of founders' relational demography [J]. Strategic Entrepreneurship Journal, 13 (3): 410 – 434.

Baldenius, T. , Melumad, N. , Meng, X. 2014. Board composition and CEO power [J]. Journal of Financial Economics, 112 (1): 53 – 68.

Banerjee, S. , Homroy, S. 2018. Managerial incentives and strategic choices of firms with different ownership structures [J]. Journal of Corporate Finance, 48: 314 – 330.

Baranchuk, N. , Dybvig, P. H. 2009. Consensus in diverse corporate boards [J]. Review of Financial Studies, 22 (2): 715 – 747.

Barros, V. , Sarmento, J. M. 2020. Board meeting attendance and corporate tax avoidance: Evidence from the UK [J]. Business Perspectives and Research, 8 (1): 51 – 66.

Bear, S., Rahman, N., Post, C. 2010. The impact of board diversity and gender composition on corporate social responsibility and firm reputation [J]. Journal of Business Ethics, 97 (2): 207 – 221.

Beasley, M. S. 1996. An empirical analysis of the relation between the board of director composition and financial statement fraud [J]. Accounting Review, 71 (4): 443 – 465.

Beji, R., Yousfi, O., Loukil, N., et al. 2021. Board diversity and corporate social responsibility: Empirical evidence from France [J]. Journal of Business Ethics, 173 (1): 133 – 155.

Bekiris, F. V. 2013. Ownership structure and board structure: Are corporate governance mechanisms interrelated? [J]. Corporate Governance: The International Journal of Business in Society, 13 (4): 352 – 364.

Ben-Amar, W., Francoeur, C., Hafsi, T., et al. 2013. What makes better boards? A closer look at diversity and ownership [J]. British Journal of Management, 24 (1): 85 – 101.

Bennedsen, M., Wolfenzon, D. 2000. The balance of power in closely held corporations [J]. Journal of Financial Economics, 58 (1 – 2): 113 – 139.

Bennouri, M., Chtioui, T., Nagati, H., et al. 2018. Female board directorship and firm performance: What really matters? [J]. Journal of Banking & Finance, 88: 267 – 291.

Benton, R. A. 2017. The decline of social entrenchment: Social network cohesion and board responsiveness to shareholder activism [J]. Organization Science, 28 (2): 262 – 282.

Bernile, G., Bhagwat, V., Yonker, S. E., et al. 2018. Board diversity, firm risk, and corporate policies [J]. Journal of Financial Economics, 127 (3): 588 – 612.

Bhat, K. U., Chen, Y., Jebran, K., et al. 2019. Board diversity and corporate risk: Evidence from China [J]. Corporate Governance: The International

Journal of Business in Society, 20 (2): 280 - 293.

Biddle, G. C. , Hilary, G. , Verdi, R. S. 2009. How does financial reporting quality relate to investment efficiency? [J]. Journal of Accounting and Economics, 48 (2 - 3): 112 - 131.

Bing, N. S. , Amran, A. 2017. The role of board diversity on materiality disclosure in sustainability reporting [J]. Global Business and Management Research, 9 (4): 96 - 109.

Birindelli, G. , Iannuzzi, A. P. , Savioli, M. 2019. The impact of women leaders on environmental performance: Evidence on gender diversity in banks [J]. Corporate Social Responsibility and Environmental Management, 26 (6): 1485 - 1499.

Biswas, P. K. , Mansi, M. , Pandey, R. 2018. Board composition, sustainability committee and corporate social and environmental performance in Australia [J]. Pacific Accounting Review, 30 (4): 517 - 540.

Blau, P. M. 1970. A formal theory of differentiation in organizations [J]. American Sociological Review, 35 (2): 201.

Boone, A. L. , Field, L. C. , Karpoff, J. M. , et al. 2007. The determinants of corporate board size and composition: An empirical analysis [J]. Journal of Financial Economics, 85 (1): 66 - 101.

Booth-Bell, D. 2018. Social capital as a new board diversity rationale for enhanced corporate governance [J]. Corporate Governance: The International Journal of Business in Society, 18 (3): 425 - 439.

Boulouta, I. 2013. Hidden connections: The link between board gender diversity and corporate social performance [J]. Journal of Business Ethics, 113 (2): 185 - 197.

Boyd, B. 1990. Corporate linkages and organizational environment: A test of the resource dependence model [J]. Strategic Management Journal, 11 (6): 419 - 430.

Bozzolan, S. , Beretta, S. 2015. Board monitoring and internal control system disclosure in different regulatory environments [J]. Journal of Applied Accounting Research, 16 (1): 138 – 164.

Brammer, S., Millington, A., Pavelin, S. 2007. Gender and ethnic diversity among UK corporate boards [J]. Corporate Governance: An International Review, 15 (2): 393 – 403.

Brav, A., Cain, M., Zytnick, J. 2022. Retail shareholder participation in the proxy process: Monitoring, engagement, and voting [J]. Journal of Financial Economics, 144 (2): 492 – 522.

Bravo, F. 2018. Does board diversity matter in the disclosure process? An analysis of the association between diversity and the disclosure of information on risks [J]. International Journal of Disclosure and Governance, 15 (2): 104 – 114.

Bryne, D., Clore, G. L., Worchel, P. 1966. The effect of economic similarity-dissimilarity as determinants of attraction [J]. Journal of Personality and Social Psychology, 4: 220 – 224.

Butler, S. R. 2012. All on board: Strategies for constructing diverse boards of directors [J]. Virginia Law & Business Review, 7 (1): 61 – 96.

Byoun, S., Chang, K., Kim, Y. S. D. 2016. Does corporate board diversity affect corporate payout policy? [J]. Asia-Pacific Journal of Financial Studies, 45 (1): 48 – 101.

Cabeza-García, L., Del Brio, E. B., Rueda, C. 2019. Legal and cultural factors as catalysts for promoting women in the boardroom [J]. BRQ Business Research Quarterly, 22 (1): 56 – 67.

Calabrese, G. G., Manello, A. 2021. Board diversity and performance in a masculine, aged and glocal supply chain: New empirical evidence [J]. Corporate Governance: The International Journal of Business in Society, 21 (7): 1440 – 1459.

Campbell, K., Mínguez-Vera, A. 2008. Gender diversity in the boardroom and firm financial performance [J]. Journal of Business Ethics, 83 (3): 435 – 451.

Cannella, A. A., Park, J. H., Lee, H. U. 2008. Top management team functional background diversity and firm performance: Examining the roles of team member colocation and environmental uncertainty [J]. Academy of Management Journal, 51 (4): 768 – 784.

Cao, S. , Fang, Z. , Pu, W. , et al. 2022. Vertical interlock and firm value: The role of corporate innovation [J]. Emerging Markets Finance and Trade, 58 (4): 1061 – 1077.

Carpenter, M. A. , Geletkanycz, M. A. , Sanders, W. G. 2004. Upper echelons research revisited: Antecedents, elements, and consequences of top management team composition [J]. Journal of Management, 30 (6): 749 – 778.

Carrasco, A. , Francoeur, C. , Labelle, R. , et al. 2015. Appointing women to boards: Is there a cultural bias? [J] . Journal of Business Ethics, 129 (2): 429 – 444.

Carter, D. A. , Simkins, B. J. , Simpson, W. G. , et al. 2003. Corporate governance, board diversity, and firm value [J]. The Financial Review, 38 (1): 33 – 53.

Cashman, G. D. , Gillan, S. L. , Jun, C. 2012. Going overboard? On busy directors and firm value [J]. Journal of Banking & Finance, 36 (12): 3248 – 3259.

Chalmers, K. , Hay, D. , Khlif, H. 2019. Internal control in accounting research: A review [J]. Journal of Accounting Literature, 42: 80 – 103.

Chang, C. H. , Wu, Q. 2021. Board networks and corporate innovation [J]. Management Science, 67 (6): 3618 – 3654.

Chang, C. H. 2011. The influence of corporate environmental ethics on competitive advantage: The mediation role of green innovation [J]. Journal of Business Ethics, 104 (3): 361 – 370.

Chang, Y. K. , Oh, W. Y. , Park, J. H. , et al. 2017. Exploring the relationship between board characteristics and CSR: Empirical evidence from Korea [J]. Journal of Business Ethics, 140 (2): 225 – 242.

Chee, K. L. D. , Tham, Y. H. 2021. The role of directors with multiple board seats and earnings quality: A Singapore context [J]. Journal of Corporate Accounting & Finance, 32 (1): 31 – 47.

Chen, C. , Jiang, D. , Li, W. , et al. 2022. Does analyst coverage curb executives' excess perks? Evidence from Chinese listed firms [J]. Asia-Pacific Journal of Accounting & Economics, 29 (2): 329 – 343.

Chen, G. , Firth, M. , Gao, D. N. , et al. 2006. Ownership structure, corporate governance, and fraud: Evidence from China [J]. Journal of Corporate Finance, 12 (3): 424 – 448.

Chen, G. , Hambrick, D. C. , Pollock, T. G. 2008. Puttin'on the Ritz: Pre-IPO enlistment of prestigious affiliates as deadline-induced remediation [J]. Academy of Management Journal, 51 (5): 954 – 975.

Chen, H. L. 2013. CEO tenure and R&D investment: The moderating effect of board capital [J]. The Journal of Applied Behavioral Science, 49 (4): 437 – 459.

Chen, J. , Chan, K. C. , Dong, W. , et al. 2017a. Internal control and stock price crash risk: Evidence from China [J]. European Accounting Review, 26 (1): 125 – 152.

Chen, J. , Leung, W. S. , Evans, K. P. 2018. Female board representation, corporate innovation and firm performance [J]. Journal of Empirical Finance, 48: 236 – 254.

Chen, J. , Leung, W. S. , Goergen, M. 2017b. The impact of board gender composition on dividend payouts [J]. Journal of Corporate Finance, 43: 86 – 105.

Chen, K. D. , Guay, W. R. 2020. Busy directors and shareholder satisfaction [J]. Journal of Financial and Quantitative Analysis, 55 (7): 2181 – 2210.

Chen, L. , Han, M. , Li, Y. , et al. 2021. Foreign ownership and corporate excess perks [J]. Journal of International Business Studies, 53: 72 – 93.

Chen, L. , Huang, J. , Chen, X. 2020. Mixed-ownership reform and auditor choice: Evidence from listed state-owned enterprises [J]. China Journal of Accounting Studies, 8 (3): 435 – 469.

Chen, T. 2015. Institutions, board structure, and corporate performance: Evidence from Chinese firms [J]. Journal of Corporate Finance, 32: 217 – 237.

Chen, Y. , Eshleman, J. D. , Soileau, J. S. , et al. 2016. Board gender diversity and internal control weaknesses [J]. Advances in Accounting, 33: 11 – 19.

Chen, Y. , Feng, J. 2019. Do corporate green investments improve environmental performance? Evidence from the perspective of efficiency [J]. China Journal of Accounting Studies, 7 (1): 62 – 92.

Cheng, Q. , Goh, B. W. , Kim, J. B. 2018. Internal control and operational efficiency [J]. Contemporary Accounting Research, 35 (2): 1102 – 1139.

Choi, S. B. , Lee, S. H. , Williams, C. 2011. Ownership and firm innovation in a transition economy: Evidence from China [J]. Research Policy, 40 (3): 441 – 452.

Coffey, B. S. , Wang, J. 1998. Board diversity and managerial control as predictors of corporate social performance [J]. Journal of Business Ethics, 17 (14): 1595 – 1603.

Coles, J. L. , Daniel, N. D. , Naveen, L. 2008. Boards: Does one size fit all? [J]. Journal of Financial Economics, 87 (2): 329 – 356.

Cong, Y. , Freedman, M. , Park, J. D. 2014. Tone at the top: CEO environmental rhetoric and environmental performance [J]. Advances in Accounting, 30 (2): 322 – 327.

Cui, H. , Chen, C. , Zhang, Y. , et al. 2019. Managerial ability and stock price crash risk [J]. Asia-Pacific Journal of Accounting & Economics, 26 (5): 532 – 554.

Cumming, D. , Leung, T. Y. 2021. Board diversity and corporate innovation: Regional demographics and industry context [J]. Corporate Governance: An International Review, 29 (3): 277 – 296.

Cumming, D. J. , Leung, T. Y. , Rui, O. M. , et al. 2015. Gender diversity and securities fraud [J]. Academy of Management Journal, 58 (5): 1572 – 1593.

Díaz-Fernández, M. C. , González-Rodríguez, M. R. , Simonetti, B. 2020. Top management team diversity and high performance: An integrative approach based on upper echelons and complexity theory [J]. European Management Journal, 38 (1): 157 – 168.

Delis, M. D. , Gaganis, C. , Hasan, I. , et al. 2017. The effect of board directors from countries with different genetic diversity levels on corporate perform-ance〔J〕. Management Science, 63（1）: 231 – 249.

Demerjian, P., Lev, B., McVay, S. 2012. Quantifying managerial ability: A new measure and validity tests〔J〕. Management Science, 58（7）: 1229 – 1248.

Denes, M. R., Karpoff, J. M., McWilliams, V. B. 2017. Thirty years of share-holder activism: A survey of empirical research〔J〕. Journal of Corporate Finance, 44: 405 – 424.

Deng, T., Wang, D., Yang, Y., et al. 2019. Shrinking cities in growing Chi-na: Did high speed rail further aggravate urban shrinkage?〔J〕. Cities, 86: 210 – 219.

De Wit, F. R. C., Greer, L. L., Jehn, K. A. 2012. The paradox of intragroup conflict: A meta-analysis〔J〕. Journal of Applied Psychology, 97（2）: 360 – 390.

Dezso, C. L., Ross, D. G. 2012. Does female representation in top management improve firm performance? A panel data investigation〔J〕. Strategic Man-agement Journal, 33（9）: 1072 – 1089.

Ding, H., Hu, Y., Yang, X., et al. 2021. Board interlock and the diffusion of corporate social responsibility among Chinese listed firms〔J〕. Asia Pacific Journal of Management, 39（4）: 1287 – 1320.

Dong, W., Ke, Y., Li, S., et al. 2021. Does social trust restrain excess perk consumption? Evidence from China〔J〕. International Review of Economics & Finance, 76: 1078 – 1092.

Dong, X., Zheng, S., Kahn, M. E. 2020. The role of transportation speed in fa-cilitating high skilled teamwork across cities〔J〕. Journal of Urban Econom-ics, 115: 103212.

Doukas, J. A., Zhang, R. 2021. Managerial ability, corporate social culture, and M&As〔J〕. Journal of Corporate Finance, 68: 101942.

Drees, J. M., Heugens, P. P. 2013. Synthesizing and extending resource de-pendence theory: A meta-analysis〔J〕. Journal of Management, 39（6）:

1666 – 1698.

Du Plessis, J. J., Saenger, I., Foster, R. 2012. Board diversity or gender diversity?: Perspectives from Europe, Australia and South Africa [J]. Deakin Law Review, 17 (2): 207 – 249.

Elmagrhi, M. H., Ntim, C. G., Elamer, A. A., et al. 2019. A study of environmental policies and regulations, governance structures, and environmental performance: The role of female directors [J]. Business Strategy and the Environment, 28 (1): 206 – 220.

Estélyi, K. S., Nisar, T. M. 2016. Diverse boards: Why do firms get foreign nationals on their boards? [J]. Journal of Corporate Finance, 39: 174 – 192.

Fama, E. F., Jensen, M. C. 1983. Separation of ownership and control [J]. The Journal of Law and Economics, 26 (2): 301 – 325.

Fan, J. P. H., Wong, T. J., Zhang, T. 2013. Institutions and organizational structure: The case of state-owned corporate pyramids [J]. The Journal of Law, Economics, and Organization, 29 (6): 1217 – 1252.

Fang, Z., Kong, X., Sensoy, A., et al. 2021. Government's awareness of environmental protection and corporate green innovation: A natural experiment from the new environmental protection law in China [J]. Economic Analysis and Policy, 70: 294 – 312.

Farag, H., Mallin, C. 2016. The impact of the dual board structure and board diversity: Evidence from Chinese initial public offerings (IPOs) [J]. Journal of Business Ethics, 139 (2): 333 – 349.

Farrell, K. A., Hersch, P. L. 2005. Additions to corporate boards: The effect of gender [J]. Journal of Corporate Finance, 11 (1 – 2): 85 – 106.

Fernández-Temprano, M. A., Tejerina-Gaite, F. 2020. Types of director, board diversity and firm performance [J]. Corporate Governance: The International Journal of Business in Society, 20 (2): 324 – 342.

Ferris, S. P., Jagannathan, M., Pritchard, A. C. 2003. Too busy to mind the business? Monitoring by directors with multiple board appointments [J]. The Journal of Finance, 58 (3): 1087 – 1111.

Ferris, S. P. , Jayaraman, N. , Liao, M. Y. S. 2020. Better directors or distracted directors? An international analysis of busy boards [J]. Global Finance Journal, 44: 100437.

Fich, E. M. , Shivdasani, A. 2006. Are busy boards effective monitors? [J]. Journal of Finance, 61: 689 – 724.

Field, L. , Lowry, M. , Mkrtchyan, A. 2013. Are busy boards detrimental? [J]. Journal of Financial Economics, 109 (1): 63 – 82.

Finkelstein, S. 1992. Power in top management teams: Dimensions, measurement, and validation [J]. Academy of Management Journal, 35 (3): 505 – 538.

Fogel, K. S. , Lee, K. K. , Lee, W. Y. , et al. 2013. Foreign direct investors as change agents: The Swedish firm experience [J]. Corporate Governance: An International Review, 21 (6): 516 – 534.

Foss, N. J. , Klein, P. G. , Lien, L. B. , et al. 2021. Ownership competence [J]. Strategic Management Journal, 42 (2): 302 – 328.

Fransson, N. , Gärling, T. 1999. Environmental concern: Conceptual definitions, measurement methods, and research findings [J]. Journal of Environmental Psychology, 19 (4): 369 – 382.

Frijns, B. , Dodd, O. , Cimerova, H. 2016. The impact of cultural diversity in corporate boards on firm performance [J]. Journal of Corporate Finance, 41: 521 – 541.

Frye, M. B. , Pham, D. T. , Zhang, R. 2022. Board monitoring and advising trade-offs amidst economic policy uncertainty [J]. Financial Review, 57 (1): 5 – 26.

Frye, M. B. , Pham, D. T. 2020. Economic policy uncertainty and board monitoring: Evidence from CEO turnovers [J]. Journal of Financial Research, 43 (3): 675 – 703.

Galletta, S. , Mazzù, S. , Naciti, V. 2021. Banks' business strategy and environmental effectiveness: The monitoring role of the board of directors and the managerial incentives [J]. Business Strategy and the Environment, 30 (5): 2656 – 2670.

Gan, H. , Park, M. S. 2017. CEO managerial ability and the marginal value of cash [J]. Advances in Accounting, 38: 126 – 135.

Gan, H. 2019. Does CEO managerial ability matter? Evidence from corporate investment efficiency [J]. Review of Quantitative Finance and Accounting, 52 (4): 1085 – 1118.

García-Meca, E. , García-Sánchez, I. M. , Martínez-Ferrero, J. 2015. Board diversity and its effects on bank performance: An international analysis [J]. Journal of Banking & Finance, 53: 202 – 214.

García-Sánchez, I. M. , Martínez-Ferrero, J. 2019. Chief Executive Officer ability, corporate social responsibility, and financial performance: The moderating role of the environment [J]. Business Strategy and the Environment, 28 (4): 542 – 555.

Giannetti, M. , Liao, G. , Yu, X. 2015. The brain gain of corporate boards: Evidence from China [J]. The Journal of Finance, 70 (4): 1629 – 1682.

Giannetti, M. , Zhao, M. 2019. Board ancestral diversity and firm-performance volatility [J]. Journal of Financial and Quantitative Analysis, 54 (3): 1117 – 1155.

Giroud, X. 2013. Proximity and investment: Evidence from plant-level data [J]. The Quarterly Journal of Economics, 128 (2): 861 – 915.

Goergen, M. , Limbach, P. , Scholz, M. 2015. Mind the gap: The age dissimilarity between the chair and the CEO [J]. Journal of Corporate Finance, 35: 136 – 158.

Gong, Y. , Yan, C. , Ho, K. C. 2021. The effect of managerial ability on corporate social responsibility and firm value in the energy industry [J]. Corporate Social Responsibility and Environmental Management, 28 (2): 581 – 594.

Goodstein, J. , Gautam, K. , Boeker, W. 1994. The effects of board size and diversity on strategic change [J]. Strategic Management Journal, 15 (3): 241 – 250.

Goranova, M. , Ryan, L. V. 2014. Shareholder activism: A multidisciplinary review [J]. Journal of Management, 40 (5): 1230 – 1268.

Gordon, L. A., Wilford, A. L. 2012. An analysis of multiple consecutive years of material weaknesses in internal control [J]. The Accounting Review, 87 (6): 2027 – 2060.

Gould, J. A., Kulik, C. T., Sardeshmukh, S. R. 2018. Trickle-down effect: The impact of female board members on executive gender diversity [J]. Human Resource Management, 57 (4): 931 – 945.

Gray, S., Nowland, J. 2017. The diversity of expertise on corporate boards in Australia [J]. Accounting & Finance, 57 (2): 429 – 463.

Greene, D., Intintoli, V. J., Kahle, K. M. 2020. Do board gender quotas affect firm value? Evidence from California Senate Bill No. 826 [J]. Journal of Corporate Finance, 60: 101526.

Griffin, D., Li, K., Xu, T. 2021. Board gender diversity and corporate innovation: International evidence [J]. Journal of Financial and Quantitative Analysis, 56 (1): 123 – 154.

Grosvold, J., Brammer, S. 2011. National institutional systems as antecedents of female board representation: An empirical study [J]. Corporate Governance: An International Review, 19 (2): 116 – 135.

Guan, J., Gao, Z., Tan, J., et al. 2021. Does the mixed ownership reform work? Influence of board chair on performance of state-owned enterprises [J]. Journal of Business Research, 122: 51 – 59.

Guest, P. M. 2019. Does board ethnic diversity impact board monitoring outcomes? [J]. British Journal of Management, 30 (1): 53 – 74.

Gul, F. A., Srinidhi, B., Ng, A. C. 2011. Does board gender diversity improve the informativeness of stock prices? [J]. Journal of Accounting and Economics, 51 (3): 314 – 338.

Gupta, A., Raman, K. 2014. Board diversity and CEO selection [J]. Journal of Financial Research, 37 (4): 495 – 518.

Habib, A., Hasan, M. M., Jiang, H. 2018. Stock price crash risk: Review of the empirical literature [J]. Accounting & Finance, 58: 211 – 251.

Habib, A., Hasan, M. M. 2017. Managerial ability, investment efficiency and stock price crash risk [J]. Research in International Business and Finance, 42: 262 – 274.

Hafsi, T., Turgut, G. 2013. Boardroom diversity and its effect on social perform-ance: Conceptualization and empirical evidence [J]. Journal of Business Ethics, 112 (3): 463 – 479.

Hahn, P. D., Lasfer, M. 2016. Impact of foreign directors on board meeting fre-quency [J]. International Review of Financial Analysis, 46: 295 – 308.

Hainmueller, J. 2012. Entropy balancing for causal effects: A multivariate re-weighting method to product balanced samples in observational studies [J]. Political Analysis, 20 (1): 25 – 46.

Hambrick, D. C., Mason, P. A. 1984. Upper echelons: The organization as a re-flection of its top managers [J]. Academy of Management Review, 9 (2): 193 – 206.

Hambrick, D. C., Werder, A., Zajac, E. J. 2008. New directions in corporate governance research [J]. Organization Science, 19 (3): 381 – 385.

Hambrick, D. C. 2007. Upper echelons theory: An update [J]. Academy of Management Review, 32 (2): 334 – 343.

Handajani, L., Subroto, B., Sutrisno, T., et al. 2014. Does board diversity matter on corporate social disclosure? An Indonesian evidence [J]. Journal of Economics and Sustainable Development, 5 (12): 8 – 16.

Harjoto, M. A., Jo, H. 2015. Legal vs. normative CSR: Differential impact on analyst dispersion, stock return volatility, cost of capital, and firm value [J]. Journal of Business Ethics, 128 (1): 1 – 20.

Harjoto, M. A., Laksmana, I., Lee, R. H., et al. 2015. Board diversity and corporate social responsibility [J]. Journal of Business Ethics, 132 (4): 641 – 660.

Harjoto, M. A., Laksmana, I., Yang, Y., et al. 2018. Board diversity and corpo-rate investment oversight [J]. Journal of Business Research, 90: 40 – 47.

Harjoto, M. A., Laksmana, I., Yang, Y. W. 2019. Board nationality and educa-tional background diversity and corporate social performance [J]. Corporate

Governance: The International Journal of Business in Society, 19 (2): 217 – 239.

Harjoto, M. A. , Rossi, F. 2019. Religiosity, female directors, and corporate social responsibility for Italian listed companies [J]. Journal of Business Research, 95: 338 – 346.

Harp, N. L. , Barnes, B. G. 2018. Internal control weaknesses and acquisition performance [J]. The Accounting Review, 93 (1): 235 – 258.

Hartmann, C. C. , Carmenate, J. 2021. Does board diversity influence firms' corporate social responsibility reputation? [J]. Social Responsibility Journal, 17 (8): 1299 – 1319.

Haynes, K. T. , Hillman, A. 2010. The effect of board capital and CEO power on strategic change [J]. Strategic Management Journal, 31 (11): 1145 – 1163.

Hillman, A. J. , Cannella, A. A. , Paetzold, R. L. 2000. The resource dependence role of corporate directors: Strategic adaptation of board composition in response to environmental change [J]. Journal of Management Studies, 37 (2): 235 – 256.

Hillman, A. J. , Dalziel, T. 2003. Boards of directors and firm performance: Integrating agency and resource dependence perspectives [J]. Academy of Management Review, 28 (3): 383 – 396.

Hillman, A. J. , Shropshire, C. , Cannella, A. A. 2007. Organizational predictors of women on corporate boards [J]. Academy of Management Journal, 50 (4): 941 – 952.

Hillman, A. J. , Withers, M. C. , Collins, B. J. 2009. Resource dependence theory: A review [J]. Journal of Management, 35 (6): 1404 – 1427.

Hofstede, G. , Bond, M. H. 1984. Hofstede's culture dimensions: An independent validation using Rokeach's value survey [J]. Journal of Cross-Cultural Psychology, 15 (4): 417 – 433.

Hornung, E. 2015. Railroads and growth in Prussia [J]. Journal of the European Economic Association, 13 (4): 699 – 736.

Hossain, M. A. , Oon, E. Y. N. 2022. Board leadership, board meeting frequency and firm performance in two-tier boards [J]. Managerial and Decision Economics, 43 (3): 862 – 879.

Hsu, C., Lai, W., Yen, S. 2019. Boardroom diversity and operating performance: The moderating effect of strategic change [J]. Emerging Markets Finance and Trade, 55 (11): 2448 – 2472.

Hu, J., Li, S., Taboada, A. G., et al. 2020. Corporate board reforms around the world and stock price crash risk [J]. Journal of Corporate Finance, 62: 101557.

Huang, J., Kisgen, D. J. 2013. Gender and corporate finance: Are male executives overconfident relative to female executives? [J]. Journal of Financial Economics, 108 (3): 822 – 839.

Huang, S., Hilary, G. 2018. Zombie board: Board tenure and firm performance [J]. Journal of Accounting Research, 56 (4): 1285 – 1329.

Huang, Y., Luk, P. 2020. Measuring economic policy uncertainty in China [J]. China Economic Review, 59: 101367.

Hutton, A. P., Marcus, A. J., Tehranian, H. 2009. Opaque financial reports, R2 and crash risk [J]. Journal of Financial Economics, 94 (1): 67 – 86.

Issa, A., Yousef, H., Bakry, A., et al. 2021. Does the board diversity impact bank performance in the MENA countries? A multilevel study [J]. Corporate Governance: The International Journal of Business in Society, 21 (5): 865 – 891.

Jackson, S. E., Joshi, A., Erhardt, N. L. 2003. Recent research on team and organizational diversity: SWOT analysis and implications [J]. Journal of Management, 29 (6): 801 – 830.

Jacoby, G., Li, Y., Li, T., et al. 2018. Internal control weakness, investment and firm valuation [J]. Finance Research Letters, 25: 165 – 171.

Jebran, K., Chen, S., Zhang, R. 2020. Board diversity and stock price crash risk [J]. Research in International Business and Finance, 51: 101122.

Jeffery, P. 1988. A resource dependence perspective on intercorporate relations [A]. In Mark S. Mizruchi, Michael Schwartz. Intercorporate relations: The structural analysis of business [M]. Cambridge University Press, pp. 22 – 55.

Jensen, M. C. , Meckling, W. H. 1976. Theory of the firm: Managerial behavior, agency costs and ownership structure [J]. Journal of Financial Economics, 3 (4): 305 – 360.

Jensen, M. C. 1993. The modern industrial revolution, exit, and the failure of internal control systems [J]. The Journal of Finance, 48 (3): 831 – 880.

Ji, J. , Peng, H. , Sun, H. , et al. 2021. Board tenure diversity, culture and firm risk: Cross-country evidence [J]. Journal of International Financial Markets, Institutions and Money, 70: 101276.

Jia, M. , Zhang, Z. 2013. Critical mass of women on BODs, multiple identities, and corporate philanthropic disaster response: Evidence from privately owned Chinese firms [J]. Journal of Business Ethics, 118 (2): 303 – 317.

Jian, J. , Li, H. , Meng, L. , et al. 2020. Do policy burdens induce excessive managerial perks? Evidence from China's stated-owned enterprises [J]. Economic Modelling, 90: 54 – 65.

Jiang, F. , Kim, K. A. 2020. Corporate governance in China: A survey [J]. Review of Finance, 24 (4): 733 – 772.

Jin, L. , Myers, S. C. 2006. R2 around the world: New theory and new tests [J]. Journal of Financial Economics, 79 (2): 257 – 292.

Jin, R. , Jiang, X. , Hu, H. W. 2023. Internal and external CSR in China: How do women independent directors matter? [J]. Asia Pacific Journal of Management, 40 (1): 169 – 204.

Jiraporn, P. , Davidson Ⅲ, W. N. , DaDalt, P. , et al. 2009. Too busy to show up? An analysis of directors' absences [J]. The Quarterly Review of Economics and Finance, 49 (3): 1159 – 1171.

Jiraporn, P. , Kim, Y. S. , Davidson Ⅲ, W. N. 2008. Multiple directorships and corporate diversification [J]. Journal of Empirical Finance, 15 (3): 418 – 435.

Jizi, M. 2017. The influence of board composition on sustainable development disclosure [J]. Business Strategy and the Environment, 26 (5): 640 – 655.

Johnson, J. L. , Daily, C. M. , Ellstrand, A. E. 1996. Boards of directors: A review and research agenda [J]. Journal of Management, 22 (3): 409 – 438.

Jonson, E. P. , McGuire, L. , Rasel, S. , et al. 2020. Older boards are better boards, so beware of diversity targets [J]. Journal of Management & Organization, 26 (1): 15 – 28.

Jumreornvong, S. , Karuna, S. T. , Tong, S. , et al. 2022. Do firms adjust board gender diversity in response to economic policy uncertainty? [J]. Accounting Research Journal, 35 (3): 336 – 348.

Kaczmarek, S. , Kimino, S. , Pye, A. 2012. Antecedents of board composition: The role of nomination committees [J]. Corporate Governance: An International Review, 20 (5): 474 – 489.

Kandel, E. , Lazear, E. P. 1992. Peer pressure and partnerships [J]. Journal of Political Economy, 100 (4): 801 – 817.

Kang, R. , Zaheer, A. 2018. Determinants of alliance partner choice: Network distance, managerial incentives, and board monitoring [J]. Strategic Management Journal, 39 (10): 2745 – 2769.

Kaplan, S. 2011. Research in cognition and strategy: Reflections on two decades of progress and a look to the future [J]. Journal of Management Studies, 48 (3): 665 – 695.

Katmon, N. , Mohamad, Z. Z. , Norwani, N. M. , et al. 2019. Comprehensive board diversity and quality of corporate social responsibility disclosure: Evidence from an emerging market [J]. Journal of Business Ethics, 157 (2): 447 – 481.

Katolnik, S. , Kronenberger, S. K. , Schöndube, J. R. 2021. Board monitoring and advising in dynamic agency [J]. European Accounting Review, 31 (4): 973 – 1002.

Khan, I. , Khan, I. , Saeed, B. 2019. Does board diversity affect quality of corporate social responsibility disclosure? Evidence from Pakistan [J]. Corporate Social Responsibility and Environmental Management, 26 (6): 1371 – 1381.

Khandelwal, C. , Kumar, S. , Madhavan, V. , et al. 2020. Do board characteristics impact corporate risk disclosures? The Indian experience [J]. Journal of Business Research, 121: 103 – 111.

Kim, C., Wang, K., Zhang, L. 2019a. Readability of 10-K reports and stock price crash risk [J]. Contemporary Accounting Research, 36 (2): 1184 – 1216.

Kim, H., Lim, C. 2010. Diversity, outside directors and firm valuation: Korean evidence [J]. Journal of Business Research, 63 (3): 284 – 291.

Kim, I., Pantzalis, C., Park, J. C. 2013. Corporate boards' political ideology diversity and firm performance [J]. Journal of Empirical Finance, 21: 223 – 240.

Kim, J. B., Wang, Z., Zhang, L. 2016. CEO overconfidence and stock price crash risk [J]. Contemporary Accounting Research, 33 (4): 1720 – 1749.

Kim, J. B., Yeung, I., Zhou, J. 2019b. Stock price crash risk and internal control weakness: Presence vs. disclosure effect [J]. Accounting & Finance, 59 (2): 1197 – 1233.

Kim, K., Mauldin, E., Patro, S. 2014. Outside directors and board advising and monitoring performance [J]. Journal of Accounting and Economics, 57 (2 – 3): 110 – 131.

Klein, A. 2002. Audit committee, board of director characteristics, and earnings management [J]. Journal of Accounting and Economics, 33 (3): 375 – 400.

Kleinknecht, R., Haq, H. U., Muller, A. R., et al. 2020. An attention-based view of short-termism: The effects of organizational structure [J]. European Management Journal, 38 (2): 244 – 254.

Knyazeva, A., Knyazeva, D., Masulis, R. W. 2013. The supply of corporate directors and board independence [J]. The Review of Financial Studies, 26 (6): 1561 – 1605.

Knyazeva, A., Knyazeva, D., Naveen, L. 2021. Diversity on corporate boards [J]. Annual Review of Financial Economics, 13: 301 – 320.

Komal, B., Ezeani, E., Shahzad, A., et al. 2021. Age diversity of audit committee financial experts, ownership structure and earnings management: Evidence from China [J]. International Journal of Finance & Economics, 28 (3): 2664 – 2684.

Krishnan, J., Wen, Y., Zhao, W. 2011. Legal expertise on corporate audit committees and financial reporting quality [J]. The Accounting Review, 86 (6): 2099 – 2130.

Kumar, P., Zattoni, A. 2018. The role of the board and external stakeholders in corporate governance [J]. Corporate Governance an International Review, 26 (3): 158 – 159.

Kyaw, K., Olugbode, M., Petracci, B. 2015. Does gender diverse board mean less earnings management? [J]. Finance Research Letters, 14: 135 – 141.

Landry, E. E., Bernardi, R. A., Bosco, S. M. 2016. Recognition for sustained corporate social responsibility: Female directors make a difference [J]. Corporate Social Responsibility and Environmental Management, 23 (1): 27 – 36.

Larcker, D. F., So, E. C., Wang, C. C. Y. 2013. Boardroom centrality and firm performance [J]. Journal of Accounting and Economics, 55 (2 – 3): 225 – 250.

Lee, C. C., Wang, C. W., Chiu, W. C., et al. 2018. Managerial ability and corporate investment opportunity [J]. International Review of Financial Analysis, 57: 65 – 76.

Lee, J. W. 2020. Lagged effects of R&D investment on corporate market value: Evidence from manufacturing firms listed in Chinese stock markets [J]. The Journal of Asian Finance, Economics, and Business, 7 (8): 69 – 76.

Levi, M., Li, K., Zhang, F. 2014. Director gender and mergers and acquisitions [J]. Journal of Corporate Finance, 28: 185 – 200.

Levit, D., Malenko, N. 2016. The labor market for directors and externalities in corporate governance [J]. The Journal of Finance, 71 (2): 775 – 808.

Li, B., Pan, A., Xu, L., et al. 2020a. Imprinting and peer effects in acquiring state ownership: Evidence from private firms in China [J]. Pacific-Basin Finance Journal, 61: 101337.

Li, B. , Yao, Y. , Shahab, Y. , et al. 2020b. Parent-subsidiary dispersion and executive excess perks consumption [J]. International Review of Financial Analysis, 70: 101501.

Li, H. 2016a. Will the information disclosure quality reduce the executives' excess perks? Evidence from China [J]. International Journal of Financial Research, 7 (2): 73 – 83.

Li, J. 2016b. Board advising, risk-taking, and firm performance [J]. Journal of Financial Risk Management, 5 (3): 149 – 160.

Li, N. , Wahid, A. S. 2018. Director tenure diversity and board monitoring effectiveness [J]. Contemporary Accounting Research, 35 (3): 1363 – 1394.

Li, P. , Shu, W. , Tang, Q. , et al. 2019. Internal control and corporate innovation: Evidence from China [J]. Asia-Pacific Journal of Accounting & Economics, 26 (5): 622 – 642.

Li, T. , Xiang, C. , Liu, Z. , et al. 2020c. Annual report disclosure timing and stock price crash risk [J]. Pacific-Basin Finance Journal, 62: 101392.

Li, Z. , Liao, G. , Albitar, K. 2020d. Does corporate environmental responsibility engagement affect firm value? The mediating role of corporate innovation [J]. Business Strategy and the Environment, 29 (3): 1045 – 1055.

Lin, K. J. , Lu, X. , Zhang, J. , et al. 2020. State-owned enterprises in China: A review of 40 years of research and practice [J]. China Journal of Accounting Research, 13 (1): 31 – 55.

Lin, T. L. , Liu, H. Y. , Huang, C. J. , et al. 2018. Ownership structure, board gender diversity and charitable donation [J]. Corporate Governance: The International Journal of Business in Society, 18 (4): 655 – 670.

Lin, Y. , Yeh, Y. M. C. , Yang, F. 2014. Supervisory quality of board and firm performance: A perspective of board meeting attendance [J]. Total Quality Management & Business Excellence, 25 (3 – 4): 264 – 279.

Lin, Z. , Patel, P. , Oghazi, P. 2021. The value of managerial ability and general ability for inventor CEOs [J]. Journal of Business Research, 135: 78 – 98.

Liu, C. , Low, A. , Masulis, R. W. , et al. 2020. Monitoring the monitor: Distracted institutional investors and board governance [J]. The Review of Financial Studies, 33 (10): 4489 – 4531.

Liu, C. 2018. Are women greener? Corporate gender diversity and environmental violations [J]. Journal of Corporate Finance, 52: 118 – 142.

Liu, H., Li, X. 2015. Government decentralisation and corporate fraud: Evidence from listed state-owned enterprises in China [J]. China Journal of Accounting Studies, 3 (4): 320 – 347.

Liu, J., Lei, D. 2021. Managerial ability and stock price crash risk: The role of managerial overconfidence [J]. Review of Accounting and Finance, 20 (2): 167 – 193.

Long, F., Zheng, L., Song, Z. 2018. High-speed rail and urban expansion: An empirical study using a time series of nighttime light satellite data in China [J]. Journal of Transport Geography, 72: 106 – 118.

Loni, S., Abbasian, E., Haji, G. 2021. The Effect of Economic Policy Uncertainty on Corporate Investment: Evidence from Companies Listed on the Tehran Stock Exchange [J]. Financial Research Journal, 23 (2): 249 – 268.

Lu, J., Yu, D., Mahmoudian, F., et al. 2021. Board interlocks and greenhouse gas emissions [J]. Business Strategy and the Environment, 30 (1): 92 – 108.

Lu, Z., Zhu, J. 2020. Tracing back to the source: Understanding the corporate governance of boards of directors in Chinese SOEs [J]. China Journal of Accounting Research, 13 (2): 129 – 145.

Luo, K., Lim, E. K. Y., Qu, W., et al. 2021. Board cultural diversity, government intervention and corporate innovation effectiveness: Evidence from China [J]. Journal of Contemporary Accounting & Economics, 17 (2): 100256.

Luo, W., Zhang, Y., Zhu, N. 2011. Bank ownership and executive perquisites: New evidence from an emerging market [J]. Journal of Corporate Finance, 17 (2): 352 – 370.

Mahadeo, J. D., Soobaroyen, T., Hanuman, V. O. 2012. Board composition and financial performance: Uncovering the effects of diversity in an emerging economy [J]. Journal of Business Ethics, 105 (3): 375 – 388.

Manita, R., Bruna, M. G., Dang, R., et al. 2018. Board gender diversity and ESG disclosure: Evidence from the USA [J]. Journal of Applied Accounting Research, 19 (2): 206 – 224.

Manyaga, F., Taha, A. 2020. Linking firm performance with board diversity: A literature review [J]. Bussecon Review of Finance & Banking, 2 (1): 10 – 18.

Markarian, G., Parbonetti, A. 2007. Firm complexity and board of director composition [J]. Corporate Governance: An International Review, 15 (6): 1224 – 1243.

Marquardt, C., Wiedman, C. 2016. Can shareholder activism improve gender diversity on corporate boards? [J]. Corporate Governance: An International Review, 24 (4): 443 – 461.

Martin, G. P., Wiseman, R. M., Gomez-Mejia, L. R. 2019. The interactive effect of monitoring and incentive alignment on agency costs [J]. Journal of Management, 45 (2): 701 – 727.

Masulis, R. W., Mobbs, S. 2011. Are all inside directors the same? Evidence from the external directorship market [J]. The Journal of Finance, 66 (3): 823 – 872.

Masulis, R. W., Wang, C., Xie, F. 2012. Globalizing the boardroom—The effects of foreign directors on corporate governance and firm performance [J]. Journal of Accounting and Economics, 53 (3): 527 – 554.

Matsa, D. A., Miller, A. R. 2011. Chipping away at the glass ceiling: Gender spillovers in corporate leadership [J]. American Economic Review, 101 (3): 635 – 639.

Maury, B., Pajuste, A. 2005. Multiple large shareholders and firm value [J]. Journal of Banking & Finance, 29 (7): 1813 – 1834.

Mbanyele, W. 2023. Economic policy uncertainty and stock liquidity: The role of board networks in an emerging market [J]. International Journal of Emerging Markets, 18 (1): 122 – 147.

McGuinness, P. B., Vieito, J. P., Wang, M. 2017. CSR performance in China:

The role of board gender and foreign ownership [J]. Journal of Corporate Finance, 42: 72 – 99.

Mesch, D. J., Brown, M. S., Moore, Z. I., et al. 2011. Gender differences in charitable giving [J]. International Journal of Nonprofit and Voluntary Sector Marketing, 16 (4): 342 – 355.

Miller, T., Triana, M. D. C. 2010. Demographic diversity in the boardroom: Mediators of the board diversity-firm performance relationship [J]. Journal of Management Studies, 46 (5): 755 – 786.

Milliken, F. J., Martins, L. L. 1996. Searching for common threads: Understanding the multiple effects of diversity in organizational groups [J]. Academy of Management Review, 21 (2): 402 – 433.

Min, B. S., Chizema, A. 2018. Board meeting attendance by outside directors [J]. Journal of Business Ethics, 147 (4): 901 – 917.

Mitra, A., Post, C., Sauerwald, S. 2021. Evaluating board candidates: A threat-contingency model of shareholder dissent against female director candidates [J]. Organization Science, 32 (1): 86 – 110.

Méndez, C. F., Pathan, S., García, R. A. 2015. Monitoring capabilities of busy and overlap directors: Evidence from Australia [J]. Pacific-Basin Finance Journal, 35: 444 – 469.

Mullins, F. 2018. HR on board! The implications of human resource expertise on boards of directors for diversity management [J]. Human Resource Management, 57 (5): 1127 – 1143.

Neely, B. H., Lovelace, J. B., Cowen, A. P., et al. 2020. Metacritiques of upper echelons theory: Verdicts and recommendations for future research [J]. Journal of Management, 46 (6): 1029 – 1062.

Nekhili, M., Gatfaoui, H. 2013. Are demographic attributes and firm characteristics drivers of gender diversity? Investigating women's positions on French boards of directors [J]. Journal of Business Ethics, 118 (2): 227 – 249.

Netter, J., Poulsen, A., Stegemoller, M. 2009. The rise of corporate governance in corporate control research [J]. Journal of Corporate Finance, 15 (1):

1 – 9.

Nielsen, S. , Huse, M. 2010. The contribution of women on boards of directors: Going beyond the surface [J]. Corporate Governance: An International Review, 18 (2): 136 – 148.

Nirino, N. , Santoro, G. , Miglietta, N. , et al. 2021. Corporate controversies and company's financial performance: Exploring the moderating role of ESG practices [J]. Technological Forecasting and Social Change, 162: 120341.

Nuber, C. , Velte, P. 2021. Board gender diversity and carbon emissions: European evidence on curvilinear relationships and critical mass [J]. Business Strategy and the Environment, 30 (4): 1958 – 1992.

Oehmichen, J. , Schrapp, S. , Wolff, M. 2017. Who needs experts most? Board industry expertise and strategic change—A contingency perspective [J]. Strategic Management Journal, 38 (3): 645 – 656.

Omer, T. C. , Shelley, M. K. , Tice, F. M. 2020. Do director networks matter for financial reporting quality? Evidence from audit committee connectedness and restatements [J]. Management Science, 66 (8): 3361 – 3388.

Ongsakul, V. , Treepongkaruna, S. , Jiraporn, P. , et al. 2021. Do firms adjust corporate governance in response to economic policy uncertainty? Evidence from board size [J]. Finance Research Letters, 39: 101613.

Opie, W. , Tian, G. G. , Zhang, H. F. 2019. Corporate pyramids, geographical distance, and investment efficiency of Chinese state-owned enterprises [J]. Journal of Banking & Finance, 99: 95 – 120.

Oradi, J. , Izadi, J. 2020. Audit committee gender diversity and financial reporting: Evidence from restatements [J]. Managerial Auditing Journal, 35 (1): 67 – 92.

Orazalin, N. , Baydauletov, M. 2020. Corporate social responsibility strategy and corporate environmental and social performance: The moderating role of board gender diversity [J]. Corporate Social Responsibility and Environmental Management, 27 (4): 1664 – 1676.

Padilla-Angulo, L. 2020. The impact of board diversity on strategic change: A stakeholder perspective [J]. Journal of Management and Governance, 24 (4): 927 – 952.

Papangkorn, S., Chatjuthamard, P., Jiraporn, P., et al. 2019. The effect of female directors on firm performance: Evidence from the Great Recession [J]. Available at SSRN. http://dx. doi. org/10. 2139/ssrn. 3375702.

Parker, R. J., Dao, M., Huang, H. W., et al. 2017. Disclosing material weakness in internal controls: Does the gender of audit committee members matter? [J]. Asia-Pacific Journal of Accounting & Economics, 2017, 24 (3 – 4): 407 – 420.

Pearce, J. A., Zahra, S. A. 1992. Board composition from a strategic contingency perspective [J]. Journal of Management Studies, 29 (4): 411 – 438.

Peng, M. W., Au, K. Y., Wang, D. Y. L. 2001. Interlocking directorates as corporate governance in Third World multinationals: Theory and evidence from Thailand [J]. Asia Pacific Journal of Management, 18 (2): 161 – 181.

Peng, X., Liu, Y. 2016. Behind eco-innovation: Managerial environmental awareness and external resource acquisition [J]. Journal of Cleaner Production, 139: 347 – 360.

Perrault, E. 2015. Why does board gender diversity matter and how do we get there? The role of shareholder activism in deinstitutionalizing old boys' networks [J]. Journal of Business Ethics, 128 (1): 149 – 165.

Pfeffer, J., Salancik, G. R. 2003. The external control of organizations: A resource dependence perspective [M]. Stanford University Press, New York.

Pieterse, A. N., Van Knippenberg, D., Van Dierendonck, D. 2013. Cultural diversity and team performance: The role of team member goal orientation [J]. Academy of Management Journal, 56 (3): 782 – 804.

Porter, M. E. 1992. Capital disadvantage: America's failing capital investment system [J]. Harvard Business Review, 70 (5): 65 – 82.

Prahalad, C. K., Hamel, G. 1994. Strategy as a field of study: Why search for a new paradigm? [J]. Strategic Management Journal, 15 (S2): 5 – 16.

Pucheta-Martínez, M. C., Gallego-Álvarez, I., Bel-Oms, I. 2021. Cultural environments and the appointment of female directors on boards: An analysis from a global perspective [J]. Corporate Social Responsibility and Environmental Management, 28 (2): 555 – 569.

Pucheta-Martínez, M. C., Gallego-Álvarez, I. 2020. Do board characteristics drive firm performance? An international perspective [J]. Review of Managerial Science, 14 (6): 1251 – 1297.

Qiao, Z., Chen, K. Y., Hung, S. 2018. Professionals inside the board room: Accounting expertise of directors and dividend policy [J]. Applied Economics, 50 (56): 6100 – 6111.

Radu, C., Smaili, N. 2022. Board gender diversity and corporate response to cyber risk: Evidence from cybersecurity related disclosure [J]. Journal of Business Ethics, 177: 351 – 374.

Rajan, R. G., Wulf, J. 2006. Are perks purely managerial excess? [J]. Journal of Financial Economics, 79 (1): 1 – 33.

Ramasamy, B., Yeung, M., Au, A. 2010. Consumer support for Corporate Responsibility (CSR): The role of religion and values [J]. Journal of Business Ethics, 91: 61 – 72.

Rashid, M. M. 2020. Ownership structure and firm performance: The mediating role of board characteristics [J]. Corporate Governance: The International Journal of Business in Society, 20 (4): 719 – 737.

Reguera-Alvarado, N., Bravo-Urquiza, F. 2020. The impact of board diversity and voluntary risk disclosure on financial outcomes. A case for the manufacturing industry [J]. Gender in Management: An International Journal, 35 (5): 445 – 462.

Ren, X., Liu, X., Tian, Z. 2020. Excess perks in SOEs: Evidence from China [J]. Asian-Pacific Economic Literature, 34 (2): 152 – 165.

Richardson, S. 2006. Over-investment of free cash flow [J]. Review of Accounting Studies, 11 (2): 159 – 189.

Rustam, A., Wang, Y., Zameer, H. 2020. Environmental awareness, firm sustainability exposure and green consumption behaviors [J]. Journal of Cleaner Production, 268: 122016.

Salloum, C. , Jabbour, G. , Merciersuissa, C. , et al. 2019. Democracy across gender diversity and ethnicity of Middle Eastern SMEs: How does performance differ? [J]. Journal of Small Business Management, 57 (1): 255 – 267.

Sanders, W. M. G. , Carpenter, M. A. 1998. Internationalization and firm governance: The roles of CEO compensation, top team composition, and board structure [J]. Academy of Management Journal, 41 (2): 158 – 178.

Sandvik, J. 2020. Board monitoring, director connections, and credit quality [J]. Journal of Corporate Finance, 65: 101726.

Sarhan, A. A. , Ntim, C. G. , Al-Najjar, B. 2019. Board diversity, corporate governance, corporate performance, and executive pay [J]. International Journal of Finance & Economics, 24 (2): 761 – 786.

Sarkar, J. , Sarkar, S. 2009. Multiple board appointments and firm performance in emerging economies: Evidence from India [J]. Pacific-Basin Finance Journal, 17 (2): 271 – 293.

Schnatterly, K. , Calvano, F. , Berns, J. P. , et al. 2021. The effects of board expertise-risk misalignment and subsequent strategic board reconfiguration on firm performance [J]. Strategic Management Journal, 42 (11): 2162 – 2191.

Scholtz, H. , Kieviet, S. 2018. The influence of board diversity on company performance of South African companies [J]. Journal of African Business, 19 (1): 105 – 123.

Schopohl, L. , Urquhart, A. , Zhang, H. 2021. Female CFOs, leverage and the moderating role of board diversity and CEO power [J]. Journal of Corporate Finance, 71: 101858.

Schulze, W. , Zellweger, T. 2021. Property rights, owner-management, and value creation [J]. Academy of Management Review, 46 (3): 489 – 511.

Schwartz, S. H. 2012. An overview of the Schwartz theory of basic values [J]. Online Readings in Psychology and Culture, 2 (1): 1 – 20.

Selma, M. B. , Yan, W. , Hafsi, T. 2022. Board demographic diversity, institutional context and corporate philanthropic giving [J]. Journal of Management & Governance, 26 (1): 99 – 127.

Shao, S., Tian, Z., Yang, L. 2017. High speed rail and urban service industry agglomeration: Evidence from China's Yangtze River Delta region [J]. Journal of Transport Geography, 64: 174 – 183.

Shaukat, A., Qiu, Y., Trojanowski, G. 2016. Board attributes, corporate social responsibility strategy, and corporate environmental and social performance [J]. Journal of Business Ethics, 135 (3): 569 – 585.

Shin, J. Y., Seo, J. L. 2011. Less pay and more sensitivity? Institutional investor heterogeneity and CEO pay [J]. Journal of Management, 37 (6): 1719 – 1746.

Shukeri, S. N., Shin, O. W., Shaari, M. S. 2012. Does board of director's characteristics affect firm performance? Evidence from Malaysian public listed companies [J]. International Business Research, 5 (9): 120 – 127.

Smith, R. 2020. Climate arsonist Xi Jinping: A carbon-neutral China with a 6% growth rate? [J]. Real-World Economics Review, 94: 32 – 52.

Spence, M. J. 1973. Job market signaling [J]. The Quarterly Journal of Economics, 87 (3): 355 – 374.

Sun, X., Zhang, T. 2021. Board gender diversity and corporate labor investment efficiency [J]. Review of Financial Economics, 39 (3): 290 – 313.

Sur, S., Lvina, E., Magnan, M. 2013. Why do boards differ? Because owners do: Assessing ownership impact on board composition [J]. Corporate Governance: An International Review, 21 (4): 373 – 389.

Talavera, O., Yin, S., Zhang, M. A. 2018. Age diversity, directors' personal values, and bank performance [J]. International Review of Financial Analysis, 55: 60 – 79.

Tang, X., Shi, J., Han, J., et al. 2021. Culturally diverse board and corporate innovation [J]. Accounting & Finance, 61 (4): 5655 – 5679.

Tasheva, S., Hillman, A. J. 2019. Integrating diversity at different levels: Multilevel human capital, social capital, and demographic diversity and their implications for team effectiveness [J]. Academy of Management Review, 44

（4）：746 - 765.

Tebourbi, I. , Ting, I. W. K. , Le, H. T. M. , et al. 2020. R&D investment and future firm performance: The role of managerial overconfidence and government ownership [J]. Managerial and Decision Economics, 41 （7）: 1269 - 1281.

Terjesen, S. , Singh, V. 2008. Female presence on corporate boards: A multi-country study of environmental context [J]. Journal of Business Ethics, 83 （1）: 55 - 63.

Ting, H. I. , Huang, P. K. 2018. CEOs' power and perks: Evidence from Chinese banks [J]. Journal of Economics and Business, 97: 19 - 27.

Tingbani, I. , Chithambo, L. , Tauringana, V. , et al. 2020. Board gender diversity, environmental committee and greenhouse gas voluntary disclosures [J]. Business Strategy and the Environment, 29 （6）: 2194 - 2210.

Torchia, M. , Calabrò, A. , Huse, M. 2011. Women directors on corporate boards: From tokenism to critical mass [J]. Journal of Business Ethics, 102 （2）: 299 - 317.

Tosi, H. L. , Shen, W. , Gentry, R. J. 2003. Why outsiders on boards can't solve the corporate governance problem [J]. Organizational Dynamics, 32 （2）: 180 - 192.

Triana, M. C. , Miller, T. L. , Trzebiatowski, T. M. 2014. The double-edged nature of board gender diversity: Diversity, firm performance, and the power of women directors as predictors of strategic change [J]. Organization Science, 25 （2）: 609 - 632.

Tseng, M. L. , Wang, R. , Chiu, A. S. F. , et al. 2013. Improving performance of green innovation practices under uncertainty [J]. Journal of Cleaner Production, 40: 71 - 82.

Tsui, A. S. , Egan, T. D. , O'Reilly Ⅲ, C. A. 1992. Being different: Relational demography and organizational attachment [J]. Administrative Science Quarterly, 37 （4）: 549 - 579.

Ud Din, N. , Cheng, X. , Ahmad, B. , et al. 2021. Gender diversity in the audit committee and the efficiency of internal control and financial reporting quality

[J]. Economic Research-Ekonomska Istraživanja, 34 (1): 1170 – 1189.

Ullah, I., Zeb, A., Khan, M. A., et al. 2020. Board diversity and investment efficiency: Evidence from China [J]. Corporate Governance: The International Journal of Business in Society, 20 (6): 1105 – 1134.

Upadhyay, A., Triana, M. C. D. 2021. Drivers of diversity on boards: The impact of the Sarbanes-Oxley act [J]. Human Resource Management, 60 (4): 517 – 534.

Upadhyay, A., Zeng, H. 2014. Gender and ethnic diversity on boards and corporate information environment [J]. Journal of Business Research, 67 (11): 2456 – 2463.

Usman, M., Farooq, M. U., Zhang, J., et al. 2019. Female directors and the cost of debt: Does gender diversity in the boardroom matter to lenders? [J]. Managerial Auditing Journal, 34 (4): 374 – 392.

Usman, M., Zhang, J., Farooq, M. U., et al. 2018. Female directors and CEO power [J]. Economics Letters, 165: 44 – 47.

Van den Steen, E. 2010. Culture clash: The costs and benefits of homogeneity [J]. Management Science, 56 (10): 1718 – 1738.

Van der Walt, N., Ingley, C. 2003. Board dynamics and the influence of professional background, gender and ethnic diversity of directors [J]. Corporate Governance: An International Review, 11 (3): 218 – 234.

Van Knippenberg, D., De Dreu, C. K. W., Homan, A. C. 2004. Work group diversity and group performance: An integrative model and research agenda [J]. Journal of Applied Psychology, 89 (6): 1008 – 1022.

Velte, P. 2016. Women on management board and ESG performance [J]. Journal of Global Responsibility, 7 (1): 98 – 109.

Veltri, S., Mazzotta, R., Rubino, F. E. 2021. Board diversity and corporate social performance: Does the family firm status matter? [J]. Corporate Social Responsibility and Environmental Management, 28 (6): 1664 – 1679.

Wahid, A. S. 2019. The effects and the mechanisms of board gender diversity: Evidence from financial manipulation [J]. Journal of Business Ethics, 159

（3）：705 – 725.

Wan, H. , Zhu, K. , Chen, X. 2015. Career concerns, shareholder monitoring and investment efficiency: From the perspective of compensation contract rigidity in Chinese SOEs ［J］. China Journal of Accounting Research, 8 （1）：59 – 73.

Wang, C. , Xie, F. , Zhu, M. , et al. 2015. Industry expertise of independent directors and board monitoring ［J］. Journal of Financial and Quantitative Analysis, 50 （5）：929 – 962.

Wang, F. , Xu, L. , Zhang, J. , et al. 2018. Political connections, internal control and firm value: Evidence from China's anti-corruption campaign ［J］. Journal of Business Research, 86：53 – 67.

Wang, H. , Wang, W. , Alhaleh, S. E. A. 2021a. Mixed ownership and financial investment: Evidence from Chinese state-owned enterprises ［J］. Economic Analysis and Policy, 70：159 – 171.

Wang, J. , Tan, C. 2020. Mixed ownership reform and corporate governance in China's state-owned enterprises ［J］. Vanderbilt Journal of Transactional Law, 53 （3）：1055.

Wang, L. 2021. The impact of the mixed ownership reform on enterprise performance: Taking Yunnan Baiyao as an example ［J］. Frontiers in Economics and Management, 2 （8）：298 – 304.

Wang, W. , Wang, H. , Wu, J. G. 2021b. Mixed ownership reform and corporate tax avoidance: Evidence of Chinese listed firms ［J］. Pacific-Basin Finance Journal, 69：101648.

Wang, Y. , Wilson, C. , Li, Y. G. 2021c. Gender attitudes and the effect of board gender diversity on corporate environmental responsibility ［J］. Emerging Markets Review, 47：100744.

Westphal, J. D. , Stern, I. 2006. The other pathway to the boardroom: Interpersonal influence behavior as a substitute for elite credentials and majority status in obtaining board appointments ［J］. Administrative Science Quarterly, 51 （2）：169 – 204.

Westphal, J. D. , Stern, I. 2007. Flattery will get you everywhere (especially if you are a male Caucasian): How ingratiation, boardroom behavior, and demographic minority status affect additional board appointments at US companies [J]. Academy of Management Journal, 50 (2): 267 – 288.

Westphal, J. D. , Zajac, E. J. 1995. Who shall govern? CEO/board power, demographic similarity, and new director selection [J]. Administrative Science Quarterly, 40: 60 – 83.

Wicaksana, K. A. , Yuniasih, N. W. , Handayani, L. N. , et al. 2017. Board diversity and earning management in companies listed in Indonesian stock exchange [J]. International Journal of Scientific and Research Publications, 7 (10): 382 – 387.

Withers, M. C. , Hillman, A. J. , Cannella, A. A. 2012. A multidisciplinary review of the director selection literature [J]. Journal of Management, 38 (1): 243 – 277.

Wu, C. , Guang, H. , Xu, J. , et al. 2019. The effects of female executives on corporate philanthropy in China [J]. Corporate Social Responsibility and Environmental Management, 26 (3): 628 – 643.

Xin, Q. , Bao, A. , Hu, F. 2019. West meets east: Understanding managerial incentives in Chinese SOEs [J]. China Journal of Accounting Research, 12 (2): 177 – 189.

Xu, N. , Li, X. , Yuan, Q. , et al. 2014. Excess perks and stock price crash risk: Evidence from China [J]. Journal of Corporate Finance, 25: 419 – 434.

Yeung, W. H. , Lento, C. 2018. Ownership structure, audit quality, board structure, and stock price crash risk: Evidence from China [J]. Global Finance Journal, 37: 1 – 24.

Yousaf, U. B. , Jebran, K. , Wang, M. 2021. Can board diversity predict the risk of financial distress? [J]. Corporate Governance: The International Journal of Business in Society, 21 (4): 663 – 684.

Yuan, R. , Li, C. , Li, N. , et al. 2021. Can mixed-ownership reform drive the green transformation of SOEs? [J]. Energies, 14 (10): 2964.

Yung, K. , Nguyen, T. 2020. Managerial ability, product market competition, and firm behavior [J]. International Review of Economics & Finance, 70: 102 – 116.

Zajac, E. J. , Westphal, J. D. 1996. Who shall succeed? How CEO/board preferences and power affect the choice of new CEOs [J]. Academy of Management Journal, 39 (1): 64 – 90.

Zalata, A. M. , Ntim, C. , Aboud, A. , et al. 2019. Female CEOs and core earnings quality: New evidence on the ethics versus risk-aversion puzzle [J]. Journal of Business Ethics, 160 (2): 515 – 534.

Zhang, B. , Wang, Z. , Lai, K. 2015a. Mediating effect of managers' environmental concern: Bridge between external pressures and firms' practices of energy conservation in China [J]. Journal of Environmental Psychology, 43: 203 – 215.

Zhang, C. , Yang, C. , Liu, C. 2021a. Economic policy uncertainty and corporate risk-taking: Loss aversion or opportunity expectations [J]. Pacific-Basin Finance Journal, 69: 101640.

Zhang, D. , Zhang, T. , Ma, G. 2020a. Can non-executive equity incentives reduce internal control ineffectiveness? Evidence from China [J]. Accounting & Finance, 60 (5): 4467 – 4496.

Zhang, H. , Song, Y. , Ding, Y. 2015b. What drives managerial perks? An empirical test of competing theoretical perspectives [J]. Journal of Business Ethics, 132 (2): 259 – 275.

Zhang, J. , Cheng, M. , Wei, X. , et al. 2019. Internet use and the satisfaction with governmental environmental protection: Evidence from China [J]. Journal of Cleaner Production, 212: 1025 – 1035.

Zhang, L. , Zhang, H. 2021. Can high speed railway curb tunneling? Evidence from the independent directors' monitoring effect in China [J]. Pacific-Basin Finance Journal, 67: 101559.

Zhang, L. 2012. Board demographic diversity, independence, and corporate social performance [J]. Corporate Governance: The International Journal of Business in Society, 12 (5): 686 – 700.

Zhang, M. , Lijun, M. , Zhang, B. , et al. 2016. Pyramidal structure, political intervention and firms' tax burden: Evidence from China's local SOEs [J]. Journal of Corporate Finance, 36: 15 – 25.

Zhang, W. , Zhang, X. , Tian, X. , et al. 2021b. Economic policy uncertainty nexus with corporate risk-taking: The role of state ownership and corruption expenditure [J]. Pacific-Basin Finance Journal, 65: 101496.

Zhang, X. , Yu, M. , Chen, G. 2020b. Does mixed-ownership reform improve SOEs' innovation? Evidence from state ownership [J]. China Economic Review, 61: 101450.

Zhu, X. , Ahmad, M. I. , Ueng, J. , et al. 2021. Board attributes and corporate philanthropy behavior during COVID-19: A case from China [J]. Journal of Corporate Accounting & Finance, 32 (3): 61 –67.

Zolotoy, L. , O'Sullivan, D. , Martin, G. P. , et al. 2021. Stakeholder agency relationships: CEO stock options and corporate tax avoidance [J]. Journal of Management Studies, 58 (3): 782 –814.

Zou, H. , Xie, X. , Qi, G. , et al. 2019. The heterogeneous relationship between board social ties and corporate environmental responsibility in an emerging economy [J]. Business Strategy and the Environment, 28 (1): 40 –52.

Zou, Y. , Zhong, Z. , Luo, J. 2021. Ethnic diversity, investment efficiency, mediating roles of trust and agency cost [J]. Economic Analysis and Policy, 69: 410 –420.

Zou, Z. , Wu, Y. , Zhu, Q. , et al. 2018. Do female executives prioritize corporate social responsibility? [J]. Emerging Markets Finance and Trade, 54 (13): 2965 –2981.

Zubeltzu-Jaka, E. , Álvarez-Etxeberria, I. , Ortas, E. 2020. The effect of the size of the board of directors on corporate social performance: A meta-analytic approach [J]. Corporate Social Responsibility and Environmental Management, 27 (3): 1361 –1374.

图书在版编目（CIP）数据

国有企业董事会多样性研究／原东良著. -- 北京：
社会科学文献出版社，2023.11
ISBN 978 - 7 - 5228 - 2800 - 8

Ⅰ.①国…　Ⅱ.①原…　Ⅲ.①国有企业 - 董事会 - 企
业管理 - 研究 - 中国　Ⅳ.①F279.241

中国国家版本馆 CIP 数据核字（2023）第 219950 号

国有企业董事会多样性研究

著　　　者／原东良

出 版 人／冀祥德
组稿编辑／高　雁
责任编辑／颜林柯
文稿编辑／陈丽丽
责任印制／王京美

出　　　版／社会科学文献出版社·经济与管理分社（010）59367226
　　　　　　地址：北京市北三环中路甲 29 号院华龙大厦　邮编：100029
　　　　　　网址：www. ssap. com. cn
发　　　行／社会科学文献出版社（010）59367028
印　　　装／三河市尚艺印装有限公司

规　　　格／开 本：787mm × 1092mm　1/16
　　　　　　印 张：21.25　字 数：336 千字
版　　　次／2023 年 11 月第 1 版　2023 年 11 月第 1 次印刷
书　　　号／ISBN 978 - 7 - 5228 - 2800 - 8
定　　　价／148.00 元

读者服务电话：4008918866